박설호

라스카사스의 혀를 빌려 고백하다

울력

울력에서 펴낸 지은이의 책
작은 것이 위대하다: 독일 현대시 읽기
자발적 복종(라 보에티 지음)

ⓒ 2008 박설호

라스카사스의 혀를 빌려 고백하다

지은이 | 박설호

펴낸이 | 강동호

펴낸곳 | 도서출판 울력

1판 1쇄 | 2008년 10월 25일

등록번호 | 제10-1949호(2000. 4. 10)

주소 | 152-889 서울시 구로구 오류1동 11-30

전화 | (02) 2614-4054

FAX | (02) 2614-4055

E-mail | ulyuck@hanmail.net

값 | 14,000원

ISBN | 978-89-89485-66-7 03900

· 잘못된 책은 바꾸어 드립니다.
· 지은이와 협의하여 인지는 생략합니다.
· 저작권법에 의해 보호 받는 저작물이므로 무단 전재나 복제를 금합니다.

차례

서문: 라스카사스는 왜 중요한가? _ 7

I. 라스카사스의 교훈 _ 15

1. 들어가는 말 _ 17
2. 신대륙의 발견 _ 21
3. 라스카사스, 갱생의 순간 _ 28
4. 식민주의의 딜레마 _ 35
5. 라스카사스의 투쟁과 결정적인 실수 _ 41
6. 인도 제국의 황폐화와 인구 섬멸에 관한 짤막한 보고서 _ 47
7. 라스카사스의 보고서, 그 특징과 가치 _ 53
8. 라스카사스의 노력과 이에 대한 저항 _ 58
9. 새로운 법률과 두 번째 당한 반역죄 _ 65
10. 백 마리 까마귀 속의 한 마리 백조 _ 70
11. 바야돌리드 논쟁 (1) _ 75
12. 바야돌리드 논쟁 (2) _ 80
13. 나오는 말 _ 86

II. 라스카사스의 혀를 빌려 고백하다 _ 105

1. 우리는 아직도 무언가를 배우지 못했다 _ 107
2. 역사의 가치는 "찾아서 얻어낸" 지식에 있다 _ 109
3. 재화와 정의, 누가 뒤에서 우리를 노리는가? _ 111
4. 죄보다 더 끔찍한 것은 자신의 죄를 은폐하려는 비열함이다 _ 113
5. 그대의 상처를 있는 그대로 보여라 _ 116
6. 끔찍한 학살, 그렇지만 모든 인간의 피는 붉다 _ 118

7. 무지는 오해와 편견을 불러일으킨다 _ 120
8. 한국을 사랑한다는 것은 한국의 잘못을 기억한다는 것이다 _ 122
9. 피해자의 고통은 언제나 크게 감지된다 _ 124
10. 참된 사상은 체제 파괴적 특성을 지닌다 _ 126
11. 진정한 명성은 양심을 실천함으로써 쌓인다 _ 128
12. 진정한 종교 개혁자는 뮌처와 라스카사스이다 _ 130
13. 목표는 열광적으로, 수단은 냉정하게 _ 133
14. 종교의 힘은 저항과 거부에 있다 _ 135
15. 혈족, 고향, 동족을 부르짖는 자를 일단 의심하라 _ 137
16. 당신은 왜 백인보다 흑인을 나쁘게 여기는가? _ 139
17. 우리에게 반성은 충분한가 _ 142
18. 라스카사스의 후예는 바로 당신이다 _ 144
19. 당신도 국경 밖에서는 외국인이다 _ 146
20. 영웅의 장례식장은 으레 눈물바다가 된다 _ 149
21. 돈키호테의 비극은 지식인들이 겪어야 하는 냉대와 결부되어 있다 _ 151
22. 라스카사스는 돈키호테이며 프란츠 파농이다 _ 154
23. 소시민들은 악마에 의해 현혹당한다 _ 157
24. 라스카사스의 무덤은 지금 여기이다 _ 160
25. 라스카사스의 판단에는 일말의 잘못도 없는가? _ 162
26. 역사적 인물을 용서하는 것은 아직은 자신에 대한 배반이다 _ 165

III. 바야돌리드 논쟁에 나타난 12가지 쟁점들_171

1. 발단: 바야돌리드 논쟁은 어떠한 배경을 지니고 있는가? _ 173
2. 견해 차이: 인디언들은 인간 주체로 수용될 수 있는가? _ 177
3. 첫 번째 쟁점: 우상 숭배를 어떻게 척결해야 하는가? _ 181
4. 두 번째 쟁점: 이단자와 이교도 사이의 구분은 얼마나 중요한가? _ 186
5. 세 번째 쟁점: 이교도와 전쟁을 치르는 것이 선교의 방식인가? _ 189
6. 네 번째 쟁점: 성자들은 과연 이교도와의 전쟁을 찬양했는가? _ 193
7. 다섯 번째 쟁점: 교황은 어느 범위까지 이교도를 처벌할 수 있는가? _ 196

8. 여섯 번째 쟁점: 그리스도의 세속적 권한은 어느 정도 주어져 있는가? _ 199
9. 일곱 번째 쟁점: 교회법은 아무런 수정 없이 인디언들에게 적용될 수 있는가? _ 203
10. 여덟 번째 쟁점: 서인도 제도에 살고 있는 인디언들은 야만인인가? _ 206
11. 아홉 번째 쟁점: 다른 믿음을 지닌 자에게 가하는 폭력은 정당한가? _ 210
12. 열 번째 쟁점: 이교도는 기독교 선교사의 설교 청취를 강요당해야 하는가? _ 213
13. 열한 번째 쟁점: 인간의 희생을 막기 위한 전쟁은 정당한가? _ 216
14. 열두 번째 쟁점: 교황 알렉산더 6세의 칙서는 무엇을 의도하는가? _ 220
15. 바야돌리드 논쟁은 어떠한 결과를 낳았는가? _ 225
16. 바야돌리드 논쟁은 어떠한 역사적 의미를 지니고 있는가? _ 230

보론 _ 245

인도 제국의 황폐화와 인구 섬멸에 관한 짤막한 보고서 _ 247
기독교 신앙을 제외하면, 인디언들은 야만적이 아니다 _ 267
누가 흑인 노예를 신대륙으로 불러들였는가? _ 287

바르톨로메 라스카사스의 연보 _ 299

참고 문헌 _ 315

인명 찾아보기 _ 323

서문
라스카사스는 왜 중요한가?

"사유思惟는 사유私有가 아니다." (윤노빈)

친애하는 J, 당신을 위하여 라스카사스의 연구서를 간행하게 된 것을 매우 기쁘게 생각합니다. 에스파냐 출신의 신부이자 수도사인 라스카사스는 게오르크 지멜도 말한 바 있듯이, "인류의 가장 커다란 고통을 환기시켜 주는 인물"입니다. 그는 16세기 서인도 제도에서 오랫동안 자행된 가장 끔찍한 대학살의 생생한 증인이었습니다. 라스카사스는 약 1,500만의 원주민들이 정복자의 총과 칼에 의해 학살당하는 것을 당국에 보고하였으며, 평생 고통당하는 인디언들의 생존을 위해 살았습니다. 만약 본서를 읽으면, 당신은 상기한 내용, 라스카사스의 신념과 신학적 입장 그리고 라스카사스의 혀를 빌려 말하고 싶은 필자의 시대 비판 등을 접할 수 있을 것입니다.

우리는 학교 교육을 통해서 루터와 칼뱅을 종교 개혁자로 익히 알고 있지만, 라스카사스와 토마스 뮌처는 잘 모릅니다. 라스카사스와 뮌처는 같은 시대에 살았습니다. 16세기 초의 유럽은 변혁의 시기였습니다. 사람들은 종교적으로 그리고 정치적으로 변혁을 원했으며, 신대륙이 발견되기도 했습니다. 토마스 뮌처가 마치 녹두장군 전봉준처럼 독일에서 농민 전쟁을 이끈 사상가이자 실천가였다면, 라스카사스는 약 500년 전에 인종, 평화 공존 그리고 기독교 선교 사업 등에 관하여 고뇌하고, 오로지 정의를 실천함으로써 자신의 신념을 펼쳐 나갔습니다. 우리는 반공주의의 악영향으로 두 분을 잘 모릅니다. 한반도에서 루터와 칼뱅만이 소개된 것은 참으로 기이합니다만, 유럽의 진정한 종교 개혁가는 뮌처와 라스카사스였습니다.

정치와 경제의 측면에서 고찰할 때, 에스파냐 출신의 정복자들이 자국의 이익을 위해서 헌신한 것은 사실입니다. 그러나 그들이 추구한 부의 축적은 수많은 무고한 인디언들의 희생을 대가로 한 것이었습니다. 서인도 제도에서는 1510년부터 1550년 사이에 천오백 만에서 이천 만에 해당하는 원주민들이 총과 칼에 의해서 죽임을 당했습니다. 문제는 라스카사스가 특히 서인도 제도에서 저지른 동족의 죄악을 낱낱이 고발하였다는 사실입니다. 그리하여 그는 수많은 에스파냐 역사가들에 의해서 "동족에게 해악을 가하는 자" 내지는 매국노로 비난당했습니다. 그의 묘지는 지금도 에스파냐 인종주의자들에 의해서 계속 손상되고 있습니다. 조국의 명예를 더럽혔다는 게 그 이유라고 합니다.

사필귀정이라고는 하지만, 모든 것이 한 인간의 목숨이 붙어 있는 동안 완전히 해결되거나 밝혀지는 경우는 드물기 마련입니다. 역사적 죄악은 유감스럽게도 당대에 분명히 척결되거나 청산되지 않는 경우가 허다합니다. 친애하는 J, 어쩌면 당신은 다음과 같이 항변할지 모릅니다. 라스카사스 연구는 우리와 무관하다고 말입니다. 어쩌면 라스카사스에 관한 연구는 우리의 몫이 아닐지 모릅니다. 마치 조선인 징용 및 정신대에 관한 연구가 누구보다도 양심 있는 일본인들에 의해서 진척되어야 하듯이, 라스카사스 연구는 우리가 아니라 유럽의 백인들, 특히 에스파냐 사람들에 의해서 이행되어야 마땅할지 모릅니다. 선조의 죄악을 고백하는 것은, 진정한 의미에서의 가해자의 반성 행위는 참으로 껄끄러운 일이지만, 어쩔 수 없습니다.

그렇지만 머나먼 과거에 먼 이국에서 발생한 사건이라고 해서 당신과 같은 역사학도가 그것에 대해 수수방관할 수 있겠습니까? 당신은 오히려 당면하지 않은, 우리와 무관한 역사적 사실에서 현대를 살아가는 어떤 가르침을 배워야 할 것입니다. 친애하는 J, 라스카사스 연구는 당신에게 어떤 긍정적인 모범의 상을 제시하지 못할지도 모릅니다. 그것은 오히려 하나의 경고로 작용하게 될 것입니다. 가령 역사적 진리가 항상 우리에게 경종을 울린다는 점을 생각해 보세요. 그렇기에 키케로는 "역사는 삶의 마이스터이다historia magistra vitae"라고 말하지 않았습니까? 인종 탄압은 앞으로 지구상에 얼마든지 빈번하게 출현할 수 있습니다. 그것이 어떠한 형태로 어떠한 구조적 모순의 상으로 우리에게 다가올지는 미지수이지만 말입니다. 그래서 가능할지는 모르겠지만, 필자는 다음과 같은 다섯 부류의 분들을 염두에 두면서 이 책의 집필에 임해 왔습니다.

첫 번째 부류는 서구를 맹목적으로 동경하는 젊은이들입니다. 물론 유럽은 누구나 한 번쯤 여행할 만한 지역입니다. 이와 관련하여 나는 브레히트의 문장을 인용하고 싶습니다. "낭만적으로 멍하니 바라보지 말라Glotzt nicht so romantisch!" 가장 중요한 것은 다음의 사항에 대한 깨달음입니다. 즉, 눈앞에 전개되는 유럽의 모습은 제1세계의 가면에 불과하며, 제국주의의 역사 속에 그들의 진면목이 숨어 있다는 것 말입니다.

두 번째 부류는 공산주의자를 뿔 달린 괴물로 상상하는 나이든 분들입니다. 대체로 보수적 태도를 취하는 기성세대가 과거에 그렇게 믿곤 했습니다. 이들은 대체로 체제 옹호적인 태도를 취하면서, 변화를 싫어합니다. 물론 그들의 견해에도 타당한 면이 있습니다. 그렇지만 우리는 다음의 사항을 잊어서는 안 될 것입니다. 즉, 반공주의로 고초를 겪은 자들은 남한에서는 대부분의 경우 가난한 독립운동가들과 그들의 후손들이었다는 것 말입니다.

세 번째 부류는 여러 소시민들입니다. 이들 가운데에는 선량한 사람들이 태반이지요. 하지만 그들 가운데에는 정치가들의 감언이설에 속아서 자신의 이익과 권리를 정치가들에게 헌납한 분들이 많습니다. 이분들 가운데 자발적으로 권력에 복종하려는 분들은 한 명도 없지만, 권력과 금력이라는 이데올로기에 의해 자주 기만당하곤 합니다. 또한 우리는 외국인 노동자들과 함께 살아가는 법을 배우지 못했습니다. 자고로 무지와 편견은 노예근성을 낳습니다. 가령, 백인에게 저자세를 취하고, 흑인을 업신여기는 태도를 생각해 보세요. 몇몇 사람들은 높은 사람에게 굴복하고, 낮은 사람에게 거드름을 피우곤 하지요. 이는 그 자체 사도 마조히즘입니다. 만약 우리가 정확한 정보를 바탕으로 매사를 판단하고, 권력과 금력에 의해 이용당하지 않는다면, 이들은 얼마든지 자신의 곧고 공정한 견해를 반드시 실천할 수 있게 될 것입니다.

네 번째 부류는 주로 미국에서 학위를 취득한, 몇몇 학자들을 가리킵니다. 어째서 유독 미국에서 공부한 분들은 귀국 후 미국의 이익을 대변하는 데 앞장서는 것일까요? 어용학자들은 여왕벌 주위에 원을 그리는 수벌들처럼 권력과 금력의 주위에서 군락을 이루고 있습니다. 그들은 공공연하게 스스로 보수주의자라고 선언하는 대신에 자신이 중도파 내지 중립적 양비론자라고 공언하곤 합니다. 우리의 현실은 지금까지 이미 기울어 있는 시소 위의 상황이었습니다. 중도파의 중립적 양비론은 이미 기울어진 시소 위에서 그어진 수직선과 같습니다. 그것은 논리적으로는 분명히 수직이지만, 현실적으로는 비스듬한 선에 불과하지요. 매판 자본주의를 표방하는 이들이 수구적 입장을 철회하길 바라는 것은 마치 낙타가 바늘구멍에 들어가는 것을 기대하는 것과 같을 것입니다.

다섯 번째 부류는 처음부터 스스로 독자적 존재이기를 포기하는 일부의 여성들입니다. 한반도에 살고 있는 여성들은 오래 전부터 남성 사회의 이데올로기에 의해 마취되어 왔습니다. 이를 위해 우리가 굳이 페미니스트들의 어떤 정당한 발언을 인용할 필요는 없을 것입니다. 많은 여성들의 눈과 귀는 여전히 꽉 닫혀 있지요. 이들이 부모, 남편, 혹은 가족들의 통념과 관습에 맹종하는 한, 남녀평등의 이상을 실현하는 일은 참으로 요원할 것입니다. 그렇지만 약 20년 전부터 많은 여성들이 한반도 내에 온존하는 남성과 여성 사이의 불평등한 구조를 바꾸려고 애를 썼습니다. 당당하게 자신의 능력과 가치를 발하기 위해서 타인에게 의존하지 않고 독자적으로 입신하려는 여성들이 많이 존재하는 한, 우리에게 아직 희망은 있습니다.

이재무 시인은 「석모도의 저녁」에서 다음과 같이 노래했습니다. "얼마나 더 큰 죄를 낳아야/세상에 지고도 너그러워질 수 있을까?" 시인은 시구에서 자신을 반성하면서, 어떤 말 못할 죄가 근본적으로 자신의 탓임을 토로하고 있습니다. 그렇지만 이러한 토로는 차제에는 어떠한 경우에도 자신을 용서하지도, 탓하지도 않겠다는, 어떤 확고한 다짐으로 이어지고 있습니다. 그렇지만 거대한 사회적 죄악의 경우는 이와 다릅니다. 우리는 권력 내지 금력의 이데올로기 그리고 이로부터 파생되는 부당한 폭력에 대해 마냥 팔짱만 끼고 수수방관할 수는 없을 것입니다. 저항과 거역이야 말로 이 시대를 살아가는 민초들의 근본적 자세가 아닐 수 없습니다. 설령 먼 훗날 거짓으로 판명되는 한이 있더라도 우리는 현재 우리가 신뢰하는 바를 말로 표현하고, 이를 실천에 옮겨야 하지 않을까요?

라스카사스는 이판理判이 아니라 사판事判의 삶을 살았습니다. 다시 말해 그는 도서관에 파묻혀 학문에 몰두한 사람은 아니었습니다. 그에게 중요한 것은 문헌이 아니라 행동하는 일이었고, 스스로 옳다고 생각하는 바를 실천하는 일이었습니다. 그렇지만 그는 평생의 작업을 통하여 많은 문헌을 남겼습니다. 그의 전집(Obras completas)은 15권이 넘으며, 생전에 그리고 그의 사후에 수많은 적들로 인하여 간행되지 못했습니다. 라스카사스는 지금까지 남한에서 부분적으로 인용되었을 뿐, 아직 본격적인 연구서가 한 권도 간행되지 않았습니다. 필자는 약 35년 전부터 서양의 인문학을 공부해 왔으나, 아직 철학도일 뿐, 서양사 전공자는 아닙니다. 그럼에도 내가 저지르는 출간의 만용(?)은 오로지 당신을 위해서입니다. 부디 부족한 나의 책이 라스카사스 연구의 입문서로 작용했으면 좋겠습니다. 울력의 강동호 사장님을 비롯하여, 지금까지 집필을 도와주신 많은 분들에게 고마움을 표하면서….

안산에서 박설호

1. 라스카사스의 교훈

*
*

이 글을 안산의 반월 공단에서 일하는 압둘라 K.에게 바친다.

들어가는 말

"인간의 피부색은 다르지만, 피의 색깔은 한결같이 붉다."

(속담)

바르톨로메 드 라스카사스는 마르틴 루터, 토마스 뮌처와 함께 유럽의 3대 종교 개혁가로 손꼽히지만, 우리에게는 전혀 알려지지 않은 생소한 인물이다. 루터는 성서 번역 등으로 인하여 세계적 명성을 떨치고 있지만, 토마스 뮌처와 라스카사스는 기이하게도 남한에서는 거의 알려진 바 없다.[1] 이는 아마도 남한에서 오래 효력을 떨쳤던 반공 이데올로기의 영향 때문일 것이다. 뮌처와 라스카사스의 사상은 제각기 루터의 그것을 훨씬 뛰어넘는, 놀라운 도덕적 깊이를 지니고 있다. 특히 사상과 행동의 일치를 보여 준 인물들이 뮌처와 라스카사스라는 사실을 고려한다면, 우리는 다시 한 번 인지도와 객관적 가치 사이에 엄청난 괴리감이 도사리고 있음을 간파하게 된다.

세 사람은 거의 같은 시대에 살았다. 이들 가운데 겉 다르고 속 다른 태도를 드러낸 자는 루터였다. 그는 목숨을 부지하기 위하여 보름스 성당에서 자신의 입장을 번복할까 하고 오랫동안 숙고하였으며, 나중에는 유대인에 대해 적대적 태도를 취했다.[2] 루터의 이러한 태도는 이유야 어떻든 간에 먼 훗날 유럽에서 교회 분파주의의 초석이 되었으며, 나중에는 종파 간의 끔찍한 갈등을 야기하였다. 나아가 루터는 겉으로는 개혁을 표방하는 척하면서, 속으로는 봉건적 계층 사회를 옹호하였다. 그러한 루터는 수구 세력에 도움을 주는 체제 순응적인 학자에 불과했다.[3] 이러한 태도는 1525년에 발생한 독일 농민 전쟁에서 극명히 드러난다. 1525년에 발표된 그의 소논문, 「강탈하고 살인하는 쓰레기 같은 농민들에 반대하여Wider die räuberischen und mörderischen Rotten der Bauern」를 읽으면, 우리는 루터가 귀족과 성직자들의 이데올로기를 얼마나 환영했으며, 불행한 하층민들에 대해 얼마나 악명 높은 발언을 했는지 깨달을 수 있을 것이다. 만약 루터가 금은보화로 가득 찬 성당의 고위 성직자의 편에 서지 않고 극도의 기아로 배를 움켜쥐고 있던 농민들의 편에 섰더라면, 당시의 농민들은 그렇게 무기력하게 패배를 선언하지는 않았을 것이다.

    루터에 비하면 토마스 뮌처는 자신의 입장을 굽히지 않은 비극적 지사였다. 그는 요하네스 타울러의 신비주의를 신봉하면서, 「루카의 복음서」 1장 52절 "그분께서 권세 있는 자들을 자리에서 쫓아내시고, 미천한 자들을 끌어올리셨다"라는 구절을 실천하려고 수미일관 노력하였다. 뮌처는 "모든 게 공동 소유이다Omnia sint communia"라는 플라톤의 『국가』에 있는 발언을 창조적으로 변화시켜, 이를 실천하였다.[4] 이 슬로건은 이른바 그리스도 정신에 바탕을 둔 평등한 삶을 구현하기 위한 강령으로 자리하게 되었다. 뮌처는 1525년 재세례파 사람들과 남부 독일의 농부들을 결집하여 독일 농민 혁명을 일으켰으나, 끝내 형장의 이슬로 사라지고 만다.[5] 당시 뮌처의 아내는 만삭의 몸으로 겁탈당하여 정신 착란 증세를 보이는데, 그로 인해 그미는 수녀원에서 잠시 요양해야 했다. 이때 그미는 아들을 낳는데, 그 아들은 이어지는 박해를 피하기 위하여 뮌첼이라는 이름으로 개명하였다고 한다.[6]

루터와 뮌처의 입장이 독일 농민 전쟁의 틈바구니 속에서 첨예하게 대립했다면, 라스카사스는 이들과는 전혀 다른 현실에서 살았다. 그는 일찍이 신대륙으로 건너가서, 수십 년 동안 발생했던 끔찍한 사건의 현장을 직접 목격하였다. 여기서 말하는 사건은 다름 아니라 15세기 초 서인도 제도에서 1,500만 명 내지 2,000만 명의 원주민들이 에스파냐 사람들에 의해 무참하게 학살당했던 사건이다. 이러한 학살은 오로지 에스파냐 출신 정복자들의 총과 칼에 의해서 자행되었다.[7] 신대륙 발견 이전의 서인도 제도에는 많은 원주민들이 평화롭게 살았는데, 16세기에 이르면 거의 사람의 자취가 발견되지 않을 정도로 황폐화되었다. 라스카사스는 중남미 곳곳에서 지속적으로 자행되는 학살극을 직접 목격하여, 『인도 제국의 황폐화와 인구 섬멸에 관한 짧막한 보고서 Brevísima relación de la destruición de las Indias』(1542)를 저술하였다. 그리하여 그는 여러 번 에스파냐로 돌아와서, 진실을 알리고, 학살극의 중단을 위해서 백방으로 노력해 나갔다.

이 글은 라스카사스와 그가 남긴 문헌들을 살펴봄으로써, 신대륙 발견 이후의 문명사의 전개 과정 그리고 기독교 정신의 참모습 등을 추적하려고 한다. 감히 단언하건대 기독교의 핵심은 박애의 실천으로 요약될 수 있다. 기독교의 복음은 무엇보다도 가난한 이웃에 대한 사랑이며, 궁극적으로 화해와 평화 공존을 지향하는 것이다. 따라서 증오와 이간질 그리고 살인과 전쟁은 결코 기독교의 덕목일 수 없다. 세계 역사는 우리에게 수많은 인종 갈등과 계급 갈등을 보여 주었다. 문제는 이러한 갈등이 다만 인간 사이의 갈등으로 끝난 게 아니라, 무엇보다도 기독교 전파라는 미명 하에 수많은 죽음과 대대적인 학살 그리고 전쟁으로 이어졌다는 사실이다. 필자는 아메리카 원주민의 비극을 지나간 역사적 사건으로 규정하기에 앞서, 인종 학살에 대한 하나의 상징적 사건 내지는 비유로 이해하려고 한다. 왜냐하면 이후의 세계사는 수단과 방법에 있어서 어떤 편차를 보여 주지만, 근본에 있어서는 동일한 "살육의 모티프"를 보여 주기 때문이다. 그것은 무엇보다도 더 많은 부를 누리려는 자의 경제적 욕구에 기인하고 있다.

2 신대륙의 발견

"아아, 앵무새 떼가 아니었더라면…"
(A. v. Humboldt)

중세 초기 이후로 사람들을 현혹시켰던 것은 인도에 관한 전설이었다. 십자군 전쟁 이전부터 인도에 관한 수많은 전설이 유럽 전역을 떠돌았는데, 이는 15세기까지 이어졌다. 인도에는 금은보화는 물론, 온갖 기괴한 동식물들이 존재하며, 곡식과 과일들이 즐비하여, 굶어 죽는 사람은 한 명도 없다는 것이었다. 이러한 이야기는 요한 장로의 거짓된 편지의 내용에 적혀 있는데, 상인들과 십자군 전쟁에 참가한 기사들에 의해 침소봉대되어 유럽에 전해졌다.[8] 그러나 인도로 향하는 육로는 오랫동안 차단되어 있었다. 왜냐하면 사라센 제국이 길을 가로막고, 통행인들을 살해하곤 하였기 때문이다. 인도에 갈 수 있는 방법은 서쪽으로 항해해 가는 것인데, 이는 불가능한 일로 간주되었다. 왜냐하면 지구가 마치 쟁반처럼 평평한 구조로 이루어져 있다고 믿었기 때문이다. "대서양의 끝ultima Thule"은 바로 절벽이며, 바닷물은 마치 폭포와 같이 아래로 떨어진다는 것이다.

대서양은 오래 전부터 "응고된 바다mare coagulatum"로 알려져 있었다. 음침한 바다에 관한 전설은 고대 그리스에서 전해져 내려왔다. 아름다운 목소리로 선원의 애간장을 녹이는 세이렌, 배를 집어삼키는 에키드나, 대양에서 포효하는 스킬라 등은 대서양을 도저히 항해할 수 없는 공간으로 단정 짓기에 충분하였다. 나아가 지브롤터 해협에는 이른바 헤라클레스의 기둥이 있어, 거기에는 "더 이상 나은 곳은 없다non plus ultra"라는 말이 새겨져 있다고도 했다. 영리한 페니키아 사람들이, 다른 나라의 상인들이 주석이 생산되는 영국으로 항해하지 못하도록, 일부러 이러한 전설을 퍼뜨렸던 것이다.[9]

여러 제약에도 불구하고 콜럼버스가 항해를 결심하게 된 것은 지상의 천국에 대한 신앙심 그리고 강렬한 모험심 때문이었다. 콜럼버스는 지구가 둥글다고 확신하고 있었다. 그는 세네카와 플루타르코스의 다음과 같은 암시적인 표현을 암송하고 있었다. 즉, 세네카에 의하면, 세상의 끝은 더 이상 지상의 끝일 수 없었다. 나아가 플루타르코스는 다음과 같이 생각했다. 만일 달이 지구의 거울이라면, 그 어두운 부분은 틀림없이 발견되지 않은 어떤 대륙을 보여 주고 있으리라고 말이다. 콜럼버스는 1492년 8월 3일에 에스파냐 여왕의 도움으로 범선 세 척을 이끌고 출항하였다. 콜럼버스의 항해를 경제적으로 지원한 세력은 당시 에스파냐에서 사회적으로 탄압받던 유대인들이었다. 그들 대부분은 포르투갈로 이주하여 "세파르딤"이라는 공동체를 형성하고 있었다. 출항하기 전에 콜럼버스는 모든 것을 면밀하게 준비하였다. 가령 그는 아조레스 군도에서 정기적으로 발생하는 착시 현상조차도 이미 숙지하고 있었다. 콜럼버스는 관측기구로 적도의 해류를 확인했으며, 경도와 기후의 기이한 관계를 예리하게 인지하였다. 항해는 기대했던 것과는 달리 비교적 순탄하게 진행되었다. 2개월에 걸친 오랜 항해 끝에 콜럼버스는 우연히 새떼를 발견한다. 새떼가 있다는 것은 분명히 육지가 가까이 있다는 것을 반증하는 게 아닌가? 새떼는 남서쪽으로 향해 날아간다. 이때 콜럼버스는 항해사에게 뱃머리를 새떼를 따라서 남서쪽으로 돌리라고 명령한다.[10]

나중에 알렉산더 폰 훔볼트는 다음과 같이 기술하였다. 콜럼버스가 새떼의 비행을 추적한 것만큼 엄청난 결과를 초래한 것은 없으리라고 말이다.[11] 만약 그가 처음 항로의 위도를 따라 오차 없이 서쪽으로 항해했더라면, 그는 틀림없이 지금의 플로리다 반도에 도착했을 것이다. 그렇게 되었더라면 콜럼버스는 복잡하고 혼란스러운 서인도 제도 대신에 대륙의 가슴 부위와 같은 미국의 광활한 땅을 발견하게 되었을 것이다.[12] 콜럼버스는 생전에 네 번 항해하였다. 그렇지만 그는 한 번도 플로리다에 발을 들여놓지 못했다.[13] 만일 그가 플로리다에 상륙하였더라면, 세계의 역사가 바뀌었으리라고 훔볼트는 주장한다. 콜럼버스가 플로리다에 상륙했더라면, 미국이라는 황금 땅을 차지한 나라는 영국과 프랑스가 아니라 에스파냐였을 것이다. 그렇게 되었다면, 오늘날 국제어는 영어가 아니라 에스파냐어였을 테고, 에스파냐의 경제권 내지 문화권이 세계를 주름잡게 되었을 것이다. 한마디로 콜럼버스가 새떼를 발견한 것은 우연으로 간주하기에는 너무나 엄청난 결과를 가져다주었다.

    1492년 10월 12일 콜럼버스는 동료들과 함께 구아나하니(지금은 산살바도르) 섬에 도착하였다. 그는 아이티의 숲속에서 뻐꾸기의 울음소리를 들으면서, 이곳이 "지상의 천국"이라고 착각하고 있었다. 이러한 착각은 그가 남긴 편지에서 드러나고 있다. 말하자면, 콜럼버스는 죽을 때까지 자신이 인도를 발견했다고 굳게 믿었다. 그는 나중에 세 차례나 더 항해했는데, 동행한 선원들에게 어떠한 귀금속도 소유하지 말 것을 명령하였다. 콜럼버스는 승선한 선원들과는 달리 재물에는 커다란 관심을 보이지 않았다. 다만 몇 개의 증거물만 소유한 채 귀환하면 족하다고 생각했다.[14] 엄밀히 따지면, 신대륙이 발견된 일자는 1493년 3월 4일이었다. 왜냐하면 콜럼버스의 배들은 바로 이날에 포르투갈의 리스본 항구에 도착했기 때문이다.

    인도를 발견했다는 소식은 그 자체 기상천외한 사건이었다. 이 소식은 에스파냐뿐 아니라, 유럽 전역으로 퍼져 나갔다. 가령 어느 우주선이 지구로 돌아와서, 우주의 소식을 전하는 것을 가정해 보라. 어느 별에는 지구상에 없는 기이한 환상적 물건이 즐비하고, 길에 널려 있는 귀금속을 마음대로 가질 수 있으며, 기이한 피조물이 살고 있는데, 이들은 지구인들을 위해서 헌신적으로 일한다고 말이다. 인도 발견에 대한 소식은 순식간에 에스파냐 전역에 퍼졌다. 항로의 발견은 실제로 어떤 나라를 찾아낸 것처럼 사람의 마음을 끌어당겼던 것이다. 왕관을 쓴 왕에서부터 동냥하는 거지에 이르기까지 모든 사람들은 이 소식을 듣고, 거의 최면술에 걸린 듯이 환호했다. 뒤이어 여행의 고달픔을 개의치 않는 자들은 너나 할 것 없이 서쪽을 향하여 항해하였다. 항해할 수 없는 가난한 자들은 최소한 이 여행에 관해 꿈을 꾸었다. 실제로 여행을 떠난 사람들은 대체로 용병들이었다. 당시에 에스파냐는 무어 족과 오랫동안 전쟁을 치렀는데, 1492년 1월에 전쟁이 종식되어 대부분의 용병들은 실업자로 전락해 있었다.[15] 한마디로 콜럼버스 이후 신대륙으로 항해해 갔던 사람들은 누구보다도 군인들, 범법자들 그리고 본토에서는 아무런 할일이 없던 부랑자들이었다. 이들은 거의 대부분 황금에 눈이 멀어 있었으며, 서서히 총과 칼로써 서인도 제도를 정복해 나갔다.

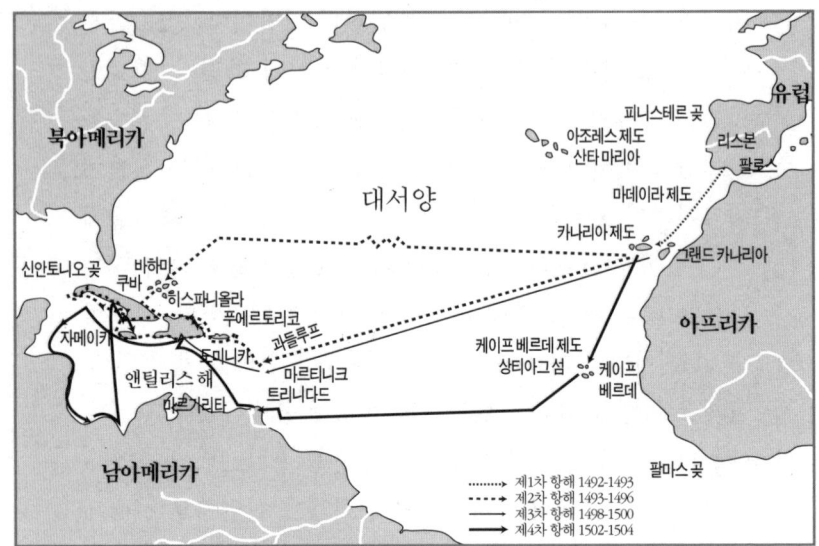

위 지도는 네 차례에 걸쳐 신대륙으로 항해한 콜럼버스의 항로를 보여 주고 있다. 그는 죽을 때까지 자신이 발견한 땅이 신대륙이라는 사실을 알지 못했다. 놀라운 것은 그가 한 번도 플로리다 반도에 발을 들여놓지 않았다는 사실이다. 만약 콜럼버스가 플로리다에 먼저 상륙했더라면, 알렉산더 훔볼트의 주장대로, 세계의 역사가 달라졌을지 모른다. 현재 미국의 광활한 영토는 에스파냐 사람들의 차지가 되었을 테고, 세계의 공통어는 에스파냐어가 되었을지 모른다.

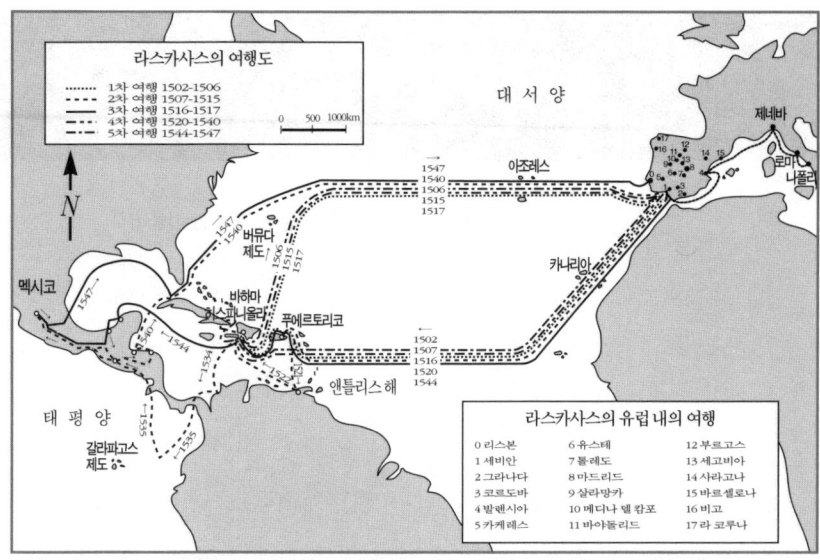

위 지도는 라스카사스 연구가인 페레스 페르난데스가 라스카사스 연보에 맞추어 작성한 것이다. 이 지도에서 우리는 라스카사스가 생전에 얼마나 긴 여행을 감행했는지를 감지하게 될 것이다. 라스카사스의 여행은 신성로마제국의 황제인 카를 5세의 그것과 비교될 수 있다. 카를 5세는 1555년 10월 25일에 황제의 직에서 물러나면서 다음과 같이 말했다고 한다. "나는 독일을 아홉 번, 에스파냐를 여섯 번, 이탈리아를 일곱 번 방문했노라. 40년 동안 내가 지나친 거리는 약 6,394마일이나 되노라. 그 가운데 나는 배를 타고 2,710마일을 지나쳤으며, 육로로 3,684마일을 말을 타고 지나쳤노라." 이에 비하면 라스카사스는 50년 동안 총 22,442마일을 여행했다. 라스카사스는 범선을 타고, 도합 15,451 마일을 항해했으며, 육로를 6,991마일 지나쳤다. 특히 육로의 경우, 라스카사스는 2,468마일을 말을 타고 달렸으며, 4,023마일을 걸어서 다녔다.

I. 라스카사스의 교훈 _ 27

3 라스카사스, 갱생의 순간

"부당하게 얻은 재물은 경멸로 가득 찬 선물이로다."

(성서)[16]

인간이 살아가는 과정에서 무언가를 깨닫는 놀라운 순간이 있다. 이러한 순간은 우리의 삶에서 드물게 출현하지만, 마치 섬광과 같은 자극을 가하며, 우리의 뒤통수를 사정없이 내리친다. 이때 우리에게 교차되는 것은 두 가지의 상반된 감정이다. 그 하나는 지금까지 거짓되게 살아온 데 대한 뼈아픈 후회이며, 다른 하나는 차제에는 올바르고 가치 있는 삶을 살아가리라는 굳은 결단이다. 이러한 놀라운 체험을 겪은 사람은 다름 아니라 라스카사스였다. 라스카사스는 인간 삶에서 드물게 출현하는 갱생을 위한 깨달음의 순간을 강림절에 맞이하게 된다. 이러한 순간은 교회의 역사에서 언급되곤 하는 사도 바울의 놀라운 "다마스쿠스 체험"에 비유될 수 있으며,「창세기」에 묘사된 바 있는 "신을 만나 씨름하는 야곱의 체험"을 방불케 하는 것이었다.[17]

1474년 라스카사스는 프랑스 출신의 귀족 아들로 태어났다. 그의 가문은 당시에 이미 이백 년이 넘는 전통을 자랑하고 있었다. 라스카사스 가문에 관한 역사 자료들은 충분하지 않다. 라스카사스의 아버지는 프랑스 출신의 검객이었다고 한다. 약 1200년경 백작 신분의 한 프랑스인이 당시에 에스파냐에 속해 있던 카스티야 왕국과 레온 왕국으로 왔다고 한다. 그에 관해 정확히 아는 사람은 아무도 없었다. 그러나 이 남자와 그의 장검은 순식간에 유명해졌다. "라스 카사우스"라고 불리던 프랑스인은 검술이 탁월했기 때문에, 카스티야 왕국과 레온 왕국의 왕이었던 페르디난드 3세는 그를 영입하였다. 당시에 왕에게는 훌륭한 군인들이 부족하던 터였다. 그는 500년 넘게 무어 족의 무력 지배하에 있던 이베리아 반도에서 무어 족을 물리치려던 왕이었다. 더욱이 당시에는 무어 족이 반도의 가장 큰 도시였던 세비야를 포위한 뒤에 세차게 공격해 오고 있었다. 그렇기에 페르디난드 3세는 프랑스인에게 관심을 쏟을 수밖에 없었다. 라스 카사우스가 세비야를 탈환하였을 때, 왕은 그에게 귀족 작위를 수여하였다. 확실한 것은 라스카사스의 아버지가 그 후에 세비야에 정주하게 되었으며, 그곳에서 결혼하였다는 사실이다.

  콜럼버스가 신대륙을 발견했을 때 라스카사스는 살라망카 대학에서 신학과 법학을 공부하고 있었다. 어린 시절부터 인도의 문화에 심취했던 그는 1502년에 아버지를 따라 맨 처음으로 산토도밍고로 여행했다. 그 후에 그는 서인도 제도에서 에스파냐 출신의 정복자들과 함께 재물을 약탈하였으며, 광산업과 식민 농장 경영에 참여하기도 했다. 이 시기에 라스카사스는 에스파냐 사람들이 어떠한 방법으로 아메리카 인디언들을 혹사시키고 죽이는가를 직접 목격하였다. 이때 간간이 정복 사업에 대한 회의감이 들기도 했지만, 그는 여전히 유럽인의 자기중심적 시각을 벗어나지 못하고 있었다. 라스카사스는 1506년에 다시 유럽으로 돌아와서 신부로 서품되었다. 2년 후에 그는 두 번째로 서인도 제도로 여행하여 히스파니올라에 체류하였다. 1512년 쿠바 정벌에 가담한 라스카사스는 다시 2년 후에 쿠바의 카나레오에서 에스파냐 총독으로부터 토지와 노예를 하사받았다. 그리하여 그는 "토지 및 노예 소유자Encomendero"가 되었던 것이다. 이 시기까지만 해도 그는, 비록 신부의 신분을 지녔으나 내심 재물과 명예를 소홀히 하지 않는, 에스파냐 출신의 평범한 사람에 불과했다.

놀라운 사건은 1514년 8월 어느 날 오후에 발생한다. 40세의 라스카사스는 쿠바에서 강림절 설교를 준비하고 있었다. 이때 「집회서」 34장의 구절들이 자신의 뇌리를 마구 강타하는 게 아닌가?

부당하게 얻은 재물은 경멸로 가득 찬 선물이로다. 신을 우롱하는 자의 조소는 선의에서 나온 게 아니다. 신을 믿고 진리와 정의의 길을 가는 사람만이 신을 만족시키리라. 신은 자신을 우롱하는 자의 선물에 만족하지 않으리라. 불에 타 숨져간 희생자들 때문에 그자의 죄를 용서하지 않으리라. 가난한 자의 재산을 빼앗아 제물로 바치는 것은, 남의 자식을 제물로 바치기 위해 그 아비 앞에서 자식을 죽이는 것과 같다. 가난한 자는 넉넉지 못한 빵으로 살아가고 있다. 가난한 자의 빵을 빼앗는 자는 잔인한 자이다. 이웃에게서 먹을 것을 빼앗는 자는 살인자이다. 사람을 죽인 자와 날품팔이꾼에게 보수를 주지 않는 자는 서로 다를 바 없다. 만약 한 사람이 집을 짓고, 다른 한 사람이 집을 허문다면, 그들에게 헛수고 외에 무엇이 남겠느냐? 한 사람은 기도하고, 다른 한 사람은 신을 저주한다면, 주님은 어느 쪽에 귀를 기울이겠느냐? 피 묻은 옷을 씻은 뒤에 다시 살해하면, 빨래하는 일이 무슨 소용이 있겠는가? 이는 저지른 죄 때문에 금식한 뒤에 다시 죄를 저지르는 것과 다를 바 없다. 고행을 한들 무슨 소용이 있으랴. 누가 그의 기도를 들어주겠는가?"[18]

성서를 천천히 읽어 내려가던 라스카사스는 마치 망치에 얻어맞은 것과 같은 아픔을 느낀다. 순간적으로 현기증을 느꼈다. 성서의 구절은 마치 자신을 책망하기 위해서 기술된 것 같았다. "가난한 자의 빵을 빼앗는 자는 잔인한 자이다. 이웃에게서 먹을 것을 빼앗는 자는 살인자이다. 사람을 죽인 자와 날품팔이꾼에게 보수를 주지 않는 자는 서로 다를 바 없다."[19] 자신이 미사에 사용하는 빵과 포도주는 누구에게서 거두어들인 것들인가? 당시 사람들은 포도주를 에스파냐에서 가져왔지만, 빵은 이곳의 원주민들이 만든 것이었다.[20] 그렇다면 인디언들에게서 빵을 가로챈 것은 다름 아니라 라스카사스 자신이 아닌가? 실제로 그는 그때까지 에스파냐 총독에게서 하사받은 인디언들에게 빵 값은커녕 보수도 한 푼 지불하지 않고 살아오지 않았나? 그렇다면 자신은 성서의 논리에 의하면 살인자와 다를 바 없지 않는가?[21]

성서 구절은 공교롭게도 정복자들의 죄악에 대한 증거를 구체적으로 하나하나씩 열거하고 있었다. 성서 구절이 궁극적으로 비판한 것은 사적으로는 라스카사스 자신의 정복자로서의 삶이며, 공적으로는 인도를 정복하려는 사업 전체에 다름 아니었다. 특히 후자의 경우는 기독교 전파라는 미명 아래 더 많은 부를 차지하려는 제국주의자들의 열망을 그대로 암시하는 게 아닌가? 며칠 동안 라스카사스는 참회에 참회를 거듭한다. 이러한 참회는 하루아침에 갱생更生을 유도해 낸, 놀라운 반성의 행위였다. 그것은 마치 흑인 출신의 인권 운동가, 말콤 엑스의 그것을 방불케 한다. 말콤 엑스가 감옥에서 일라이자 무하마드의 글을 읽은 뒤, 이른바 "콩크 머리"의 건달로 살아온 삶을 청산하고 인민을 계도하는 이슬람 혁명가로 변신했듯이,[22] 라스카사스 역시 바로 이 순간의 충격으로 인하여 이전과는 전혀 다른 인간으로 거듭나게 된다. 그는 1515년에 도미니크 수도원의 페드로 드 코르도바를 찾아가서 자신의 입장 변화와 갱생의 삶에 관한 계획을 고백한다. 이때 코르도바는 라스카사스를 알게 된 것을 기뻐하고, 그의 뜻을 높이 평가하였다고 한다. 라스카사스는 지나간 40년의 삶이 자신과 에스파냐의 이익을 위해 바쳐졌다면, 지금 이 순간부터의 삶은 고통당하는 인디언들을 위한 것이 되어야 한다고 굳게 결심한다.

    라스카사스는 1514년 쿠바에서 모든 재물을 원소유자인 인디언들에게 반납하려 하였다. 재물을 포기하는 것은 아주 간단하였다. 왜냐하면 모든 것을 버리고, 자신이 거주하던 교구를 훌훌 떠나면 되었기 때문이다. 그런데 자신에게 할당된 인디언들이 자유롭게 살아갈 방법은 결코 만만치 않았다. 그들을 그냥 풀어준다고 해서 문제가 일거에 해결되는 것은 아니었다. 왜냐하면 풀려난 인디언들은 다시금 다른 노예 사냥꾼에게 체포되곤 하였기 때문이다.

    실제로 노예 신분에서 벗어난 인디언들은 고향을 찾아가는 길목에서 탐험대장, 판필로 드 나르바에즈에 의해 체포되어 서인도 제도의 여러 노예 시장으로 팔려 나가곤 하였다. 이때 밧줄을 풀고 도주한 인디언들은 다시 체포되어 현장에서 처참하게 살해당하기도 하였다. 이 소식을 접하게 된 라스카사스는 극도의 절망감에 사로잡힌다. 비록 짧은 기간이었지만, 그는 자신의 집에서 노예로 일하던 인디언들의 생명을 구하려고 백방으로 노력하였다. 서인도 제도의 근본적인 문제를 해결하려면, 서인도 제도를 다스리는 총독을 설득하는 수밖에 없었다. 라스카사스는 에스파냐 여왕으로부터 쿠바의 통치권을 위임받은 로드리고 알부케르케를 만나, 인디언을 죽이거나 노예로 삼지 말라고 수없이 청원하였다. 그러나 총독에게 중요한 것은 오로지 경제적 이득이었다. 일개 시골 신부의 청원이 황금에 눈이 뒤집힌 인간에게 무슨 효력을 발휘했겠는가? 라스카사스는 죽어 가는 수많은 생명들 가운데 기껏해야 몇 사람의 생명만을 지켜줄 수 있을 뿐이었다. 그렇지만 우리는 한 가지 결실을 외면할 수 없다. 비록 인디언의 생명을 구하려는 그의 노력이 대부분 실패로 돌아갔지만, 라스카사스의 명성만큼은 서인도 제도에 널리 퍼져 나갔던 것이다. 동시대인들의 기록에 의하면, 노예 사냥꾼들에게 붙잡힌 서인도 제도의 인디언들은 "기꺼이 라스카사스의 노예가 되겠으니, 그곳으로 보내 달라"고 애원하였다고 한다.[23]

4 식민주의의 딜레마

"피지배자에 대한 살육은 그 자체 손실이다. 노동력이 감소되니까"

(J. P. Sartre)[24]

식민주의는 으레 거짓된 가면을 드러내는 법이다. 그것은 이른바 극도의 이윤 추구라는 무지막지한 방법을 동원하지만, 겉으로는 법적으로 정당하게 보이는 방법을 활용하곤 한다. 가령 무역 관계 내지 매매 등의 방식을 이중장부로 처리하는 방법이 그것이다. 그러나 식민주의는 초창기에 아직 이러한 무역 방식을 채택하지 않았다. 왜냐하면 에스파냐 사람들은 식민지에서 보이는 모든 것들을 마구잡이로 강탈하려 했기 때문이다. 그것은 무주물선점無主物先占이라는 거짓된 논리에 근거한 것이었다. 게다가 사람들은 서류를 믿지 않고, 오로지 힘 있는 총독의 말만을 신뢰했다. 실제로 서인도 제도에서 발견되는 모든 것들, 금, 은, 노예 등은 순식간에 백인들의 소유가 되었다. 이를 위해서 사용된 것은 다름 아니라 에스파냐 함대와 에스파냐 사람들의 총과 칼이었다.

그러나 원시적 식민주의의 무지막지한 실천은 처음부

터 딜레마를 안고 있었다. 처음에 에스파냐 사람들은 인디언들에게 금을 요구하였다. 금을 얻지 못할 경우, 그들은 말을 듣지 않는 원주민들을 학살하고 도륙했다. 에스파냐 출신의 사람들이 서인도 제도의 원주민들을 난생 처음 목격한 것은 16세기 초였다. 비근한 예로 1980년대에 지조를 꺾고 독재자에게 충성하던 남한의 군인들이 주한 미군 사령관 위컴의 눈에 마치 "나그네쥐 떼lemmings"로 비친 것처럼, 기이하게 생긴 유색인들은 침입자들의 눈에는 반인반수의 기형적 존재로 비쳤다고 한다.[25] 에스파냐 사람들의 몸집은 인디언들의 그것보다 더 컸다. 그들은 원주민이 소비하는 두어 달치 식량을 불과 일주일 만에 깡그리 없애 버렸다. 그 다음에 그들은 인디언들로 하여금 노예로 일하게 하였다. 사탕수수밭, 혹은 광산에서 일하는 게 바로 그 강제 노동이었다. 만약 인디언들이 말을 듣지 않으면, 사지를 절단하여 고통스럽게 죽게 내버려 두거나, 이들을 하나씩 나무에 매달아서 불에 태워 죽이곤 하였다.

　문제는 모든 게 단순한 살인으로 끝나지 않았다는 데 있다. 식민주의자들은 저항하는 인디언들을 차례대로 처형해 나갔다. 그런데 원주민 학살이 거듭될수록, 그들은 역설적으로 한 가지 사실을 분명하게 인식하였다. 그것은 놀랍게도 자신의 노동력이 줄어든다는 사실이었다. 따라서 식민주의자들은 처음부터 자신의 노예들을 모조리 처형시킬 수도 없으며, 그렇다고 쉬운 방법으로 그들을 달랠 수도 없었다. 에스파냐의 총독은 인디언들의 수많은 죽음을 목격하다가,

그때까지의 강경책을 포기하고 회유책을 사용하기로 결심하였다. 생산력 신장을 위해서는 때로는 채찍 대신에 당근이 효력이 있다는 것을 깨닫게 되었던 것이다. 그러나 그러한 회유책이 과연 성공을 거둘 것인가? 성공 가능성은 결코 크지 않았다. 이에 대한 이유를 장 폴 사르트르는 다음과 같이 날카롭게 요약하고 있다.

> 노예로 만드는 일이 곤란한 이유는 무엇인가? 우리 같은 사람을 길들이면, 길들이는 자의 이익은 감소한다. 아무리 비용을 줄인다고 하더라도, 노동력이 생산해 내는 가치보다도 인간을 짐승으로 만드는 데 비용이 더 많이 드는 법이다. 그렇기에 식민주의자들은 피지배자들을 길들이는 일을 도중에 포기할 수밖에 없다.[26]

라스카사스는 사태의 본질을 예리하게 꿰뚫어보았다. 서인도 제도 내에서 인디언 문제를 근본적으로 해결하기란 불가능하다. 무엇보다도 시급한 것은 국왕의 이름으로 아메리카 인디언들을 보호할 수 있는 강제적 법령을 마련하는 일이었다. 그렇지 않으면 인디언들에 대한 학살극은 그치지 않고 계속될 것이었다. 이러한 결론에 도달한 라스카사스는 에스파냐로 가서 황제를 알현하리라고 결심하였다. 모든 재물을 포기했기 때문에 그는 여비조차 마련할 수 없었다. 이때 라스카사스는 자신이 애지중지하던 말(馬)까지 팔아야 했다.[27] 당시 쿠바의 총독, 로드리고 알부케르케는 온갖 술수를 다하여, 시골 신부가 절대로 본국으로 떠나지 못하도록 음으로 양으로 방해하였다. 우여곡절 끝에 라스카사스는 1515년 가을 마침내 에스파냐로 떠날 수 있었다. 이는 라스카사스가 아메리카 원주민을 구원하기 위하여 "인도 제국"과 에스파냐 사이에 오고갔던 12번의 항해 가운데 첫 번째 항해였다.

    12월 23일 드디어 그는 에스파냐의 황제, 페르디난드 5세를 알현하고, 서인도 제도에서 발생하는 온갖 살육 사건을 상세히 보고했다. 황제는 그의 보고를 들은 뒤 일순간 커다란 놀라움에 사로잡혔다. 그는 먼 이국땅에서 벌어지는 끔찍한 살육에 관해서 이전에는 한 번도 들은 바 없었다. 황제는 세 명으로 이루어진 조사위원회를 발족시켜서 이 문제를 해결하도록 조처하였다. 세비야의 대주교로 일하던 디에고 디에차, 부르고스의 승정이었던 후안 로드리게스 드 폰세카, 그리고 로페스 드 콘칠로스 등 세 사람이었다. 그런데 세비야의 대주교를 제외한 두 사람은 인도 제국의 황폐화와 인구 섬멸을 통해서 은밀하게 막대한 경제적 이득을 챙기고 있었다. 말하자면 황제는 마치 고양이 앞에 생선을 맡긴 셈이었다. 라스카사스는 1516년 1월 23일에 세 명의 위원들을 만나서, 이들로부터 "인디언 보호를 위한 새로운 법을 시행하겠다"는 약속을 받아낸다. 그러나 바로 그날 저녁 페르디난드 5세는 안타깝게도 유명을 달리하였다. 그의 죽음으로 인하여 "인디언 보호를 위한 새로운 법"은 순식간에 효력을 상실하고 말았다.

신성로마제국은 다시 새로운 황제를 필요로 하였다. 카를 5세가 물망에 올라 1519년에 황제로 등극하였다. 독일 출신의 카를 5세는 당시 19세의 청년이었으며, 유럽 각 지역을 순방해야 했다. 라스카사스는 이대로 모든 것을 포기할 수는 없었다. 그러나 추천서 한 장 없이 황제를 만난다는 것은 거의 불가능하였다. 그는 일단 에스파냐의 최고 종교재판관을 만났다. 그는 프란체스코 히메네스 드 시스네로라는 추기경이었다. 80세의 노인이었던 히메네스는 라스카사스를 반갑게 맞이하였다. 이때 그는 모든 사실을 경청한 다음 카를 5세를 알현하려는 계획을 포기하라고 충고하였다. 대신에 히메네스는 부재중인 황제를 대신하여 라스카사스에게 "인디언 보호를 위한 국제적 변호인 Procurador y defensor universal de los Indios"이라는 칭호를 수여하는 한편, "인디언 노예 금지법"을 제정하였다. 이러한 법령을 시행하기 위하여 그는 히에로니무스 교단의 세 명의 수도사들을 선출하여, 서인도 제도로 파견하도록 명령하였다.[28]

히메네스의 판단은 비교적 정확하고도 공정한 편이었다. 도미니크 수도원은 당시에 노예 제도를 반대하고 있었으며, 히메네스가 속해 있는 프란체스코 교단은 오래 전에 "가난하고 핍박당하는 자들의 형제애"의 정신으로 발족되었지만, 당시에는 부분적으로 부패하여 정복자와 노예 상인들의 입장을 두둔하고 있었던 것이다. 이들에 비하면 히에로니무스 교단은 "인도 제국"의 원주민에 관한 문제에서 중립을 취하고 있었다. 라스카사스는 히메네스와의 만남에 무척 만족하였다. 그러나 그는 자신의 견해를 관철시키기 위하여 차제에 50년이라는 오랜 세월을 투쟁으로 보내야 하리라는 것을 미처 깨닫지 못했다.

5 라스카사스의 투쟁과 결정적인 실수

"흑인의 권리는 인디언의 권리와 다를 바 없다."

(Las Casas)

어째서 정의를 관철시키는 일은 그렇게 오랜 시간을 요하는가? 사람 죽이는 일은 눈 깜짝할 사이에 자행되는 반면, 선의 실천은 그다지도 오랫동안 애면글면한 노력을 필요로 하는 이유는 무엇인가? 라스카사스는 자신의 과업이 50년간이나 지속되리라는 것을 처음에는 미처 알지 못했다. 과거를 돌이켜볼 때, 평생에 걸친 그의 노력은 진보와 퇴보, 즉 지그재그를 반복하며 이어져 왔다. 정의를 관철하는 일이 작은 성공과 작은 실패를 거듭하는 이유는 무엇보다도 반동주의의 간섭 때문인지 모른다. 남의 재물에 대한 질투, 경쟁심 그리고 이기주의 등은 수구 세력과 결탁하여 정의로운 자들의 목에다 칼을 들이대지 않는가?[29]

1516년 11월 11일 라스카사스와 세 명의 수도사들은 범선을 타고 서인도 제도를 향해 출항했다. "인디언 노예 금지법"은 앞으로 분명히 어떤 놀라운 효력을 발휘할 것이다. 라스카사스는 한껏 기대감에 부풀어 있었으나, 이는 착각이었다. 범선은 그해 12월에 히스파니올라에 입항하였다. 네 명의 사절단은 하선하자마자 적대적 세력과 마주해야 했다. 서인도 제도에 거주하던 에스파냐 출신의 대지주들이 기다리고 있었던 것이다. 이들은 에스파냐로부터 모든 정보를 미리 입수했으며, 특히 라스카사스 일행이 도착하기 직전에 발생한 폭동으로 인하여 마음의 평정을 잃고 있었다. 배가 도착하기 직전에 서인도 제도에서는 지금까지 억압당하던 다수의 인디언들이 힘을 합쳐 대대적으로 백인 약탈자들에게 무력 공격을 감행하였던 것이다. 그러나 에스파냐 출신의 권력자들은 이에 대한 보복으로서 수많은 인디언들을 즉시에 공개적으로 처형시켰다. 라스카사스는 이러한 비극적 보복 행위에 관한 정보들을 접한 직후 백인들의 야만적인 보복에 대해 엄중히 항의하였다.[30]

"인디언 노예 금지법"은 처음부터 제대로 시행될 수 없었다. 그 이유는 동행한 히에로니무스 교단의 수도사들의 잘못된 처신 때문이었다. 이들은 처음부터 에스파냐 본토의 부패한 관리에게 매수되어 있었다. 에스파냐 궁정에는 노예 매매를 묵인해 주는 대가로 쿠바 총독인 로드리고 알부케르케로부터 돈을 수령하는 자들로 가득 차 있었고, 이들은 수도사들을 다시금 돈으로 매수하였던 것이다. 히에로니무스 교단의 수도사들은 인디언 권익을 보호하는 일에 앞장서기는커녕, 오히려 최근에 발생한 인디언 폭동의 책임자로 라스카사스를 지목하고, 그를 고발하기에 이른다. 세 명의 수도사 가운데 베르나르디노 드 만차네도라는 사람은 마드리드의 인도 관청에 보고서를 하나 보냈는데, 여기에는 "인디언 폭동의 배후 조종자"로 라스카사스가 지목되어 있었다.[31] 매수된 수도사들은 라스카사스 신부를 적으로 규정하고, 그를 탄핵하였다.

라스카사스는 또다시 에스파냐로 가서 자신의 결백을 밝힐 수밖에 없었다. 어렵사리 여행 자금을 모은 그는 1517년 5월에 다시 대서양을 건너 에스파냐로 향했다. 이때 추기경 히메네스는 중병에 시달리고 있었다. 그는 자신의 침실에서 라스카사스를 영접했는데, 어떠한 조처도 내리지 못하고 며칠 후에 사망하였다. 이때 라스카사스는 자신이 진퇴양난의 기로에 처해 있다는 것을 직감하였다. 그 후부터 라스카사스는 신성로마제국의 황제를 알현하기 위하여 모든 노력을 경주하였다. 그러나 나이 어린 황제 카를 5세는 언제나 해외로 여행 중이었다. 그 와중에 살라망카 대학의 학자들 그리고 여러 교단의 고위 지도자들과 면담이 가능하게 되었는데, 그들은 라스카사스를 뒤에서 돕고자 하였다.

1520년 1월 마침내 황제와의 알현이 이루어졌다. 카를 5세는 처음에는 일개 시골 신부와의 만남을 거절해 왔는데, 그의 집요한 요청을 계속 거절할 수는 없었다. 그밖에도 그는 다른 어떤 이유를 무시할 수 없었다. 즉, 당시에 에스파냐는 전쟁의 위협에 시달리고 있었다. 경제난과 파산의 위험을 해결하기 위해서 에스파냐가 희망을 걸었던 것은 오직 인도 제국에서의 경제적 수입이었다. 그렇기에 유럽 각국들은 인도 제국에서 벌어지는 사건들을 매우 중요하게 생각했다. 황제와 알현하는 자리에는 여러 고위 관리들 그리고 라스카사스를 "인디언 폭동의 배후 조종자"로 고발한 수도사, 베르나르디노 드 만차네도가 참석하였다. 라스카사스는 그 수도사를 신랄하게 공격하였다. 그밖에도 많은 대화가 오고 갔으나, 완전한 결론이 도출되지는 않았다. 그러나 그날 황제와의 만남은 최소한 작은 결실을 맺게 된다. 즉, 신대륙에서 비일비재하게 발생하는 끔찍한 사건들이 신성로마제국의 황실에 처음으로 알려졌다는 게 바로 그것이다. 나아가 황제, 카를 5세는 라스카사스에게 "황제의 전속 신부"라는 칭호를 부여하였다. "인디언의 보호자," "위원회의 조언자," "황제의 전속 신부" 그리고 나중에는 "주교," "황제의 귀빈" — 이러한 칭호들은 마치 훈장과 같은 것으로서, 먼 훗날 자신의 견해를 관철시키는 데 전략적 무기로 활용될 수 있었다.

그러나 황제와 만나는 자리에서 라스카사스는 한 가지 결정적 실수를 저지르고 만다. 그것은 논쟁 시에 자신의 입에서 무심결에 튀어나온 어떤 발언의 내용이었다. 라스카사스는 힘든 노동을 감당할 수 없는 인디언들의 신체적 특성을 설명해야 했는데, 그것을 아프리카 흑인들의 강인한 체력과 비교했던 것이다. 물론 라스카사스가 그 자리에서 흑인 노예들을 인도 제국으로 데리고 가서 그들을 활용해야 한다고 직접 주장하지는 않았다. 그는 다만 힘없는 인디언들을 노동력으로 사용해 봐야 득이 될 것이 없다는 사실만을 강조하며, 힘센 흑인 노예에 관한 정보를 간접적으로 제공했던 것이다.³² 라스카사스의 "말"은 놀랍게도 나중에 "씨"가 된다. 즉, 노예 상인들은 라스카사스의 발언을 흑인 노예의 수입을 위한 구실로서 교활하게 악용했던 것이다. 역사가들의 추측에 의하면, 1517년부터 1864년까지 노예 매매가 법적으로 금지되어 있었을 때 아프리카에서 약 천팔백만 명이 붙잡혀 왔다. 이들 가운데 불과 삼백만 명만이 아메리카에 도착했으며, 그외 다른 사람들은 굶주림과 갈증 그리고 더러운 배 속에서 재빠르게 퍼진 질병으로 인해 모두 사망했다. 아프리카에서 천팔백만 명의 흑인들을 붙잡을 때, 백인들은 대개 정글에 불을 지르거나 총을 이용하였다고 한다. 역사가들의 견해에 의하면, 이때 천만 명 혹은 이천만 명의 흑인들이 목숨을 잃었다. 당시에 사람들은 아프리카의 노예사냥을 마치 진지한 게임처럼 간주했던 것이다. 아닌게 아니라 흑인 사냥은 인디언 학살과 마찬가지로 제국주의 역사상 가장 치욕적인 사건이었다. 라스카사스는 자신의 경망스러움을 두고두고 곱씹어야 했다.³³

라스카사스의 저서 『인도의 역사』에는 다음과 같이 기술되어 있다.

라스카사스 수사는 아프리카인들을 인도로 데려오게 한 장본인이다. 이때 그는 자신이 무슨 일을 저지르는지 전혀 모르고 있었다. 포르투갈 사람들이 아프리카에서 흑인을 잡아서 불법적으로 노예로 만든다는 사실을 접하게 되었을 때, 그는

"차라리 흑인을 데려오는 게 낫다"는 자신의 강한 주장을 참담한 심경으로 후회하였다. (…) 흑인의 권리는 인디언의 그것과 다를 바 없다.[34]

6 인도 제국의 황폐화와 인구 섬멸에 관한 짧막한 보고서

"인도로부터 벌어들이는 수입은 한 번 심은 뒤에 두 번 다시 수확할 수 없는 잎이나 이삭과 같습니다."

(Las Casas)

라스카사스는 즉시 신대륙으로 돌아가지는 않았다. 이왕 어렵사리 에스파냐에 온 김에 보다 강력한 새로운 법을 황제에게 요구하려고 했다. 그는 매일 황제 카를 5세를 초조하게 기다리며 시간을 보내야 했다. 당시에 카를 5세는 제네바에서 반란을 진압하고 있었으며, 에스파냐는 북아프리카 지역 사람들과 다시 전쟁을 치러야 했다. 라스카사스는 3년 동안 황제와의 알현을 기다리면서, 한 편의 보고서를 집필하였다. 그 보고서가 바로 오늘날 독자들을 놀라울 정도로 소름끼치게 만드는 『인도 제국의 황폐화와 인구 섬멸에 관한 짧막한 보고서』이다.[35]

라스카사스는 자신의 목표를 관철하기 위해서 시종일관 열광적 태도를 견지하고 있었다. 그러나 그가 택한 방법은 언제나 냉철하고도 현실적인 것이었다. 예컨대 보고서의 집필 이유는 오로지 신성로마제국의 황제 카를 5세에게 진실을 전달하기 위한 것이었다. 왜냐하면 억울하게 목숨을 잃은 인디언들의 영혼을 달래고, 아직 살아 있는 인디언들을 보호하기 위해서는 누구보다도 황제를 설득시키는 일이 가장 중요하다고 판단하였기 때문이다. 이러한 목적을 달성하기 위해서 라스카사스는 다음과 같은 방법론을 채택하였다. 그것은 다름 아니라 "인도 제국"의 황폐화 과정에서 파생되는 엄청난 금전적 손실에 대한 지적이었다. 이러한 논증 방법은 국민 경제학의 차원에서 매우 흥미로운, 다음과 같은 비유에서 발견되고 있다. "황제 폐하께서 인도로부터 벌어들이는 수입은 한 번 심은 뒤에 두 번 다시 수확할 수 없는 잎이나 이삭과 같습니다."[36]

    라스카사스의 이러한 주장은 결코 거짓말이 아니었다. 예컨대 수많은 금이 16세기부터 유럽으로 유입된 것은 사실이었다. 그러나 금과 진주를 찾아서 이것들을 유럽으로 보내는 일은 일회적이었던 것이다. 원주민 역시 이를 위해서 그저 일회적으로 활용되는 노동력에 불과했다. 대부분의 인디언들은 자신의 힘에 겨운 노동을 도저히 감당할 수 없었다. 그들 대부분은 두 가지 과정을 거쳐 죽었다. 그 하나는 힘든 노동으로 인하여 고통스럽게 목숨을 잃는 경우이며, 다른 하나는 마지막으로 단 한 번 죽음을 각오하고 에스파냐 정복자들에게 반항하다가 살해당하는 경우였다. 그렇기에 아메리카 원주민들은 "더 이상 수확할 수 없는 잎이나 이삭 같은 존재," 다시 말해서 "한 번 사용한 뒤 버리는 일회용 도구," 바로 그것이었다.

에스파냐 출신의 정복자들은 처음에는 금과 진주 등과 같은 귀금속의 획득에 심혈을 기울였다. 왜냐하면 당시에 본국과의 통상 관계는 많은 시간과 비용을 요했기 때문이다. 흔히 주장하건대 이주한 백인들이 주로 남아메리카에서는 광산업과 농장 경영에 박차를 가하고, 북아메리카에서는 주석, 동, 납 그리고 바나듐 등을 추출했다고 하는데, 이는 사실과 전적으로 다르다. 광산업이라든가 농장 경영 등은 17세기 이후에 비로소 나타난 현상이었다. 16세기 초에 에스파냐 출신의 정복자들은 무엇보다도 금과 진주의 수집에 혈안이 되어 있었던 것이다. 가령 라스카사스는 카리브 해 근처 루카이 섬에서 발생하고 있던 끔찍한 강제 노동의 실상을 다음과 같이 묘사했다.

에스파냐 인들은 인디언들을 바다 깊숙이 던져 넣었다. 이른 아침부터 저녁 해질 때까지 원주민들은 약 4브라자에서 5브라자의 깊은 물속으로 잠수해야 했다. 인디언들은 하루 종일 숨 한 번 제대로 쉬지도 못한 채 물속에서 이리저리 헤엄치며 다녀야 하였다. 오로지 진주조개를 캐라는 명령 때문이었다. 그물 바구니가 조개로 가득 차면, 인디언들은 그제야 잠깐 밖으로 나와 자신의 호흡을 가다듬을 수 있었다. 진주 해안 부근에는 에스파냐 출신의 사람이 작은 배를 타고 다녔다. 그의 임무는 바로 사형 집행인의 그것과 다름이 없었다. 오랫동안 물위에서 쉬고 있는 인디언들을 발견할 경우, 그는 이들을 주먹으로 내리치거나, 다시 물속으로 집어 던지거나, 머리카락을 집어 당겨서 바다 깊숙이 처넣었다. 인디언들은 쉬지 말고 진주를 캐야 한다는 것이었다.

인디언들의 음식은 카자비 빵, 약간의 옥수수 빵, 진주가 숨어 있는 조개류가 전부였다. 빵이라고는 구경할 수도 없었다. 조개류와 옥수수는 보존하기 힘들었을 뿐 아니라, 구워 먹는 일 자체가 매우 어려웠다. 게다가 양도 항상 충분하지 않았다. 인디언들은 밤에 땅바닥에서 잠을 잤다. 때로는, 도망갈 수 없도록, 대부분의 사람들이 창고에 갇히기도 하였다. 일하는 도중에 인디언들은 물속에서 다시 솟아오르지 못할 때가 더러 있었다. 상어나 백상아리에게 물려 죽었기 때문이다. 특히 백상아리는 대식가이기 때문에, 어른 한 사람 정도는 거뜬히 한 번에 집어삼킬 수가 있다.

에스파냐 사람들은 이러한 방식으로 진주를 얻어서 이득을 보고 있다. 그들은 신과 이웃에 대한 사랑을 주장하는 신의 명령을 과연 얼마나 잘 따르고 있는가! 탐욕으로 인하여 이웃의 몸과 영혼을 얼마나 위험 속으로 빠뜨리고 있는가! 대부분의 인디언들은 기독교 신앙을 알지 못한 채 죽어 갔다. 거의 모두가 오랫동안 지속되는 끔찍스러운 삶을 도저히 견뎌낼 수 없었기 때문이다. 숨 한 번 제대로 쉬지도 못하고 물속에서 일해야만 하는 사람들이 오랫동안 생명을 부지한다는 것은 그야말로 불가능한 일이었다. 물속에서 생활하는 그들의 몸은 끊임없이 오한에 떨어야 하였고, 가슴은 숨을 제대로 쉬지 못해 항상 압박감을 느껴야 하였다. 그로 인하여 피를 토하거나 설사가 잦아 결국에는 목숨을 잃고 마는 것이었다.

원래는 검었던 머리카락 색깔도 바다 여우의 털 색깔처럼 새빨간 색으로 변하였다. 등에는 검은 반점들이 생겨났다. 간략하게 말하면, 그들은 시간이 흐름에 따라서 인간의 형상을 한 괴물처럼 보이거나, 인간과는 전혀 다른 기괴한 형상을 지니게 되었다. 에스파냐 인들은 고통스러운 노동과 지옥 같은 고문으로써 루카이 섬의 모든 원주민들을 이런 식으로 죽였다. 그러고는 채취한 진주들을 모두 팔아 넘겼다. 정부가 잔악한 진주 채취를 금지시키려고 온갖 수단을 동원하였지만, 모두 허사였다. 이밖에도 에스파냐 사람들은 다른 섬들의 수많은 사람들을 이 같은 방법으로 몰살시켰다."[37]

상기한 글을 읽고 모골이 송연해지지 않는 독자는 없으리라고 생각된다. 보고서는 서인도 제도의 각 지역에서 발생했던 사건을 추호의 거짓 없이 서술하고 있다. 그런데 여기서 한 가지 의문점이 발생한다. 즉, 어떠한 이유에서 라스카사스의 보고서는 발표된 지 450년이 지났는데, 유독 에스파냐에서 그렇게 많은 논란을 낳은 것일까 하는 의문 말이다. 에스파냐 사람들은 정복자들의 잔악상을 지적하는 것 자체를 에스파냐의 명예를 더럽히는 일이라고 굳게 믿었던 것이다. 이러한 입장은 에스파냐의 자존심을 고수하려는 역사학자들의 고집스러운 태도와 결코 무관하지 않다. 예컨대 1963년 에스파냐의 역사가, 라몬 메넨데즈 피달은 94세의 나이에 마드리드에서 라스카사스를 비판하는 방대한 책을 간행했다. 이는 죽기 전에 자신의 모든 명예를 걸고 라스카사스의 업적에 **흠집**을 내려는 사악한 고집에서 비롯된 것이었다.[38] 나아가 에스파냐의 많은 역사가들은 라스카사스를 "정신병자," "완고한 무정부주의자," "마르크스주의 설교자," "민중 선동가," "사악한 평등주의자"라고 신랄하게 비판하였다.[39] 그 이유는 과연 무엇일까? 자고로 인간이란 누구든 간에 자신의 조상을 살인의 원흉으로 몰아넣는 주장에 대해 심리적 거부감을 느끼는 법이다.[40] 그렇기 때문에 설령 아메리카 인디언들에 대한 살육이 사실로 판명된다 할지라도, 이를 용납한다는 것은 자존심과 양심이 허락하지 않는다. 이처럼 자신의 둥지에 침을 뱉고 진실을 발설하는 일은 엄청난 용기를 필요로 하는 법이다.

7 라스카사스의 보고서, 그 특징과 가치

"부에 대한 집착, 동족에 대한 과도한 사랑은
인류의 보편성을 무너뜨린다."

(Las Casas)

그렇다면 『인도 제국의 황폐화와 인구 섬멸에 대한 짤막한 보고서』는 어떠한 특징과 가치를 지니고 있는가? 이는 다음과 같은 다섯 가지 사항으로 요약할 수 있다. 첫째, 라스카사스는 신대륙 개발의 역사를 끔찍한 착취의 역사로 규정하였다. 이를테면 다음과 같은 놀라운 문장은 역사적으로 처음 기록되었다. 즉, "프란시스코 피차로는 영웅의 첨단에 위치하는 유명한 정복자도 아니요, 마지막 잉카 제국의 승리자도 아니다"라는 문장 말이다. 프란시스코 피차로는 라스카사스에 의하면 수많은 범죄자들에 의해 둘러싸인 독재자요, 배반자요, 살인자였다. 이는 종래의 역사적 내용과는 전적으로 다르다. 수백 년 동안 유럽의 역사가들은 안데스 산맥을 넘나든 디에고 달마그로의 놀라운 영웅적 행위를 칭송하지 않았는가? 그러나 라스카사스는 이와는 정반대되는 견해를 제시한다. 즉, "만 명의 인디언들 가운데 고향으로 돌아온 자는 아무도 없었다." 이로써 라스카사스의 책은 정복에 관한 긍정적 역사 서술을 근본적으로 수정한 셈이다. 따라서 신대륙 발견을 통한 인류 발전의 역사는 신대륙 발견을 통한 인종 학살의 역사로 정확히 기술되었던 것이다. 먼 훗날 라스카사스의 책 내용을 비판하는 문헌들이 속출하게 된다. 예를 들면, 이른바 에스파냐의 투쟁적 전사, 암브로시우스 달핑거를 회고하는 책이 1938년에 유럽에서 간행된 바 있다. 그것은 당시에 태동하던 파시즘 이데올로기의 영향을 강하게 받은 책이었다. 이 책의 제목은 "우리 고국 사람은 최고이다!"였다. 그러나 1542년에 라스카사스가 직접 만났던 암브로시우스 달핑거는 한마디로 "악마의 화신"이었다.[41]

둘째, 라스카사스는 만인의 삶과 행복을 궁극적 목표로 삼고, 이를 위해서 헌신적으로 노력하였다. 여기서 "만인"은 유럽 중심적 관점에서 나온 휴머니즘의 카테고리를 완전히 뛰어넘고 있다. 라스카사스가 보여 준 인간의 개념은 인종의 차이를 조금도 용인하지 않는 보편적 인류의 개념으로 이해될 수 있다. 인간에 대한 경외감은 그가 쓴 모든 작품의 주제와 직결되고 있다. 라스카사스는 인디언들을 결코 열등한 인종으로 보지 않았다. 오히려 그 반대이다. 라스카사스에 의하면, 인디언들은 서양인들보다도 더 훌륭한 문화를 보존해 왔다. 그리고 인디언들은 순수하고 무해한 인간들이었다. 라스카사스는 인디언들에 대해 깊은 존경심을 지니고 있었으며, 부정과 악으로부터 그들을 구하려고 애를 썼다.

이러한 입장은 프란시스코 드 비토리아, 후안 지네스 드 세풀베다 그리고 호세 드 아코스타 등의 주장과는 정면으로 대립되는 것이다. 이들은 (정도의 차이는 있지만) 아리스토텔레스의 노예 이론을 근거로 하여, "인디언은 열등한 인종이다"라고 주장하였다.[42] 라스카사스는 "친구를 위하여 자신을 희생하려는 자보다 더 큰 사랑을 지닌 자는 없다"라는 성서의 구절을 항상 마음속에 새겼다. 거의 이천 만에 달하는 원주민들을 살해한 것은 그 자체 끔찍한 죄악이나 다름이 없었다. 정복자들은 인디언들의 삶의 터전을 불법적으로 강탈하였다. 라스카사스는 인디언들의 삶을 빼앗은 자들을 친구가 아니라 적으로 규정했다. 한마디로 인종주의 내지 맹목적 쇼비니즘은 라스카사스에 의하면 하나의 편견에 불과했다.[43]

셋째, 라스카사스는 피차로, 코르테스, 나르바에즈, 알바라도 등과 같은 정복자들의 이름을 그대로 명명하지 않았다. 이는 결코 에스파냐 정복자들을 두둔하기 위함이 아니었다. 오히려 라스카사스는 이들에 대한 어떤 극도의 경멸감 그리고 저주 때문에 가해자의 이름을 의도적으로 삭제했던 것이다. 물론 라스카사스의 비판의 화살은 단순히 개별적인 정복자들에게만 향하는 것은 아니다. 정복자들은 그저 수많은 "보통 명사"들에 속하는 개체들일 뿐이다. 그래, 사악한 살인자들은 인간이 아니라, 단지 이름을 상실한 보통 명사인 무無에 불과하다. 추악한 가해자들은 라스카사스에 의하면 가치없는 무無일 뿐이다. 그들은 피와 얼룩이 영원히 사라지지 않는, 이름 없는 물고기와 다름없다. 나아가 라스카사스는 침략자들의 직책조차 거론하지 않았다. 침략자들은 부왕, 총독, 백작 등으로 명명되어 있지 않다. 이들 모두는 한결같이 "독재자," "공포의 정치가," "약탈자," "폭군," "범죄자" 등으로 명명되어 있다.

넷째, 라스카사스는 모든 사건을 **희생자의 시각**에서 묘사하였다. 이러한 태도는 전통적으로 내려오는 역사 기술의 방법과는 전혀 다르다. 타키투스Tacitus는 역사가 항상 승리자에 의해서 기술된다고 하지 않았는가?[44] 모든 끔찍한 사건들은 서인도 제도에서 살던 인디언, 즉 정복의 희생자의 시각에서 기술되고 있다. 말하자면, 피해자의 시각에 의한 역사 서술의 방법은 라스카사스에 의해 비로소 처음으로 수행되고 있다. 그래, 라스카사스는 죽어 가는 인디언들과의 동질감을 피부로 느끼면서, 그들에게 순종하는 마음으로 모든 것을 세밀하고도 정확하게 기록하였던 것이다. 이로써 우리는 다음과 같이 말할 수 있다. 즉, 라스카사스의 인간관은 당시의 인간관보다 450년 이상 앞서 있었다고 말이다. 그 이유는 다름 아니라 그가 인디언들과 함께 동고동락하며 살았기 때문이다.

다섯째, 우리는 라스카사스가 서술한 내용의 **진실성**을 꼽을 수 있다. 그의 보고는 생생하고 빈틈없어서, 마치 시계와 같이 정확하게 정복의 역사를 기술하고 있을 정도이다.[45] 따라서 우리는 400년 후에 간행된 현대 역사 서적들의 각주에서 라스카사스가 그냥 "부호" 내지 "대명사"로 표시한 모든 정복자들의 이름을 하나씩 발견할 수 있다. 당시의 사정으로 미루어볼 때, 삼척동자라도 정복자들이 누구인지를 훤하게 알고 있었다. 그렇기에 라스카사스는 이들의 이름을 명시적으로 밝히지 않고서도 얼마든지 신세계 정복의 배경과 방식 등을 폭로할 수 있었다.

한마디로 말해, 『인도 제국의 황폐화와 인구 섬멸에 관한 짤막한 보고서』는 한 가지 놀라운 결실을 거두게 된다. 카를 5세가 보고서를 접한 뒤에 결국 하나의 법령을 공표했기 때문이다. 그것은 바로 「인도 제국에 관한 새로운 법Las Nuevas Leyes de las Indias」이었다. 이 법은 오늘날까지 법률의 역사에서 독특한 위치를 차지하고 있다. 왜냐하면 이 법은 입법자에 의해서가 아니라, 오로지 한 개인의 집요하고도 끈덕진 투쟁에 의해서 탄생되었기 때문이다. 자고로 역사나 세계사에 대한 개인의 영향은 필연적으로 제한될 수밖에 없다. 라스카사스 역시 이를 잘 알고 있었다. 그렇다고 해서 법 제정에서 드러나는 독특한 특성이 반감되는 것은 아니다.

8 라스카사스의 노력과 이에 대한 저항

"식민 지배자는 음부 노출자이다.
'이곳의 주인은 나'임을 상기시키려는…."

(Frantz Fanon)

식민 지배자들은, 제3세계 출신의 반식민주의자인 프란츠 파농에 의하면, "음부 노출자"나 다름이 없었다. 마치 맹수들이 자신의 영역을 오줌으로 표시하듯이, 그들은 자신의 육체적 능력만 과시하려고 했다. 실제로 그들의 정복 행위는 변태 성욕의 과대망상으로 발전하였지만, 다른 한편으로 원주민에게는 피해망상과 성 기능 저하로 이어지곤 하였다.[46]

1520년 5월 20일에 신성로마제국의 황제, 카를 5세는 자신의 전속 신부인 라스카사스에게 일정한 땅을 할당한다는 증서에 서명하였다. 황제는 산타마르타와 파리아 반도 사이에 위치한 260마일에 달하는 육지를 라스카사스에게 할당해 주었다. 여기에는 한 가지 조건이 덧붙여졌다. 즉, 에스파냐 출신의 어떠한 정복자도 무기를 소지한 채 이 땅에 발을 들여서는 안 된다는 게 그 조건이었다. 말하자면 라스카사스는 서인도 제도를 떠난 지 3년 만에 드디어 하나의 구체적 결실을 거둔 셈이었다. 그는 황제의 증서와 철제 농기구들을 챙긴 다음, 농부와 수도사들과 함께 다시 서인도 제도로 떠난다. 황제가 자신의 전속 신부에게 할당한 땅은 "쿠마나"라고 명명되었다. 그러나 오래지 않아 무장한 노예 상인들이 쿠마나를 습격하여, 성당을 초토화시켰다.

1521년에 히스파니올라의 산토도밍고 시市 왕실 법정 소속의 재판 탐험대를 실은 함대 한 척이 쿠마나 근처에 도착했다. 재판 탐험대의 지휘관인 곤잘로 드 오캄포는 쿠마나에서 "질서를 다시 회복하고," 노예들을 이송하라는 명령을 수행하기 위해서 그곳에 왔던 것이다. 라스카사스는 황제가 서명한 증서를 지휘관에게 제시하였다. 그러나 증서는 그야말로 종잇조각에 불과하였다. 황제는 멀리 대양 건너에 있었고, 노획물은 가까이 있었던 것이다. "무장한 어떠한 에스파냐 인도 쿠마나의 땅을 밟으면 안 된다"는 황제의 증서는 아무런 소용이 없었다. 절망감에 사로잡힌 라스카사스는 그의 농부들과 수사들을 안전한 곳으로 대피시켰다. 그러고는 배 한 척을 빌려서(이는 그의 5년간의 수입에 해당하는 돈이었다), 산토도밍고로 떠났다. 이는 드 오캄포의 범행을 고발하기 위함이었다. 그러나 산토도밍고의 재판관들은 꾸물거리며 변명만 늘어놓았다. 재판은 계속 연기되었다. 이 와중에 드 오캄포는 인디언들을 불태워 죽이고, 말뚝으로 찔러 죽이며, 노예로 붙잡아 가버렸다.

라스카사스는 식민주의자에 대항할 집 한 채와 작은 요

새를 짓게 하였다. 신뢰하는 인디언들의 침입을 막기 위해서가 아니라, 노예 사냥꾼들의 침입을 막기 위해서 그러한 조처를 취했던 것이다. 실제로 식민지 발전을 저해한 사람들은 인디언들이 아니고 에스파냐 사람들이었다. 이들은 무력으로 인디언들로부터 금을 빼앗을 수 없게 되자, 원주민들을 알코올로 유혹하기 시작하였다. 에스파냐 화주는 알코올음료에 길들여 있지 않던 인디언들의 사기를 저하시키기 시작했다. 요새를 건설하고 있던 인디언들은 알코올 중독에 빠지게 되었다. 라스카사스는 에스파냐 사람들의 이러한 짓거리에 대해 탄원하였다. 그러나 이 일은 허사가 되었다. 그는 다시 히스파니올라의 왕실 법정으로 가서, 쿠마나 지역으로 화주를 수출하지 말 것을 공식적으로 요구하기로 결심하였다. 항구에는 세 척의 배가 정박되어 있었다. 라스카사스는 두 척의 배를 어떠한 경우에도 보내면 안 된다고 그의 대리인에게 부탁하였다. 이는 사고가 났을 경우에 쿠마나 사람들이 배를 타고 피신할 수 있도록 하기 위함이었다. 라스카사스가 세 번째 배로 출항한 직후에, 남은 두 척의 배도 출항한다. 라스카사스의 대리인은 그의 부탁을 저버리고, 에스파냐 농부들과 함께 진주를 채취하려 했던 것이다. 그들이 모두 항구를 떠났을 때, 술을 마신 인디언들이 반란을 일으킨다. 이에 관해 라스카사스는 그의 책『인도 제국의 황폐화와 인구 섬멸에 관한 짤막한 보고서』에서 자기 자신을 "신의 가장 커다란 자비심에 의해 죽음으로부터 기적적으로 빠져 나온 자"라고 말한 바 있다. 이때 카스테온 출신의 처벌 탐험대가 그곳에 당도하여 숙청 작업을 끝낸다. "쟁기와 신의 말씀으로 이룩한" 쿠마나 공동체는 이로써 완전히 폐허로 변하고 만다.

낙심한 라스카사스는 도미니크 교단으로 들어가서 수도사로 일하게 된다. 이때 그는 다시 다음과 같은 두 가지 계획을 세웠다. 그 하나는 에스파냐로 돌아가서 이른바 "식민지 정복"이라는 죄악의 근본을 뽑아버리는 일이었으며, 다른 하나는 죄의 근원을 끝까지 추적하여 죄악을 완전히 척결하는 일이었다. 흔히 정복자들은 "칼로써 이교도를 개종시켜야 한다"라고 주장하곤 했다. 이에 대해 라스카사스는 「기독교에 대한 유일한 유형으로서의 모든 민족의 요청에 관하여 De unico vocationis modo omnium gentium ad veram religionem」라는 글을 통하여 다음의 사항을 분명히 규정하고 있다. 즉, 이슬람교도만이 무력으로 이교도들을 개종시킨 바 있는데, 기독교인은 그렇게 해서는 안 되며, 야훼 신의 섭리는 평화이기 때문에 어떠한 무력도 종교 전파의 수단이 될 수 없다는 것이다.[47]

라스카사스는 에스파냐 출신의 정복자들이 가하는 잔악상에 관하여 계속 글을 썼다. 그러자 서인도 제도의 총독, 대지주 그리고 정복자들의 노여움과 불안은 더욱 심화되었다. 그들은 라스카사스에게 죽이겠다고 협박하는 한편, 라스카사스의 이론적 논거에 대항할 학자를 수소문했다. 그리하여 카를로스 드 아라곤이라는 에스파냐 출신의 신부가 물망에 올랐다. 카를로스 드 아라곤은 『인디언들의 유약한 특성에 관한 25개의 증명』이라는 책을 집필한 바 있었다.[48] 게다가 그는 히스파니올라에서 자신의 성도들에게 노골적으로 라스카사스를 비아냥거리곤 하였다. "저 성스러운 토마스주의자는 에스파냐를 위해서 무엇이 이로운지를 모르고 있습니다." 카를로스 드 아라곤은 라스카사스가 인디언의 권익만을 우선적으로 헤아릴 뿐, 자국인들의 경제적 이익에는 전혀 관심이 없음을 야유했던 것이다. 서인도 제도에 거주하던 에스파냐 사람들은 카를로스의 이러한 설교에 전폭적인 지지를 보내면서, 폭소를 터뜨렸다. 라스카사스는 이른바 조국의 경제적 이익을 망치는 매국노 내지는 "둥지를 더럽히는 자"라는 것이었다. 사람들은 라스카사스에게 이론적으로 대적할 수 있는 적임자로서 카를로스 드 아라곤을 선택하여 에스파냐로 보냈다. 어느 날 아라곤은 부르고스의 성당에서 라스카사스를 신랄하게 비난하였다. 그러나 에스파냐 본토에 살고 있던 지식인들은 카를로스 드 아라곤의 말을 믿지 않았다. 설교가 끝났을 때, 두 명의 남자가 설교단 위로 올라갔다. 그들은 종교 재판소의 이름으로 카를로스 드 아라곤을 체포하였다. 나중에 카를로스는 자신이 주장한 "인디언들의 유약한 특성"을 번복한 다음에야 비로소 겨우 풀려날 수 있었다. 그러나 그는 영원히 신부라는 직책을 박탈당했다.

    라스카사스가 1522년 이후에 도미니크 수도원에 머물면서 오로지 학문적 노력만 경주한 것만은 아니었다. 그는 인디언들의 삶을 실질적으로 보장해 주는 일에도 심혈을 기울였다. 라스카사스는 서인도 제도뿐 아니라 남아메리카 지역까지 돌아다니면서, 에스파냐인들로 하여금 무력을 사용하지 않도록 설교하였다. 1531년에 유럽인들은 잉카 제국을 발견하였다. 에스파냐 정복자들은 더욱 열광적으로 이 지역의 재화를 강탈하려고 계획하였다. 이때 라스카사스는 카를 5세와의 긴밀한 연락을 통하여 황제로부터 하나의 증서를 받아내는 데 성공하였다.[49] 그것은 다름 아니라 강력한 법 실행을 전제로 한 노예 금지에 관한 법 조항이었다.

몇 년 동안 라스카사스는 신대륙의 여러 나라들을 돌아다녔다. 1539년 니카라과의 총독, 로드리고 드 콘트레라스가 탐험을 준비하고 있을 때, 그는 마침 그곳에 머물고 있었다. 탐험의 주목적은 노예사냥이었다. 라스카사스는 그곳에 운집한 군인들에게 노예사냥의 부당함을 설파함으로써 그들을 설득하려고 하였다. 며칠 후에 탐험에 참가하려는 군인의 수가 수백 명에서 50명으로 줄어들게 되었다. 총독은 일말의 불안감을 느끼며 노예사냥에 나섰다가, 원주민으로부터 커다란 패배를 당하게 되었다. 그 후에 로드리고 드 콘트레라스는 라스카사스를 반역죄로 고소하였다. 말하자면 도미니크 수도원에 속한 일개 신부가 군인들로 하여금 상관의 명령에 불복종하도록 선동했다는 것이었다. 라스카사스는 다시 에스파냐로 가서, 자신의 무죄를 입증하지 않을 수 없었다. 재판 진행 과정은 그다지 길지 않았다. 사람들은 라스카사스에게 범죄를 뒤집어씌울 수 없었다. 왜냐하면 서인도 제도로 건너간 군인들은 에스파냐 여왕의 소속이 아니라, 자의에 의해 해외로 건너간 용병이었기 때문이다. 라스카사스는 며칠 후에 무죄로 석방되었다. 정부 관리들은 그를 때로는 존경하고, 때로는 두려워했다. 매수되지 않고 협박당하지 않는 인간이 바로 라스카사스였던 것이다.

9 새로운 법률과 두 번째 당한 반역죄

> "전략적으로 감옥에 들어가는 게 오히려 효과가 있다."
>
> (Martin Luther King)

한마디로 「인도 제국에 관한 새로운 법」은 "인디언들에게 바다 밑에서 진주를 채취하라고 강요하는 사람들에 대해 사형 선고를 내릴 수 있다"고 못 박았다. 물론 여기에는 한 가지 예외 조항이 있었다. 즉, 진주 채취가 생명에 전혀 위협을 주지 않는다고 재판관들과 주교들이 판단하는 장소에 국한해서만 진주를 자유롭게 채취할 수 있다는 것. 나아가 새로운 법은 만인의 노예 소유를 원천적으로 금지하고 있다. 새로운 법은 식민지 당국의 결정에 상관없이, 공식적인 증서 없이 무조건 모든 인디언들을 해방시켜 주라고 명령하고 있었다. 그러나 이러한 법이 당시에 얼마나 제대로 지켜질 수 있었을까? 법보다 앞서는 게 총과 칼이던 시절이었다.

    1544년 7월 9일 70살의 주교, 라스카사스는 다른 도미니크 수도회 수도사들을 대동하고 배에 올랐다. 비록 "인도 제국"에서 인디언 보호를 위한 강제법이 관철되었지만, 이번에도 그는 커다란 기대감을 품지 않았다. 왜냐하면 에스파냐 출신의 정복자들은 더 힘센 권력자의 무력에 복종할 뿐, 문서에 기록된 법을 준수하려 하지 않았기 때문이다. 이 와중에 페루에서는 거대한 전쟁이 발발하게 되었다.[50] 그 결과는 너무나 비참했다. 에스파냐 사업가들은 전쟁으로 인하여 순식간에 모든 노동력을 상실하게 되었다. 양측의 싸움에서 중립이라는 것은 결코 존재할 수 없었다. 새로운 법령이 제대로 이행되지 않는다는 소식은 서인도 제도의 다른 지역으로도 퍼져 나갔다. 결국 1546년 봄에 에스파냐로부터 슬픈 소식이 전해진다. 즉, 카를 5세가 1545년에 정복자들의 압박에 못 이겨, 새로운 법의 원천적 무효를 선포하였던 것이다.[51]

72세의 라스카사스는 이번에는 신학적인 무기를 동원할 수밖에 없었다. 그것은 다름 아니라 『에스파냐 출신의 토지 및 노예 소유자를 대하는 고해 신부를 위한 조언』의 발간이었다. 이 책자는 다음과 같이 주장하였다.

만약 고해자가 정복자이며, 토지, 광산 그리고 무기 등을 소유한 자라면, 신부는 고해의 말을 절대로 경청해서는 안 된다. 고해자가 죽기 직전이라 하더라도, 고해 성사는 개최될 수 없다. 신부는 고해자가 "선한 기독교인으로서 신과 인간과 화해한 뒤에 죽고 싶다"라고 말할 때, 우선 조서를 작성할 왕실 관리 내지 공증인을 동참시켜야 한다. 첫째로 정복자는 자신이 저지른 전쟁과 그 약탈품을 낱낱이 기록해야 한다. 둘째로 지주는 소유 재산과 노예로 소유하는(혹은 소유했던) 인디언들의 숫자를 명확히 밝혀야 한다. 셋째로 무기 판매자는 무기의 양과 지금까지의 모든 무기 운반에 관한 사항을 빠짐없이 기록해야 한다. 고해자는 기록 문서에 서명한 뒤에 모든 인디언들에게 무조건 자유를 부여하고, 그들의 재산을 돌려주어야 한다. 그렇게 되면 인디언들은 밀린 임금, 손해 보상금 일체를 지불받게 된다는 것이다. 이렇게 분배될 재산 가운데, 신부는 정복자, 지주 혹은 상인들의 과부와 미성년자 아이들에게 지불할 돈과 딸들의 결혼 지참금을 빼낼 권한을 지닌다. 라스카사스의 책은 그 외에도 세부적인 여러 규정을 명시하고 있다. 죽어 가는 자는 설령 회복된다고 하더라도 나중에 인디언들에 대해서 절대로 무기를 사용하지 않으며, 노예나 땅 그리고 금전 등을 탐하면 안 된다는 게 바로 그 규정이다. 고해자는 이를 반드시 신 앞에 맹세해야 한다. 그는 인디언들에게 재분배된 재산을 다시 강탈해서는 안 된다. 고해자는 이러한 증서에 서명을 하거나 "자필"로 공증을 한 후에야 비로소 신부에게 고해를 할 수 있다. 바로 이러한 절차를 거쳐야만 그의 죄는 용서를 받을 수 있다.[52]

라스카사스의 상기한 기본 규정들로 인하여 치아파 관구의 에스파냐 출신 이주민들은 끔찍한 전율에 사로잡히게 되었다. 죽음의 침대에 누워 있는 에스파냐의 고해자들은 막무가내로 반항하였지만, 결국에는 규정에 따라 서명할 수밖에 없었다. 그러나 건강을 되찾은 자들은 다시 인디언들을 괴롭히고, 그들의 노동력과 재산을 계속 갈취해 나갔다.

나아가 그들은 고해 신부를 위한 라스카사스의 규칙들이 결코 올바르지 않다고 주장하였다. 결국 사람들은 황제에 대한 반역과 모독이라는 죄명으로 라스카사스를 다시 고발하였다. 라스카사스는 자신이 고발당하게 될 것을 이미 오래 전에 예견하고 있었다. 오히려 그는 자신의 조처가 효력을 발생했기 때문에 그러한 반발이 나타나는 것이라고 믿었다.[53] 그는 한편으로는 자신의 저서가 서인도 제도 전역에 소개될 수 있도록 노력하였으며, 다른 한편으로는 "인도 제국"에 체류하고 있는 모든 주교들을 규합하려고 애를 썼다. 그러나 에스파냐를 떠나 신대륙에서 포교 활동을 벌이는 주교들 가운데 라스카사스를 지지하는 사람은 유감스럽게도 극소수에 불과했다. 물론 페드로 드 코르도바, 안토니오 몬테시노는 이미 죽었지만, 도미니크 수도회의 수도사들과 프란체스코 수도회의 수도사들은 라스카사스를 지지하고 있었다. 프란체스코 수도회 출신의 멕시코 대주교, 후안 드 주마라가는 그 당시에는 라스카사스를 둘러싼 모함을 아직 접하지 못하고 있었다.[54] 1547년에 라스카사스는 에스파냐 관리로부터 마드리드 법정으로 출두하라는 명령을 받았다. 그는 또다시 배에 몸을 실었다. 이 여행은 그의 열두 번째이자 마지막 에스파냐 여행이었다. 이번 재판도 간단히 끝날 뻔하였다. 그러나 라스카사스는 신속한 무죄 판결과 석방을 스스로 원하지 않았다. 재판정에서 그는 다음과 같은 견해를 피력하였다. 즉, 에스파냐 출신의 정복자들이 "인도 제국"에서 획득한 모든 재물들은 성서의 십계명을 위반하며 얻은 것들이다. 따라서 재화를 인디언들에게 되돌려주는 일이야말로 라스카사스에 의하면 정복자들의 죄를 사할 수 있는 유일한 전제 조건이라고 말하였다. 그러한 까닭에 자신의 책은 보편적으로 인정되는 원칙에서 나온, 전적으로 논리적인 결론이라고 주장하였다.

한편, 라스카사스는 『인디언들에 대한 정의를 밝히고 변호하기 위한 토론에서 출발점이 되는 근본 원칙들』이라는 저서를 써서, 자신의 견해를 피력해 나갔다. 여기서 50년 동안 지속된 에스파냐의 정복의 역사는 하나의 범죄라고 규정되었다. 핵심을 뒤흔드는 이러한 표현의 토대는 다음과 같은 사실에서 비롯한 것이었다. 즉, 신성로마제국의 황제는 지금까지 단 한 번도 인디언들에게 전쟁 발발의 이유를 설명해 주지 않았다는 것이다. 정복자들이 일으킨 전쟁은 한마디로 결코 정당하지 못했다. 정복자들은 무차별적으로 살인을 저질렀으며, 인디언들에게서 물품을 강탈해 갔다는 것이다. 라스카사스는 자신의 기본적 원칙에 의거하여 한 가지 예외 사항을 첨부한다. 즉, 세금만이 합법적이라는 게 바로 그 예외 사항이었다.

10 백 마리 까마귀 속의 한 마리 백조

"인디언들은 동물과 간음하고, 인육을 먹으며,
생사람을 신의 제물로 바친다."

(Gonzalo F. Oviedo)

우리는 이 장에서 두 가지 사항을 지적하고자 한다. 그 하나는 당시 에스파냐 사람들이 서인도 제도에 살던 인디언들에 관하여 얼마나 커다란 무지와 편견에 사로잡혀 있었는가 하는 사실이며, 다른 하나는 인디언과 인디언 문화에 관한 라스카사스의 제반 견해가 이른바 "국익과 상치된다"는 점에서 얼마든지 이단의 죄를 뒤집어쓸 뻔했다는 사실이다.

당시 본토에 남아 있던 에스파냐 사람들에게는 신대륙 소식을 접할 길이 차단되어 있었다. 따라서 그들에게는 서인도 제도에서의 학살 사건은 금시초문이었던 것이다. 당시에는 신문도 라디오도 없었다. 그렇기에 그들은 실제로 신대륙을 다녀온 사람들의 말을 듣고, 이를 곧이곧대로 믿었다. 역사가 가운데 신대륙에 관한 소식을 전해 준 사람으로서 우리는 곤잘로 오비에도 이 발데스를 예로 들 수 있다. 오비에도는 1514년에 서인도 제도로 건너가서, 산토도밍고에서 약 9년간 금 제련 감독관으로 일하다가, 1523년에 에스파냐로 귀국하였다. 그는 신대륙에서의 체험을 바탕으로 『서인도 제도의 일반적이고 자연적인 역사*Historia general y natural de las Indias*』의 제1부를 집필하여 1526년에 발표하였다. 이 책은 처음부터 오로지 에스파냐 출신 정복자의 관점을 옹호하고 있다. 나아가 그것은 에스파냐 본토에 거주하는 사람들에게 신대륙에 관한 제반 사항을 알리기 위하여 집필되었는데, 훗날에 이르기까지 제국주의를 정당화하는 에스파냐 역사가들에게 모범적인 문헌으로 활용되었다.[55] 이 책에는 맨 처음 신대륙으로 향한 에스파냐 사람들이 굶주림에 시달리다 인디언 한 명을 살해해 살점을 뜯어먹었다는 사실이 기술되어 있다. 그렇지만 천만에 육박하는 인디언 학살에 관한 사건은 조금도 다루지 않았다.[56]

오비에도는 서인도 제도의 인디언과 에스파냐의 정복에 관해서 다음과 같은 세 가지 견해를 피력하였다. 첫째로 서인도는 오비에도에 의하면 오래 전부터 서고트 족의 권한 하에 있었으므로 카스티야 왕국을 다스리는 에스파냐 왕은 과거에 에스파냐가 소유했던 것을 재탈환한 셈이라고 한다. 라스카사스 역시 오래 전에 오비에도의 문헌을 접한 바 있었다. 그는 오비에도의 문헌을 "거짓 역사서"라고 평했다. 특히 라스카사스는 이른바 "재탈환"에 대한 오비에도의 견해를 한마디로 신을 모독하는 거짓된 주장이라고 폄훼하였다. 그렇지만 그는 오비에도의 이러한 입장에 대해 깊이 개입하지 않았다. 왜냐하면 재탈환에 관한 오비에도의 견해는 그 자체 가상적이고 증명 불가능한 내용으로 이루어져 있었기 때문이다. 둘째로 기독교 신앙은 오비에도에 의하면 콜럼버스 이전 시대에 이미 전파되었다고 한다. 이에 대한 증거로서 오비에도는 590년에서 604년까지 교황으로 재임했던 그레고리우스의 칙서를 예로 들었다. 칙서에 의하면, 신성한 교회는 세계 모든 곳에서 구원의 신비를 전파한 바 있는데, 인디언들은 기독교 신앙을 망각했거나 파기했다는 것이다. 라스카사스는 오비에도의 이러한 견해 역시 역사적으로 검증될 사안이 아니기 때문에 일언지하에 논의를 거부하였다. 문제는 다음과 같은 세 번째 사항에 있었다. 인디언들은 오비에도에 의하면 야만인들이라서, 그들에게는 기독교 신앙을 받아들일 능력이 없다는 것이었다. 이에 반해 라스카사스는 인디언의 야만성을 처음부터 부인하고, 인디언의 고유한 문화적 우월성을 강조하였다. 라스카사스에 의하면, 인디언들은 인내심이 강하고, 겸손하며, 평화로운 종족이다. 그들은 나름대로의 지적 능력을 지니며, 신성한 가톨릭의 믿음을 받아들일 자세를 처음부터 지닐 정도로 가치 있는 관습을 조상으로부터 물려받았다는 것이다.[57]

오비에도는 1526년에 간행된 자신의 역사서 제1부에서 인디언에 관해 상세하게 설명하지 않았다. 그의 관심사는 지리학, 특히 나중에 재화로 사용될 수 있는 금, 은, 지하자원에 관한 내용 등에 국한되어 있었다. 나아가 오비에도는 처음부터 인디언들에 관해 거의 알지 못했고, 이들에 대해서 극심한 편견에 사로잡혀 있었다. 실제로 그는, 이미 언급했듯이, 1514년에서 1523년까지 신대륙의 산토도밍고에서 금 제련소의 감독관으로 일했으며, 40년대에 다시 신대륙으로 건너가서 산토도밍고의 요새를 건설하는 책임자로 활약하였다. 말하자면 그의 시각은 오로지 재화와 황금에 혈안이 된 에스파냐 정복자의 그것에서 벗어나지 못했다. 그의 눈에 인디언들은 모조리 조야한 원시인들로 비쳤을 뿐이다. 즉, 인디언들은 오비에도에 의하면 "짐승과 간음하는 종족"이고, "사람 고기를 먹는 반인반마"이며, "인간을 신의 제물로 바치는 족속들"이었다. 인디언들이 종족을 신의 제물로 바친 것은 사실이었다. 그렇지만 인디언들은 짐승과 간음하지도 않았으며, 사람 고기를 즐기지도 않았다. 오비에도의 주장은 사실과 달랐다. 그것은 인디언을 "비인간적 야수 bestias despidadas"로 몰아가려는 오비에도의 일방적인 거짓말이었다. 오비에도가 묘사한 인디언에 관한 편견의 상은 시간이 흐름에 따라 침소봉대되었고, 나중에 유럽 전역으로 퍼져 나갔다. 엄밀히 따지면, 오비에도는 서인도 제도에 살고 있는 일부 인디언만을 접했을 뿐, 아스텍 인디언의 삶, 고도로 발전된 유카탄의 마야 문명 그리고 페루의 잉카 문명을 전혀 접하지 못했다. 그렇기에 인디언의 낯설고 기이한 문화와 그들의 유적지를 탐방하는 일은 자신의 관심에서 벗어나 있었다. 이로써 오비에도의 유럽 중심적인 시각은 유럽의 근엄한 정통주의 내지 국수주의에서 한 걸음도 벗어나지 못했다.[58] 문제는 오비에도의 상기한 입장이 에스파냐 전역에서 공개적으로 인정받고 있었다는 사실이다. 그렇기에 체제 옹호적이고, 에스파냐의 이익을 대변하는 오비에도와 세풀베다의 견해를 반박하는 일은 에스파냐에서는 처음부터 지지자를 얻기 어려웠다. 말하자면 라스카사스는 마치 백 마리 까마귀 속에서 자신의 정당성을 증명하는 한 마리 백조와 같은 정황에 처해 있었던 셈이었다.

어느 날 에스파냐에서 한 권의 책이 알려지기 시작하였다. 이 책의 저자는 에스파냐 출신의 정복자들을 옹호하고 있었다.『인디언들에 대항하는 정당한 전쟁의 이유에 관하여 De justis belli causis contra Indos』가 바로 그 책이었다. 저자는 라스카사스가 30년 동안 말하고 써 왔던 내용을 근본적으로 부인하고 있었다. 그는 라스카사스의 입장에 가장 강력히 대항한 적敵들 가운데 한 명으로서, '황실 연대기의 편찬자Coronista de su Magestad'인 후안 지네스 드 세풀베다였다. 세풀베다는 당시에 60살이었으며, 탁월한 언변을 자랑하는 학자였다. 그래서 사람들은 흔히 그를 "에스파냐의 키케로"라고 칭하곤 하였다.

바야돌리드 논쟁 (1)

"그렇다면 당신이 우리의 주입니까, 세풀베다 박사?"

(Las Casas)

카를 5세는 라스카사스와 세풀베다로 하여금 바야돌리드에서 인디언과 기독교 전파에 관해서 서로 논쟁하도록 하였다. 두 사람은 서로 열정적으로 준비하였다. 라스카사스의 준비 작업이 얼마나 치밀했는지는 다음의 에피소드에서 잘 드러난다. 도밍고 드 베탄초스는 도미니크 수도원 출신의 수도사로서 35년 동안 신대륙에서 선교 활동을 하다가, 1545년 5월 11일에 편지 한 통을 황실에 보냈다. 이 편지에는 "인디언에게는 기독교 신앙을 받아들일 능력이 거의 없다"고 적혀 있었다. 카를 5세 및 황실 사람들은 이 편지를 읽고 경악하였다. 라스카사스는 도밍고 드 베탄초스에게 편지를 보내어, 자신의 견해를 번복해 달라고 몇 차례 요청하였다. 우연한 기회에 라스카사스에게 좋은 기회가 찾아왔다. 즉, 베탄초스는 임종 직전에 바야돌리드의 성 그레고리오 수도원에 체류하고 있었던 것이다. 1549년 9월 18일에 라스카사스는 공증인을 대동하여 그를 찾아가, 어떤 서류에 서명해 줄 것을 요구하였다. 서류에는 다음과 같은 내용이 적혀 있었다. "설령 인디언들이 도저히 나아질 수 없는 야만인이라고 말했다 하더라도, 어느 누구도 바야돌리드 논쟁에서 자신의 발언을 인용할 수 없다." 베탄초스는 떨리는 손으로 서명한 뒤에 사망했다.[59]

바야돌리드 논쟁에 참석한 사람들은 대부분 신학자와 법률가들이었다. 맨 처음에 세풀베다가 연설하였다. 그는 프란시스코 비토리아의 견해를 발전시켜서, 이교도 특히 인디언들에 대한 전쟁의 정당성을 강조하였다.[60] 이에 대해서 라스카사스는 자신의 보고서를 인용하며, 반론을 제기하였다. "존경하는 세풀베다 박사는 소돔과 고모라의 멸망을 인용하며, 에스파냐 사람들이 불과 칼로써 인디언 도시들을 멸망시켜야 한다고 주장하고 있습니다. 세풀베다 박사에게 다음과 같이 묻고자 합니다. 과연 누가 소돔과 고모라를 멸망시켰습니까? 당연히 신이 멸망시켰습니다. 인간보다 더 많은 것을 인식하고 있는 신께서, 우리가 전혀 알지 못하는 사실을 알고 계시는 신이라는 판관께서 말입니다. (…) 따라서 오로지 신만이, 탁월한 세풀베다 박사, 신만이 유일하게 인간의 사고 속에 도사린 비밀을 인식하고 있습니다. 그런데 당신, 세풀베다 박사, 당신은 지금 인디언의 도시들을 소돔과 고모라처럼 멸망시키려 하고 있습니다. 그렇다면 당신이 우리의 주입니까, 세풀베다 박사?"[61]

깊은 침묵이 흘렀다. "인디언들은 구약성서에 나오는

이교도들과 똑같다"라는 세풀베다의 주장에 대해, 라스카사스는 "신의 민족은 다른 민족들과 평화롭게 살았다"라는 성서의 말로 반박하였다. 더욱이 인디언과 같은 다른 민족은 종교상의 차이가 없는 민족이며, 의도적으로 축복받은 땅을 차지하려 하지 않았다는 것이다. "혹시 세풀베다 박사는 인디언들이 다른 성스러운 나라 혹은 기독교인들의 나라를 침략하였다고 주장하는가요? 정복자들은 「신명기」 제20장 10절의 명령을 제대로 이행하였습니까? '너희가 다른 나라의 땅을 밟으면, 너희는 그곳에 살고 있는 사람들에게 평화를 주어야 한다.' 세풀베다 박사는 성서를 세밀하게 읽지 않은 것 같군요!" 라스카사스는 '위대한 바실리우스'의 문장을 빌려 구약성서의 내용을 다음과 같이 끝내고 있다.[62] "세풀베다 박사, 구약성서는 특정한 유형의 인간들을 죄악의 구렁텅이로 유혹하고 있습니다. 특히 선善을 아주 느릿느릿하게 행하는 사람들을 말입니다."

"언젠가 나는 전 인류가 한 개의 목만을 지니기를 원했습니다. 한 사람의 목만 조르면, 모두를 없앨 수 있으니까 말입니다." 여기서 라스카사스는 에스파냐의 정복 사업을 염두에 두고 있었다. 그가 비판한 것은 정복 사업의 부수 현상 내지는 지엽적인 수단이 아니었다. 라스카사스의 비판은 근본적으로 하나의 원인으로서의, 수치스럽고 도저히 억제할 수 없는 정복 자체로 향하고 있었다.

"세풀베다 박사는 인디언들에 대한 전쟁을 합리화하려고 성서까지 인용하고 있습니다. 심지어 '이교도에게 종교적 예식이 허용되어서는 안 된다는 점은 명백하다Videlicet, quod ritus infedelium non sunt tolerandi' 라는 토마스 아퀴나스의 말씀을 원용하고 있습니다. 그러나 아퀴나스의 말씀은 원래의 의도를 고려할 때 겨우 절반만 인용되었을 뿐입니다. 왜냐하면 아퀴나스는 다음과 같은 말씀을 추가로 덧붙였기 때문입니다. '이교도들을 참된 신앙으로 쉽게 전향시키기 위해서는 종교적 예식을 허용하는 것이 오히려 더 효과적일 때가 있다. 특히 이교도의 수가 많아서 종교적 예식을 금지하는 게 엄청난 분노를 불러일으킬 때에는 더욱 그러하다.' 바로 이것이 아퀴나스가 강조한 문장 전부입니다. 그렇다면 세풀베다 박사는 자신의 입장을 정당화시키기 위해 성자의 말씀을 마구잡이로 짜깁기하여 표현한 게 아닙니까? (…) 전쟁보다 더 큰 분노를 우리가 어떻게 감히 상상할 수 있겠습니까? 전쟁이란 이 세상에서 가장 끔찍한 죄악입니다. 살인하고, 약탈하며, 어린이들을 도륙하고, 가정을 파괴하며, 부녀자들을 능욕하는 일. 이게 바로 전쟁입니다. 어떻게 우리가 사랑스럽고 온화한 평화를 추구하는 복음의 말씀을 하필이면 전쟁과 일치시켜야 합니까? 따라서 존경스러운 세풀베다 박사는 오로지 거짓된 증거만을 제시하고 있습니다. 그리스도의 사제들은 결코 살인을 저지르지 않고, 오히려 죽어 가면서 복음을 전파했습니다."

 라스카사스는 어느 교부의 말로써 자신의 극적이고 정당한 발언을 끝맺었다. 즉, 기독교인은 신앙의 성장을 위해서 다른 종교까지 칭찬해야 한다는 것이다. 왜냐하면 거칠고 그릇된 생각은 인간을 멀어지게 하고, 온유하고 올바른 생각이야 말로 근본적으로 인간을 끌어당기기 때문이다. 우상 숭배가 나라 멀리서 행해지고, 우상을 숭배하는 자가 왕년의 기독교인이 아니라면, 이에 대한 처벌은 신에 의해서 이루어져야 할 뿐, 인간에 의해서 성급하게 자행될 수 없다는 것이다. 세풀베다 박사는 신이 "황실의 차원에서 우상 숭배자를 허용하지 않는다"라고 말하며, 인디언 추장으로부터 그의 왕권을 빼앗는 게 우리의 의무라고 주장하였다. 그러나 라스카사스는 이를 결코 정당하다고 인정하지 않았다. "세풀베다 박사는 성서의 말씀을 곡해하고 있습니다. 솔로몬이 평생 왕으로 살았던가요?"[63] 라스카사스는 그의 연설에서 다음과 같은 기억해 둘 만한 말을 전하고 있다. "신에 대한 참된 사랑이 문제가 되는 곳에서는 거짓된 신에 대한 믿음 그리고 참된 신에 대한 사랑 사이에는 어떠한 구별이 있을 수 없습니다. 인간이 지금까지 참된 신앙을 제대로 인지하지 못했을 때는 더욱 그러합니다."[64]

12 바야돌리드 논쟁 (2)

"전쟁으로 황폐해진 땅에서 설교하는 게 무슨 소용이 있습니까?"

(Las Casas)

바야돌리드 논쟁에서 라스카사스는 그리스도의 가르침을 평화 공존으로 규정하고, 신앙의 성장을 위하여 타 종교까지 칭찬해야 한다고 과감하게 주장하고 있다. 말하자면 기독교의 사상은 콜럼버스의 신대륙 발견 이후로 유럽이라는 지역적 제한을 벗어나게 되었으므로, 유럽의 기독교인은 유럽 중심의 시각 내지 문화적 우월주의에서 벗어나야 한다는 것이다. 이러한 견해는 놀랍게도 현대에 출현한 교회 일치 운동과 연결되고 있다. 이른바 에큐메니컬 운동은 다른 종파, 다른 종교를 더 이상 배척하지 말고, 대승적 시각으로 종교 전체를 끌어안아야 한다는 취지에서 비롯된 게 아닌가? 이 점을 고려할 때 라스카사스의 입장은 유럽에서 계몽주의가 출현하기 200년 전에 현대의 종교적 관용 사상을 선취하고 있다.

여기서 우리는 다음의 사실을 잊어서는 안 될 것이다.

즉, 당시에 두 사람의 논쟁자가 각자 커다란 위협을 느끼면서 토론을 벌였다는 사실 말이다. 라스카사스의 시대에 종교 재판소의 광기는 거의 절정에 달해 있었다. 라스카사스의 출생지인 세비야에서만 해도 1481년부터 1525년 사이에 천 명이 화형당하고 이천 명이 고문을 당하거나 투옥되었다. 바야돌리드 지역에서도 1559년 5월 21일에 14명, 그리고 10월 8일에 13명의 사람이 화형당했다.[65] 라스카사스는 이러한 끔찍한 사건들을 익히 알고 있었다. 당시의 정황을 고려할 때 라스카사스의 발언들은 놀랄 만큼 대담한 것이었다. 더욱이 그는 에스파냐 땅 한복판에서 동족의 사악한 행동을 꾸짖고 있지 않았던가? 그렇기에 라스카사스는 두 세력으로부터 위협을 받았다. 한쪽은 국익을 대변하는 가톨릭 신앙인들이었고, 다른 한쪽은 루터를 추종하는 자본가들이었다. 양측 다 모든 수단 방법을 동원하여 라스카사스를 암살하려고 하였다.

다시 논쟁의 내용을 살펴보기로 하자. 세풀베다는 다음과 같은 네 가지 사항을 강조했다. 첫째는 인디언들이 야만인들이라는 점이며,[66] 둘째는 그들이 매년 이만 명의 인간의 목숨을 제물로 바친다는 점. 셋째는 그들이 에스파냐 신부와 수사들을 살해했다는 점이며, 넷째는 이러한 이유에서 교황과 황제는 인디언들에 대해 전쟁 선포의 권리를 가지고 있다는 것이었다.

이러한 말을 듣는 순간 라스카사스의 차분한 음성은 180도로 변화되었다. 강도 살인을 옹호하는 궤변가에 대한 분노가 머리끝까지 솟구쳤던 것이다. 이때 라스카사스는 다음과 같이 말했다. "나는 당신과 계속 투쟁할 것입니다. 당신이 모든 기독교인들의 적이라는 사실을, 당신이 잔인한 공포를 심어주는 정복자들의 대리인이라는 사실을, 그리고 당신이 에스파냐 당국에 거짓을 퍼뜨렸다는 사실을 말입니다." 뒤이어 이에 대한 증거로서 라스카사스는 다음과 같이 덧붙였다. "피부 색깔은 야만의 특징이 아닙니다. 동방 박사 세 분이 야만인이라고 누가 감히 주장할 수 있는가요? 어느 민족이든 왕년에 야만적인 행위를 한 번쯤 저지르지 않은 민족은 없을 것입니다. (…) 로마의 아우구스투스 황제는 법의 도움으로 원래 야만적이고 난폭한 에스파냐 민족으로 하여금 찬란한 문화를 누리도록 이끌었고, 에스파냐를 로마의 식민지로 바꾸어 놓았습니다. 지금 세풀베다 박사는 인디언들을 파멸시켜야 한다고 끔찍한 거짓 주장을 늘어놓고 있습니다. 그렇다면 그는 옛날에 로마인들이 우리 선조들의 육체와 영혼을 갈라놓음으로써 에스파냐 사람들이 야만인이었음을 증명했어야 한다고 말하고 싶은 것인가요?" 라스카사스는 서양인들이 오히려 기독교 신앙을 지니지 않은 인디언들보다 더 야만적이라고 했다.[67]

두 번째로 이른바 인디언들이 인간을 제물로 바친다는 비난에 대해 라스카사스는 다음과 같이 언급하였다.[68] "설령 인디언들이 인간을 제물로 바치는 것이 사실이라고 간주해 봅시다. 그렇다면 우리는 과연 다음의 사실을 어떻게 해명할 수 있을까요? 최근 오십 년 동안 에스파냐 사람들은 재물

욕과 탐욕의 여신을 위하여 천오백만에서 이천만이나 되는 수많은 인디언들의 생명을 제물로 바쳤다는 사실 말입니다! 인간의 제물에 관해 거론하자면 다음과 같습니다. 이 세상에 그런 짓을 저지르지 않은 민족은 없습니다. 율리우스 황제는 야만인도 아닌 프랑스인의 조상들에 관해 무엇을 기술하였습니까? 『갈리아 전쟁에 관한 제반 해설들 Commentarii de bello Gallico』에는 다음과 같은 구절이 있습니다. '갈리아의 민족은 그들의 종교에 매우 헌신적이다. 그렇기에 다른 종교를 믿는 그 민족은 그들의 신들에게 인간의 생명을 희생으로 바친다. 그들은 말하자면 다른 인간의 생명을 희생시켜야만 신을 만족시킬 수 있다고 믿고 있다. 이렇듯 그들은 공개적으로 인간의 생명을 희생물로 바친다'라고 말입니다."

세 번째 사항과 관련하여 세풀베다는 다음과 같이 주장하였다. 즉, 인디언들이 무기 없는 에스파냐 신부들을 살해했으며, 신부와 수사들이 무기 없이 불과 30두카덴의 돈을 받고 "인도 제국"으로 향한다는 것은 불가능하다는 것이었다.[69] 라스카사스는 플로리다에서 살해당한 루이스 수사의 명복을 진심으로 빌면서, 다음과 같이 반론을 제기하였다.[70] 신부와 수사들은 외견상 에스파냐 출신의 정복자들과 전혀 구별되지 않는다는 것이다. 만약 인디언들이 그들의 신분을 알았더라면, 그들을 살해하지 않았을 것이라고 했다. "세풀베다 박사의 마지막 주장에 대해 답변하겠습니다. 언제나 그는 돈에 관해 먼저 말을 꺼냅니다. 그 후에야 비로소 다른 이야기를 제시합니다. 세풀베다 박사는 사물의 질서를 거꾸로 이해하고 있습니다. 진리는 오히려 다음과 같습니다. 그리스도는 평화입니다. 신앙은 평화입니다. 평화만이 황제에게 세금을 제공합니다. 그러나 신앙은 전파를 전제로 합니다. (…) 설교자를 파견하는 일은 반드시 어려움을 겪습니다. 설교자는 무기를 지니지 않는 사람이니까요. 그러나 아무도 없는 황폐한 곳에서 어떻게 설교를 합니까? 전쟁으로 인해 버림받은 전쟁터에서 설교하는 게 무슨 소용이 있습니까?"[71]

바야돌리드 논쟁은 명목상으로는 승리자와 패배자를 가리지 못했다. 아니, 한 가지 점에서 논쟁은 라스카사스의 승리로 끝을 맺었다. 에스파냐의 종교 재판소는 세풀베다의 책 『인디언들에 대항하는 정당한 전쟁의 이유에 관하여』에 대해 판매 금지 조치를 내렸고, 실제로 이 책들을 수거하여 불태워 버렸던 것이다. 논쟁이 끝난 뒤에 세풀베다 박사는 낙향하여 살다가, 1573년에 사망하였다. 세풀베다는 조용히 살면서 황실에 생활비를 요청하였고, 틈만 나면 동료들에게 편지를 써서 라스카사스를 비판하기를 독려했다고 전한다. 그리고 자신의 저서에 대한 인세 문제에 적극적으로 개입하는 등 무엇보다도 자신의 명성에 신경을 썼다. 이에 비하면 라스카사스는 이후의 시간을 오로지 집필에 몰두하였다. 라스카사스는 논쟁의 결과에 괘념치 않고 인디언들의 권익을 보호하는 일에 계속 매진하였다. 왜냐하면 인디언들의 삶의 상황은 강제적 법령에도 불구하고 실질적으로는 여전히 개선되지 않았기 때문이다. 라스카사스는 『보고寶庫에 대해서 De Thesauris』라는 글을 마지막으로 탈고한다. 여기서 다룬 내용은 페루의 보물에 관한 것이다. 그는 잉카 제국의 마지막 왕, 아타왈파Atahualpa의 재판을 다시 개최하기를 요구하였고, 살해된 잉카 왕의 복권을 요구하였다. 잉카의 수많은 보물들은 국제법상에 의하면 페루 인들에게 돌려주어야 한다. 나아가 에스파냐의 정복자, 무기 매매 상인, 약탈자, 매수된 신부들은 이에 대해 책임이 있다. 이들은 그동안 착취한 대가로서 보물을 반드시 원래 주인인 노예들에게 돌려주어야 한다는 것이다. 라스카사스가 활용한 법률상의 논거들은 먼 훗날 전쟁에 처한 국민의 보호에 관한 헤이그 협정과 제네바 협정에서 유효한 것으로 판명되었다.

라스카사스는 마드리드의 수도원에서 저술 활동을 벌이다가 1566년 7월 말에 사망하였다. 그의 서재에서는 『인디언을 섬멸시키는 페스트를 치료하는 16가지 치료약에 관하여』라는 글이 발견되었다. 라스카사스는 엄청난 분량의 글을 직접 집필하였다. 하지만 대부분의 글들은 생전에 발표할 수 없었다. 왜냐하면 그의 적들이 끊임없이 출간을 방해했기 때문이다.[72]

13 나오는 말

"라스카사스는 '너에 관한 이야기를 들려주고 de te fabula' 있다."

지금까지 우리는 라스카사스의 행적과 그의 글에 관해서 살펴보았다. 마지막으로 우리는 라스카사스의 사상 속에 내재한 어떤 교훈, 다시 말해서 그것의 현대적 의미를 묻지 않을 수 없다. 요약컨대 라스카사스는 신성로마제국의 황제의 대리인으로서, 신부로서 그리고 수사로서 인디언의 삶을 개선하기 위하여 노력하였다. 그는 국가의 이념과 약속에 궁극적으로 어떤 하자가 있음을 깨닫지 못했다. 그 까닭은 새로운 지배 체제인 민주주의를 상정해 낸다는 게 16세기를 살았던 가톨릭 신부로서는 도저히 불가능한 일이었기 때문이다.[73] 어찌 1500년대에 살았던 사람이 "인간의 모든 권익은 인민에게 있다"는 주장을 생각해 낼 수 있었겠는가? 그렇지만 최소한 라스카사스는 주어진 현실의 체제 속에서 다음과 같은 두 가지 사실을 확인하여, 그것을 우리에게 제시하였다. 그 하나는 "노예 상태는 자연 조건이다"라는 아리스토텔레스의 주장이 근본적으로 잘못된 것이라는 사실, 그리고 다른 하나는 백인들의 인종적 우월함은 하나의 편견에서 비롯된 것이라는 사실 말이다.

 상기한 내용을 고려할 때, 라스카사스가 우리에게 전해 주는 교훈은 부연 설명이 필요 없을 정도로 그 자체 자명하다. 그럼에도 불구하고 필자는 교훈과 관련된 두 가지 사항만 지적해 보기로 한다. 첫째로 그의 이야기는 평화 공존을 위한 투쟁의 훌륭한 본보기이다. 물론 15세기 인디언 학살극은 결코 21세기에 살고 있는 한국인들과는 직결되지 않는 것처럼 보인다. 그러나 라스카사스를 둘러싼 이야기는 하나의 비유로 수용될 수 있다. 가령 다음과 같은 현대적 상황을 고려해 보라. 오늘날 특정한 인종이 다른 특정한 인종에게 직접적인 무력을 가하지 않고도 얼마든지 그들을 착취할 방법은 분명히 존재한다. 그것은 다름 아니라 프란츠 파농 이후로 제기된, 이른바 경제적 착취 구도로서의 "신식민주의"이다. 기존 사회주의가 몰락한 오늘날 계층 간의 계급 차이는 국가 사이의 계급 차이로 확장되고 있다.[74] 계급 갈등은 전 지구적으로 확산되고, 자본주의는 세계화의 구도 속에서 착취의 형태를 극명하게 드러내고 있다. 지구상에는 인종 갈등이 비일비재하게 드러나고 있으며, 자본주의의 "눈에 보이지 않는 학대" 등이 신문 지상에 보도되고 있지 않는가? 가령 비정규직 노동자들, 외국인 노동자들이 힘들게 살고 있는 남한의 풍토를 생각해 보라. 피지배자에 대한 착취는 또 다른 신식민주의의 형태로 현대인을 억압하고 있는 실정이다. 이를테면 제3세계의 경제를 단기간에 초토화시키는 미국 지배하의 IMF의 구조조정이라든가, (한미 FTA 협정과 같은) 불평등한 계약 등은 에스파냐 정복자들이 휘두른 바 있는 총칼과 어찌 다를 수 있단 말인가? 가령 한미 자유 무역 협정은 그 영향력에 있어서 남한의 헌법과 모든 법 규정보다도 우위를 점하고 있다. 왜냐하면 규정은 현재로서는 도저히 철회될 수 없는 철칙으로 작용할 뿐 아니라, 미국의 초국적 기업은 기대 이윤이 충족되지 않을 경우 불문곡직하고 남한 정부를 상대로 모든 경제 활동 결과에 관한 소송을 제기할 수 있기 때문이다. 그렇기에 인디언의 권익을 위한 라스카사스의 일들은 이제 역사 속으로 사라졌지만, 그가 고뇌하던 문제점만큼은 우리 주위에서도 완전히 극복되지 않고 있다. 따라서 라스카사스의 경우는 아메리카 인디언의 억압에 관한 일회적인 역사가 아니라, 착취 구조에 대한 하나의 범례로 수용되어야 마땅하다. 인류 역사상 지속적으로 나타난 수많은 인종 학살 사건들(가령 보스니아와 터키에서 일어난 끔찍한 학살극들, 히틀러 시대의 대학살, 관동 대지진 당시의 학살, 나아가 체첸의 비극과 이라크 참사 등)은 근본적으로 라스카사스가 보고한 사건과 동일한 이유에서 비롯된 것들이다. 왜냐하면 인종 학살의 근본적 동기는 더 많은 빵을 차지하려는 욕구에서 기인한다는 사실을 분명히 감지할 수 있기 때문이다.

둘째로 라스카사스의 경우는 우리에게 무엇보다도 제국주의의 본질을 알려 주고 있다. 15세기에 대서양의 저편에서 백인 정복자들과 원주민들 사이에 발생한 운명적 조우를 생각해 보라. 이렇듯 문명 충돌은 16세기에 처음으로 발생했던 것이다. 백인 정복자들은 총과 칼을 감춘 채 낯선 유색인들을 처음 대한 반면, 원주민들은 기이하게 생긴 손님들에게 바칠 음식과 선물을 손에 들고 있었다. 신대륙에 도착한 자들은 인디언들에게는 "하늘에서 내려온 천사들"로 비쳤던 것이다. 나중에 아메리카에 거대하고 풍요로운 땅이 있다는 소문이 퍼졌을 때 일확천금을 꿈꾸며 신대륙으로 건너간 자들은 대체로 군인, 실업자, 부랑자들이었다. 뒤이어 미국이라는 거대 국가 역시 그러한 유형의 인간들로 구성되었다. 물론 나중에 미국에 정착한 사람들 가운데에는 청교도 내지 선량한 퀘이커 교도들이 없지는 않았다.[75] 그렇지만 대부분의 경우 자국에서 정착할 수 없었던 자들로서, 그들의 뇌리에는 엘도라도를 찾으려는 허황된 망상이 자리하고 있었다. 이를 고려할 때 서부 개척사는 라스카사스가 지적한 대로 인디언 박해의 역사이며, 흑인 노예의 역사와 병행하고 있다. 나아가 그것은 오늘날 세계 경제의 공룡으로 부상한 미국의 역사와 맥락을 같이 한다.[76] 이러한 내용을 염두에 둘 때, 소련 몰락 이후 유엔의 역할을 대신하는 경찰국가로서의 미국의 위상은 다시 한 번 비판적으로 점검되어야 할 것이다.

　오늘날 유대 종교의 창시자, 모세의 무덤은 세계 어디서도 발견되지 않는다. 구약성서 「신명기」 제34장 6절에는 다음과 같은 사실이 기술되어 있다. 즉, 야훼 신이 손수 모세를 비밀스러운 곳에 이장했으므로, 그곳을 아는 자는 아무도 없다고 말이다. 마찬가지로 오늘날 어느 누구도 라스카사스가 에스파냐 어디에 묻혀 있는지 알지 못할 지경에 이르렀다. 에스파냐의 어느 인종주의자가 몰래 그의 무덤을 갈아엎고, 묘비를 박살낸 것이다.[77] 에스파냐의 명예를 손상시켰다는 이유로 말이다. 그렇지만 우리는 비유적으로 다음과 같이 말할 수 있을지 모른다. 만약 모세의 무덤이 유대인들이 살고 있는 세계 그 자체라면, 라스카사스의 묘지는 인종갈등을 겪는 세계의 모든 공간이라고 말이다.

부록

여기서 우리는 다음 도표를 **신중하게** 고찰해야 한다. 특히 도표에 나타난 비토리아의 견해는 자신의 내적인 입장과는 달리 체제 옹호적으로 드러나고 있다. 왜냐하면 신성로마제국의 황제 카를 5세는 1539년 비토리아에게 인도에 관한 문제를 다루지 말라고 엄중히 경고한 바 있기 때문이다. 따라서 프란시스코 비토리아의 근본적 입장은 여기서 재론될 필요가 있다. 비토리아는 다음과 같은 일곱 가지 입장으로써 에스파냐의 신대륙 지배의 논리를 비판하였다. 첫째로 기독교 황제가 세계의 지배자라고 단언할 수는 없다. 둘째로 교황이 에스파냐 군주에게 통치권을 넘겼다고 주장하는 것은 잘못된 것이다. 셋째로 새롭게 발견한 땅과 재물에 대해 "먼저 차지한 자가 임자이다"라는 논리는 적용될 수 없다. 넷째로 원주민의 신앙보다 기독교 신앙이 훌륭하다고 단언하는 것은 착각이다. 다섯째로 에스파냐 사람들에게는 전혀 다른 관습, 도덕 그리고 전혀 다른 법에 의해서 살아가는 인디언들의 죄를 문책할 권한이 없다. 여섯째로 주권 양도의 전제 조건은 자발적 선택이다. 따라서 에스파냐 군주에게는 인디언들에게 주권을 강제로 빼앗을 권리가 없다. 일곱째로 서인도가 야훼 신에 의해서 기독교인들에게 주어졌다는 논리는 잘못된 것이다. 구약성서 어디에도 야훼 신이 신대륙을 양도했다는 구절이 발견되지 않는다(이성형 2003: 70f.).

질문	비토리아 (1483-1546)	세풀베다 (1490-1573)	라스카사스 (1474-1566)	아코스타 (1540-1599)
선교의 권한. 이교도에 대해 교회가 전투적 자세를 취해야 하는가? 법적 논의	에스파냐 인들은 선교의 권한을 지닌다. 죄 없는 자들의 안녕을 위해 복음은 전파되어야 한다.	인디언들에게 복음을 전파하고 그들의 안녕을 도모하기 위해서 인도 제국은 정복되어야 한다.	모든 유형의 중재 내지 간섭은 복음 사업에 도움을 주지 않는 해악과 같다.	비토리아의 견해와 동일하다. 그러나 종교와 정치는 구분되어야 마땅하다.
문명의 전파 권한. 인디언들은 야만적인가? (아리스토텔레스의 문명에 관한 논의)	조건적 답변: 만약 인디언들이 야만적이라면, 문명은 전파되어야 한다.	긍정적 답변: 모든 인디언들은 아리스토텔레스의 주장대로 "야만인들"이다.	부정적 답변: 인디언들은 야만인들이 아니라, 부분적으로 서양인들보다 훌륭한 문화를 지니고 있다.	인디언들을 세 부적으로 구분: 유목하는 인디언들은 야만적이고, 아스텍 종족은 야만적이 아니다.
세례는 구원에 필수적인가? 교회 전파를 전투적으로 추진해야 하는가? 교회법적 논의	원칙적으로 그렇다. "그리스도 신앙을 실천하면, 신은 은총을 거절하지 않는다."	원칙적으로 그렇다. "그리스도 신앙을 실천하면, 신은 은총을 거절하지 않는다."	그리스도 신앙은 바람직하다. 그러나 종교의 선택은 자발적으로 이루어져야 한다.	세례는 절대적이다. 라스카사스의 "함축적 신앙 fides implicita" 만으로는 부족하다.
인간과 자연을 정복할 권한은? 식민지 상업주의는 용인될 수 있는가? 식민주의에 관한 학문적 논의	에스파냐 사람들에게는 식민지 발견을 위한 고초와 노력의 대가가 주어져야 한다.	복음의 전파와 문명화에 대한 대가로서 식민지 착취의 권한은 인정되어야 한다.	비토리아의 견해와 유사하지만, 에스파냐 사람들은 복음의 비용을 스스로 부담해야 한다.	인디언들에게 복음을 전파한다는 미명 하에 기독교인들은 탐욕을 부려서는 안 된다.
결론적 입장	한편으로는 원주민의 주권을 인정하지만, 다른 한편으로는 에스파냐의 해외 정책을 옹호하였다.	에스파냐 출신의 정복자들의 입장을 강력하게 옹호함. 인디언들에 대한 기독교 신앙의 전파 방법을 두둔함.	선교 자체는 문제되지 않는다. 문제는 인디언들의 삶을 파괴하고 이들을 살육하는 정복자의 만행에 있다.	종교와 정치는 철저하게 분리되어야 한다.

주

1. 몇 년 전에 라스카사스의 『콜럼버스 항해록』이 간행되었다. 라스카사스: 『콜럼버스 항해록』, 박광순 역, 범우사, 2000.

2. 루터는 보름스 성당에서 자신의 입장을 번복하지는 않았다. 그러나 이때 겪었던 처형에 대한 두려움은 결국 루터로 하여금 나중에 체제 옹호의 태도를 취하게 하였으며, 인민의 애타는 갈망을 끝내 저버리게 하였다. Siehe Peter Blickle: *Die Revolution von 1525*, München 2004, 4. Aufl. 제9장을 참고하라. 파울 슈레켄바흐: 『마르틴 루터』, 남정우 역, 예영커뮤니케이션 2003, 제13, 14장을 참고하라.

3. "루터는 표리부동한 사람이었다. 제후에게 이중 결혼을 허용해 달라고 요구할 정도로 루터는 인간적으로 방종했고, 츠빙글리가 신교의 단일화를 요구했을 때 이를 파기할 정도로 문자 그대로 유연성이 없는 인간이었다." Ernst Bloch: *Thomas Münzer als Theologe der Revolution*, Frankfurt a. M. 1985, S. 108.

4. 사실 "모든 게 공동 소유이다"라는 플라톤의 발언은 지배 계급, 군인 계급 그리고 평민 계급이라는 엄격한 계급 차이를 전제로 한 것이다. 플라톤이 자신의 명제를 통해서 만인의 공동 소유를 주장한 것은 아니었으며, 오로지 특정 계급 내에서의 공동 소유를 주장했을 뿐이다. 플라톤의 『국가』는 계급 차이를 하나의 철칙으로서 세습되는 것으로 규정하고 있다.

5. 뮌처의 입장은 1524년에 발표된 그의 「충분히 이유 있는 반론 Hochverursachte Schutzrede」에 잘 나타나 있다. (hrsg.) Günther Franz, *Thomas Müntzer: Die Fürstenpredigt*, Stuttgart 1976, S. 116-45.

6. Siehe Ernst Bloch: *Thomas Münzer als Theologe der Revolution*, a. a. O., S. 82.

7. 히틀러 집단이 "츠이크론 B"라는 화학 약품으로 유대인들을 대량 학살했는데, 이 수는 잘 알려져 있듯이 약 600만 명에 이른다. 그런데 16세기 초에 에스파냐 정복자들은 이들보다 두 배나 더 많은 수의 아메리카 원주민들을 원시적인 방법으로 살육했던 것이다.

8. 예컨대 찬란한 인도에 관한 기상천외의 거짓말을 담은 요한 사제의 편지 속에는 어떤 정치적 의도가 숨어 있었다고 한다. 그것은 다름 아니라 프리드리히 1세가 지배하는 고통스러운 신성로마제국과는 정반대되는 유형의 어떤 이상적 국가의 상을 알리기 위함이었다. 여기에는 사유 재산의 철폐, 다툼과 전쟁이 없는 평화로운 나라, 종교적 관용 등이 묘사되어 있다. L. Olschki: *Der Brief des Presbyters Johannes*, Hist. Zeitschrift, Bd. 144, 1931, S. 1f. 에른스트 블로흐: 『희망의 원리』, 열린책들 2004, 1589쪽 이하.

9. 에른스트 블로흐: 『희망의 원리』, 앞의 책, 1600쪽 이하를 참고하라.

10. "비둘기 한 마리와 부비 한 마리, 강에서 사는 작은 새 한 마리와 다른 흰 새 몇 마리를 보았다. 또 해초도 많이 있었는데, 그 속에서 게들이 보였다." 라스카사스: 『콜럼버스 항해록』, 앞의 책 67쪽. "제독은 각 선박에 서쪽으로 잡고 있는 침로를 바꿔 육지가 보였던 남서쪽으로 항해하라고 지시했다." 같은 책 69쪽 이하.

11. Siehe Alexander von Humboldt: *Ansichten der Natur*, Stuttgart 1985, S. 125ff.

12. 실제로 콜럼버스는 1492년에서 1502년까지 네 차례 항해했는데, 한 번도 플로리다에 당도하지 못했다. 그렇기에 16세기에 에스파냐 사람들은 먼저 서인도 제도와 남아메리카 북부 해안 지역 이하부

터 잠식해 나갔다.

13. 1512년에야 비로소 에스파냐의 정복자 후안 폰세 드 레온(1460-1521)이 처음으로 플로리다를 발견하였다. 그날은 부활절 일요일이었는데, "만개하는 부활절Pascua Florida"이라는 에스파냐어에 착안하여 폰세 드 레온은 그 지역을 "플로리다"로 명명하였다.

14. 따라서 콜럼버스에게 가해진 "인종 학살자"라는 누명은 잘못된 것이다. 물론 인종 학살의 빌미를 제공한 사람은 콜럼버스이지만, 인종 학살자는 콜럼버스가 아니라, 뒤이어 황금에 눈이 멀어 신대륙으로 향했던 에스파냐 출신의 정복자들이었다. 콜럼버스는 원주민들의 물건을 강탈하는 것을 엄격히 다스렸다. 탐험에 참가한 한 사람이 15킬로그램의 면과 아무런 가치도 없는 유리 장식품을 원주민 한 사람과 교환하려고 했을 때, 콜럼버스는 이러한 교환 행위마저 금지시켰다.

15. 그라나다 왕국의 마지막 무어 족 왕인 아부 압둘라는 항복하기 전에 스스로 아프리카로 후퇴하였다. 공식적으로는 "그는 왕의 손에 키스를 하였다"고 한다. 그러나 그는 몰래 그라나다의 대 성문을 열 수 있는 열쇠를 가지고 갔다. 무어 족의 왕은 그들 스스로 번창하게 만든 이 도시를 결코 포기하지 않는다는 표시를 남기고 싶었던 것이다. 이 열쇠는 알제리의 도시 틀렘젠에 있는 이슬람교 사원에 오늘날까지 보관되어 있다.

16. 구약성서(외경)「집회서」제34장을 참고하라.

17. 물론 라스카사스의 깨달음은 순간적으로 일어난 것은 아니었다. 그것은 오히려 이전에 나타난 여러 번의 계기를 바탕으로 이루어진 것이다. 이러한 까닭에 라스카사스의 깨달음은 사도 바울의 다마스쿠스 체험과는 근본적으로 다르다. 라스카사스의 깨달음은 다음과 같은 세 번의 결정적인 계기를 거친 것이었다. 첫 번째 계기는 1510년

페드로 드 코르도바(1482-1525)와의 만남이었다. 도미니크 수도회의 수사들은 산토도밍고에 도착했는데, 라스카사스는 불과 두 살 많은 코르도바에게서 신에게 자신의 모든 것을 바치려는 진정한 구걸 수사의 참모습을 발견할 수 있었다. 두 번째 계기는 1511년 12월 21일 안토니오 몬테시노(1480-1545)의 성탄 강림절 설교였다. 이때 라스카사스는 직접 설교를 듣지 못했지만, 다른 사람으로부터 그 내용을 전해 들었다고 한다. 몬테시노의 설교는 젊은 라스카사스를 오랫동안 숙고하게 만들었다. 세 번째 계기는 인디언 학살에 대한 체험이다. 1512년 라스카사스는 쿠바의 "카오나오"라는 지역에서 2,500명의 인디언들이 무참하게 학살당하는 것을 직접 목격하고, 에스파냐 인으로서 동족의 죄악에 대해서 참을 수 없는 부끄러움을 느꼈다고 한다.

18. Siehe Gute Nachricht Bibel, Revidierte Fassung 1997 der "Bibel in heutigem Deutsch," Stuttgart 2000, S. 1032.

19. 라스카사스는 에스파냐 사람들의 기도와 봉헌 행위를 다음과 같이 비판하고 있다. "신은 오로지 진리와 정의의 길을 걸어가며 그 길을 신뢰하는 자에게 존재한다. 전능한 신은 재물의 양에 의해서 불경한 자들의 죄를 사하지는 않는다Dominus solus sustinentibus se in via veritatis et iustitiae. Nec in multitudine sacrificiorum eorum propitiabitur peccatis." Mariano Delgado, Bd. 1, a. a. O., S. 12.

20. 15세기 초에 신대륙에는 포도나무가 한 그루도 없었다. 에스파냐 사람들은 유럽에서 포도나무를 가져다가 신대륙에 재배해 보았으나, 기후 관계로 성공을 거두지 못했다. 1551년에 이르러 페루에서 처음으로 포도 수확이 이루어졌고, 1650년에 이르러서야 사람들은 많은 양의 포도주를 얻게 되었다. Joseph de Acosta: *Natural and Moral History of the Indies*, 1: New York o. J., 168, 267쪽.

21. Vgl. Urs Fiechtner: *Erwachen in der neuen Welt der Geschi-*

chte, Badenbaden 1988, S. 136ff.

22. 다음의 책을 참고하라. 알렉스 헤일리:『말콤 엑스』, 김종철 외 역, 창작과 비평사 1993, 상권 268-72쪽.

23. Siehe Günter Thomas: *Las Casas, seine Zeit und seine Schriften*, Leipzig 1954, S. 60f.

24. J. P. Sartre: *Colonialism and Neocolonialism*, Routledge Classic Edition, 2004, P. 136ff.

25. 80년대 초에 주한 미군 사령관 위컴은 다음과 같이 말했다고 한다. "한국인들은 나그네쥐와 같다. 새로운 지도자가 나타나면 그에게 우르르 몰려든다." 이로써 존 위컴(1928-)은 정치 군인들의 이른바 기회주의적인 권력 쏠림 현상을 비아냥거렸던 것이다. 그러나 그의 말은 본의와는 달리 나중에 한국인 전체의 특성으로 잘못 전달되었다.

26. 다음의 문헌에서 재인용함. H. M. Enzensberger: Las Casas oder der Rückblick in die Zukunft, in: ders., *Deutschland, Deutschland unter anderem*, Frankfurt a. M. 1971, S. 130f.

27. Siehe Günter Thomas: a. a. O., S. 47f.

28. 히에로니무스 교단은 1370년에 설립되었는데, 주로 토마스 아퀴나스의 교리를 준수하였다. 이 교단은 오늘날 에스파냐와 아메리카에만 존재한다. 추기경 아드리아노는 나중에 히메네스 시스네로의 후계자가 되었으며, 교황 하드리안 6세로 선출되었다.

29. 이는 국가 중심주의에서 유래한 패권 지향성과 관련된다. Siehe Chr. Wolf: *Die Voraussetzung der Erzählung Kassandra*, Darmstadt 1983. S. 86ff.

30. Martin Neumann: *Las Casas, die unglaubliche Geschichte von der Entdeckung der neuen Welt*, Freiburg 1990, S. 73f.

31. Günter Thomas: *Las Casas, seine Zeit und seine Schriften*, a.

a. O., S. 73.

32. Siehe Bartolomé de Las Casas: *Historische und ethnographische Schriften*, Bd. 2, Paderborn 1995, S. 276-82, Hier S. 278.

33. 흑인 노예의 판매는 1619년부터 미국에서 대대적으로 이루어졌다. 김명섭:『대서양 문명사』, 한길사 2001, 463쪽 이하.

34. 이 책에서 라스카사스는 자신을 제3자로 칭하고 있다. H. M. Enzensberger: Der Rückblick in die Zukunft, a. a. O., S. 144..

35. 이 문헌은 지금까지 수많은 언어로 소개되었는데, 필자는 1995년에 파더본에서 간행된 독일어 판의 라스카사스 전집을 채택하였음을 밝힌다. Bartolomé de Las Casas: *Werkauswahl*, Bd. 2, Paderborn 1995.

36. Siehe Bartolomé de Las Casas: 앞의 책, S. 137f.

37. Bartolomé de Las Casas: *Historische und ethnographische Schriften*, Bd. 2, a. a. O., S. 114f.

38. 이 책은 *Historia De Españan* (Madrid, 1968)을 가리킨다. 루이스 행크는 라몬 메넨데즈 피달에 대해 다음과 같이 기술하였다. "돈 라몬은 라스카사스를 광적이고 편집증적인 인간이라고 주장하고 있다." M. M. Enzensberger: "Ein Rückblick in die Zukunft," a. a. O., S. 126f.

39. Siehe H. M. Enzensberger: "Ein Rückblick in die Zukunft," a. a. O., S. 127.

40. 미국의 사회학자 앨프리드 W. 크로스비는 인디언 멸망이 에스파냐 인들의 살육보다는, 오히려 유럽에서 전파된 질병(천연두 등)에 의한 것이라고 주장한다. 물론 질병 역시 인디언의 생존에 부분적으로 악영향을 끼친 것은 사실이다. 대부분의 인디언들의 혈액형이 O형이라는 점을 감안한다면, 인디언들의 인구가 동종 교배에 의해서 퍼

져 나갔을 가능성이 크다. 그들은 유럽에서 전해진 질병, 특히 천연두에 대해 저항력을 지니지 못했다. 그렇지만 1492년부터 1550년의 시기만을 고려한다면, 크로스비의 논리는 지극히 경미한 부분만을 지적할 뿐이다. 크로스비의 논리는 에스파냐의 식민지 정복의 역사를 희석시키려는 저의에 활용될 수 있으므로, 우리는 이를 조심스럽게 다루어야 한다. 실제로 크로스비는 에스파냐 기마병 한 사람이 한 시간 동안 천 명의 인디언을 죽일 수 있었다는 라스카사스의 지적을 "과장"이라고 주장하고 있다. Alfred W. Crosby: *The Columbian Exchange: Biological and Cultural Consequences of 1492*. 30th Anniversary Edition, Westport, CT.: Praeger, 2003. 한국어 판: 앨프리드 W. 크로스비, 『콜럼버스가 바꾼 세계』, 김기윤 역, 지식의 숲, 2006.

41. Vgl. Günter Wessel: *Von einem, der daheimblieb, die Welt zu entdecken*, Frankfurt a. M. 2004, S. 141f.

42. 놀라운 것은 다음의 사실이다. 즉, 아코스타를 제외한 다른 학자들은 인디언들의 삶을 직접적으로 체험하지 못했다. 아코스타는 부분적으로 인디언 인종을 열등하다고 주장하였다. 아코스타에 의하면, "모든 인디언들은 열등하지만, 아스텍 족의 인디언만큼은 그렇지 않다"는 것이다. 아코스타는 다른 학자들과는 달리 페루에서 몇 년 거주하며, 잉카 문명 또한 접한 바 있다. 이 책의 92쪽을 참고하라.

43. 상기한 내용을 고려한다면, **애국심과 사해동포주의의 구분**은 라스카사스에 의해서 완전히 극복되고 있음을 알 수 있다. 라스카사스는 전 지구적 시각에서 주어진 모든 문제를 고찰해야 정확한 해답을 찾을 수 있다는 사실을 맨 처음 알려준 사상가 내지 실천가였다.

44. Vgl. Heiner Müller: "Mommsens Block," in: ders., *Werke* 1, Frankfurt a. M. 1998, S. 258ff.

45. 물론 라스카사스의 보고서에 몇 가지 오류가 없는 것은 아니다.

트리니타티스 섬은 라스카사스가 생각했던 것과는 달리 시칠리아 섬보다 크지 않다. 특정 도시 사이의 간격은 수백 마일이 아니라 구십 혹은 백 마일 정도에 불과하다. Siehe Günter Thomas: a. a. O., S. 114.

46. 프란츠 파농은 알제리인과 유럽인의 사례를 통해 반응적 정신질환을 소개하고 있다. 프란츠 파농:『대지의 저주받은 사람들』, 남경태 역, 그린비 2004, 286-97쪽.

47. 여기서 우리는 한 가지 의문을 떨칠 수 없다. 과연 무력으로 이교도를 개종시키려는 태도가 이슬람 종교의 근본적 태도인가 하는 물음을 생각해 보라. 이에 관해서는 다음의 글과 비교하라. Anthony Pagden: Introduction, *Bartolomé de Las Casas: A Short Account of the Destruction of the Indies*, London 1992, xxxix.

48. Siehe Günter Thomas: a. a. O., S. 89ff.

49. 혹자는 라스카사스가 비밀리에 황제를 알현했다고 주장한다. "인디언의 변호인"이라는 신분 때문에 모든 선장은 그를 승선시키지 않으려 했다. 그리하여 그는 이름도 바꾸고 변장하여 에스파냐로 건너갔다는 것이다. 그러나 이는 오늘날 학문적으로 논란의 대상이 되고 있다.

50. 피차로와 달마그로 등과 같은 에스파냐 정복자들, 다시 말해 부자父子 간에 거대한 전쟁이 벌어졌고, 페루의 인디언들은 두 패로 갈라져 이 전쟁에 참가했다.

51. 어떤 한계 상황에서 수구 반동주의를 정당화시키는 것은 대체로 자국의 가난과 실업을 무조건 떨쳐야 한다는 이른바 무조건적 경제 논리이다. Siehe Urs Fiechtner, *Erwachen in der neuen Welt der Geschichte*, a. a. O., S. 132ff.

52. 다음의 문헌에서 재인용함. Urs Fechtner: a. a. O., S. 146ff.『에스파냐 출신의 토지 및 노예 소유자를 대하는 고해 신부를 위한 조언』

으로 인하여 라스카사스는 나중에 반역과 이단이라는 혐의를 얻게 된다. 세풀베다는 바야돌리드 논쟁 당시에 11번째의 반박문에서 이를 지적한 바 있다.

53. 논의에서 벗어난 이야기이지만 흑인 인권 운동가 마르틴 루터 킹은 1958년 9월 3일에 자신의 주장을 달성하기 위하여 스스로 감옥에 가려고 의도적으로 죄를 저지른다. 자신이 감옥에 들어가야 언론은 이를 대서특필하게 될 것이고, 그렇게 되어야 자신의 요구 사항은 더욱 커다란 효과를 낳게 되리라고 믿었던 것이다. 그 후에 킹 목사는 공무 집행 방해죄로 100달러 벌금형을 선고 받고 풀려난다.

54. 후안 드 주마라가(1468-1548): 그는 라스카사스와 깊은 우정을 맺고, 인디언의 행복을 위해 헌신하였다. 1534년 주마라가는 처음에는 아스텍 문화를 불태우고, 인디언의 우상 숭배를 무력으로 근절시키려고 했다. 그는 이 점에서 비난을 받을 수 있지만, 인디언들을 형제로 대하면서 그들의 안녕을 위해 헌신하면서 살았다.

55. 오비에도 책의 제2부는 1548년에 탈고되었는데, 19세기에 이르러서야 비로소 완결본이 간행되었다.

56. Siehe Lewis Hanke: *All Mankind is One. A Study of the Disputation Between Bartolomé de Las Casas and Juan Ginés de Sepúlveda in 1550 on the Intellectual and Religious Capacity of American Indians*, Northern Illinois University Press 1974, P. 40f.

57. Juan Friede: Las Casas y El Movimiento Indigenista en España y América en La Primera Mitad del Siglo XVI, in: *Revista de Historia de América*, 34 (1952), 339-411. 다음의 책에서 재인용함. David M. Traboulay: *Columbus ans Las Casas. The Conquest and Christianization of America, 1492-1566*, Lanham: New York 1994, P. 173.

58. David M. Traboulay: ebenda, P. 170.

59. Siehe Bartolomé de Las Casas: *Werkauswahl*, Bd. 1 Missionstheologische Schriften, a. a. O., S. 382.

60. 이에 관해서는 이 책의 91-2쪽을 참고하라.

61. "오로지 신만이, 탁월한 세풀베다 박사, 신만이 유일하게 인간의 사고 속에 도사린 비밀을 인식하고 있습니다Deus solus, egregie Doctor Sepulveda. Deus solus novit arcanas animi cognitationes." Günter Thomas: a. a. O., S. 156ff. auch in: G. Gutierez, Gott oder das Gold. *Der befreiende Weg des Bartolomé de Las Casas*, Dortmund, 1990, S. 106.

62. 바실리우스(330-379): 케사레아의 주교. 교부.

63. 본문에 인용된 "솔로몬이 평생 왕으로 살았던가요?"는 구약성서 「열왕기상」에 있는 표현이다.

64. Siehe Martin Neumann: *Las Casas, die unglaubliche Geschichte von der Entdeckung der neuen Welt*, Freiburg 1990, S. 189ff.

65. 대종교 재판관인 추기경 히메네스는 에스파냐에서 삼천 명을 화형시켰다. 이 끔찍한 직책의 그의 후계자는 나중에 교황 하드리안 6세가 된 추기경 아드리아노였다. 그 역시 1,620명이나 되는 사람들을 산 채로 화형에 처했다. 이들 가운데에는 상당수의 신부와 수사들도 있었다.

66. 가령 세풀베다는 노예 상태를 용인하는 근거로서 아리스토텔레스의 주장을 내세웠다. 이 주장에 의하면, 노예 상태는 특정한 인간의 자연 조건이라는 것이다. 아리스토텔레스는 다음과 같이 주장한 바 있다. 첫째로 야만인은 이성과 자연 법칙에 위배되게 행동하는 모든 인간들이다. 이들은 가장 나쁜 삶의 방식을 발전시킨 인간들로서 문명화된 사람들 가운데에서도 나타날 수 있다(『정치학』 I, 2). 둘째로 야만인은 낯선 언어를 사용하고, 문헌학적 교육을 받지 못했으며, 우

리에게 낯선 문화에 예속된 인간형을 가리킨다. 셋째로 야만인은 보다 협소한 의미에서 오로지 괴물과 유사하게 보이고, 어떠한 정치적인 지배 체제 없이 마치 거친 동물처럼 살아가는 인간을 지칭한다. Siehe Bartolomé de Las Casas: *Historische und ethnographische Schriften*, Bd. 2, a. a. O., S. 495-8.

67. Vgl. Lewis Hanke, *All Mankind is One*, a. a. O., S. 107f.

68. 서인도 제도의 모든 인디언들이 인간을 제물로 바친 것은 아니었다. 당시에 이러한 예식을 치렀던 인디언들은 기껏해야 멕시코 지역의 아스텍 부족에 불과했다. Martin Neumann: a. a. O., S. 193f.

69. 그러나 이는 사실이 아니다. 가령 라스카사스는 1516년 말경에 황제의 대변인으로부터 불과 8두카텐을 받고 서인도 제도로 떠난 적이 있었다. 그럼에도 라스카사스는 이러한 예를 지적하지는 않았다. Thomas Günter: a. a. O., S. 117.

70. 1547년 라스카사스가 완전히 에스파냐로 이주했을 때, 그는 베리파츠 출신의 도미니크 수도사들을 대동하였다. 그 가운데에는 루이스 칸세어가 있었다. 그는 에스파냐 당국에 라스카사스 방식의 평화로운 선교 사업을 요청하였다. 1548년 3월에 루이스 수사는 선교 허가를 얻어서, 세 명의 동행자와 함께 플로리다로 떠났다. 그곳은 정복자들이 인디언들을 무참하게 살육한 지역이었다. 1549년 6월 26일 인디언들은 그를 붙잡아서 살해함으로써 동족의 원한을 갚았다.

71. Siehe G. Gutierez: *Gott oder das Gold*, a. a. O., S. 114.

72. 그렇지만 그의 주저, 『인도 제국의 역사*Historia de las Indias*』는 1876년에 마드리드에서 비로소 출간되었는데, 이는 "탈고 시점으로부터 40년 이후에 출간하라"는 라스카사스의 요구 때문이었다.

73. 몇몇 정치경제학자들이 잘못 판단하는 사항이 있다. 그것은 다름 아니라 자본주의 이전에 나타난 무산 계급의 투쟁을 계급 문제로

파악하지 않고, 오로지 종교 문제로 매도하는 게 바로 그것이다. 이는 토마스 뮌처에게도 그대로 적용된다. 지상의 왕국을 건설하려는 뮌처의 이념은 종교적으로 착색되어 있었지만, 종교에 국한될 수는 없었다. 왜냐하면 뮌처는 평등한 삶의 실현을 지향했기 때문이다. 유감스럽게도 카를 카우츠키는 바로 이 점을 이해하지 못하고, 토마스 뮌처의 노력을 오로지 종교 개혁에만 국한시키는 우를 범하고 말았다. Siehe Karl Kautsky: *Thomas More und seine Utopie*, Berlin 1889.

74. 그렇기에 엔첸스베르거는 라스카사스에 대한 논문 제목을 "미래를 되돌아보기"라고 붙이고 있다. H. M. Enzensberger: "Ein Rückblick in die Zukunft," a. a. O., S. 123.

75. 어쩌면 퀘이커 교도야말로 신대륙에서 살아가는 사람들에게 가장 합당한 기독교 종파 사람들일지 모른다. 왜냐하면 이들은 신부나 목사를 인정하지 않고 오로지 그리스도를 믿으며, 남녀평등, 사형제 폐지, 평화와 사랑, 장애인에 대한 포용력을 그대로 실천하기 때문이다.

76. C. 라이트 밀즈의 견해에 의하면, 미국의 뉴프런티어 정책 및 중남미를 위한 마셜 계획안 등은 황금에 대한 집착에서 기인한다. C. 라이트 밀즈: 『들어라 양키들아』, 녹두 1985, 195, 201쪽.

77. 에스파냐의 역사학자들은 오늘날까지도 인종 간의 능력 차이를 주장하며, 라스카사스의 입장을 반박해 왔다. 바야돌리드 논쟁이 끝난 뒤에 제기된 반론들에 관해서는 다음의 책을 참고하라. Lewis Hanke, "Continued Conflict on the Capacity of the Indians," in: ders., *All Mankind is One*, a. a. O., S. 122-39.

II. 라스카사스의 혀를 빌려 고백하다

1 우리는 아직도 무언가를 배우지 못했다

에스파냐의 수도사, 바르톨로메 드 라스카사스인 나는 옷깃을 여미는 마음으로 당신에게 고백합니다. 16세기 초에 서인도 제도에 살고 있던 수많은 인디언들은 에스파냐 정복자들에 의해서 무참하게 살해당했습니다. 약 50년간에 걸쳐 살해당한 원주민들의 수는 천오백만 명에서 이천만 명에 달합니다. 당시 대량 학살을 위한 특별한 방법은 개발되지 않았습니다. 인디언들은 오로지 정복자들이 휘두른 총과 칼에 차례로 목숨을 잃었습니다. 서인도 제도에 오손도손 모여 살던 평화로운 원주민들은 50년 후에 거의 자취를 감추었으니까요. 나는 살육 현장을 실제로 목격하였을 때, 피가 거꾸로 솟아오를 정도로 경악을 금치 못했습니다. 이러한 끔찍한 범죄들이 더 이상 지구상에 나타나지 않기를 바라는 마음으로 소책자,『인도 제국의 황폐화와 인구 섬멸에 관한 짤막한 보고서』에서 오로지 진실만을 기술하여, 신성로마제국의 황실에 보고하였습니다.

    일부 에스파냐 사람들이 저지른 끔찍한 만행은 결코 과거 역사에서 발생한 일회적인 사건이 아닙니다. 그것은 신대륙 발견 이후에 나타난 하나의 역사적 범행으로 국한될 수 없습니다. 그것은 인종 사이의 끔찍한 학대 내지 침탈에 관한 상징적 범례를 전해 줍니다. 당시의 학살극은 유럽의 역사 내지 동양의 역사에서 끊임없이 발생한 끔찍한 인종 말살 행위에 대한 본보기와 같습니다. 문제는 대부분의 인간이 자의든 타의든 간에 16세기에 발생한 끔찍한 사건을 외면하였다는 사실에 있습니다. 인류는 당시의 끔찍한 인종 학살극에서 실제로 아무것도 배우지 못했습니다. 그렇지 않고서야 16세기 이후에도 같은 생명체를 수없이 살해하는 사건들이 연이어 발생할 수 있었겠습니까? 오늘날에도 유럽에서는 네오 나치Neo-Nazi가 득세하고 있으며, "야수들을 절멸하라Exterminate all the brutes"는 구호를 외치고 있습니다.

2. 역사의 가치는 "찾아서 얻어낸" 지식에 있다

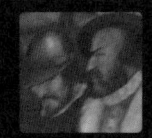

역사의 가치는 무엇입니까? 지금까지 역사학자들은 역사에 관해서 수없이 정의를 내렸습니다. 나는 여기서 그것들을 일일이 열거하는 대신에, 주관적으로 역사의 본질을 지적할까 합니다. 역사 연구는 어떤 유형의 슬픔을 다루는 작업입니다. 역사가는 슬픔에 사로잡힌 자처럼 과거를 내버려둘 수 없습니다. 그는 과거를 어떤 현재의 관건으로 생각합니다. 중요한 것은 후자, 즉 현재와 결부되어 있는, 생동하는 사실들입니다. 진정한 의미를 담은 역사적 지식, 다시 말해 선험적 판단을 동원하여 "찾아서 얻어낸($\iota\sigma\tau o\rho\acute{\epsilon}\omega$)" 지식이야말로 진정한 의미에서의 "진리를 포괄하는 역사historia"가 아닐 수 없습니다. 활용되지 않는 문헌들은 그 자체 수북이 쌓여 있는 조개 무덤(貝塚)과 같습니다. 가장 중요한 것은 명실 공히 진정한 의미에서 역사에 해당하는 "찾아서 얻어낸" 지식일 것입니다. 이것은 앎Wissen과 양심Gewissen이라는 복합적 문제와 직결됩니다.

    후자와 관련하여 당신에게 다음과 같이 말하고 싶습니다. 내가 체험하고 기술한 내용들은 약소 민족의 인종 탄압에 관한 일회적 사건으로 축소될 수 없습니다. 그것은 이미 언급했듯이 뒤이어 나타난 인종 학살극 내지 살육 행위에 대한 상징적 전례이기 때문입니다. 혹자는 특정한 역사적 사실들과 관련하여 다음과 같이 비판하곤 합니다. 만약 과거의 역사적 사실이 지금의 현실과 주제 상으로 상호 접목될 수 있다면, 역사에서 특정한 사실만을 선별하는 방법은 그 자체 작위적이며, 학문의 신비주의를 유발하지 않는가 하고 말입니다. 물론 우리는 특정한 역사적 사실을 이후의 현실적 문제에 마구잡이로, 즉 이현령비현령의 방식으로 적용할 수는 없습니다. 그러나 억측 내지 모순점이 있다고 하더라도 역사가는 사장되어 있는 무수한 역사적 사실들 속에서 지금의 현실과의 관련성을 찾아내어야 하고, 타키투스 Tacitus의 주장대로 "노여움과 애정으로써 cum era et studio" 그 속에 도사리고 있는 함의를 발견해야 할 것입니다. 진정한 역사적 교훈은 그러한 작업을 통해서 발견될 수 있습니다.

3 재화와 정의, 누가 뒤에서 우리를 노리는가?

나, 라스카사스는 당신에게 고합니다. 우리가 주목해야 할 것은 무엇보다도 재화와 정의 사이의 관계입니다. 정치와 역사의 발전 과정은 재화와 정의 사이의 대립으로 요약될 수 있습니다. 이는 이로움을 추구하는 행위와 의로움을 추구하는 행위 사이의 갈등을 가리킵니다. 자고로 우파는 대체로 경제적 실리를 추구합니다. 이에 비하면 좌파는 대체로 도의적 명분을 추구합니다. 그런데 놀라운 것은, 하나를 중시하는 자는 반드시 다른 하나를 잃는다는 사실입니다. 새는 리영희李泳禧의 말대로 좌우의 날개로 납니다. 그런데 과연 무엇이 새의 좌우 날개들로 하여금 서로 싸우게 할까요? 과연 무엇이 재화와 정의를 함께 지닐 수 없도록 인류의 비행을 방해할까요? 아마도 이는 시대의 어떠한 모순과 결부되어 있는가 하는 물음을 제기할 것입니다.

구체적인 비유 하나를 들겠습니다. 자고로 험준한 산 전체가 알피니스트를 죽음으로 몰아가지는 않습니다. 그저 산자락에 있는 자그마한 돌멩이 하나가 그를 쓰러뜨려, 벼랑 아래로 추락하게 만들지요. 그렇기에 우리는 멀리 위치한 위험뿐 아니라, 눈앞의 하찮은 일에도 경계를 늦추지 말아야 합니다. 가령 우리는 투쟁할 때 오로지 거대한 적敵만을 생각하지 말아야 합니다. 가끔 휴식을 취하면서 신중하게 전후좌우를 살펴야 합니다. 우리에게 칼을 들이대는 자가 눈앞에만 있는 것은 아닙니다. 등 뒤에서 우리를 노리며 장검을 치켜드는 그림자를 상상해 보세요. 우리는 안두희安斗熙, 김경천金敬天 등과 같은 배반자들이 어디서 포복하고 있는지 면밀하게 살펴야 합니다. 주위에는 나와 너를 서로 피 흘리고 싸우게 해놓고 간교하게 미소 짓는 자가 숨어 있기 마련입니다. 투쟁의 과정 속에서도 이들을 예리하게 포착하지 않으면, 우리는 귀중한 모든 것을 빼앗기고 맙니다.

4. 죄보다 더 끔찍한 것은 자신의 죄를 은폐하려는 비열함이다

나, 라스카사스는 역사학을 공부하는 당신에게 고합니다. 내가 유럽 사람들의 행동 가운데에서 가장 부끄럽게 생각한 것은 인디언들에게 가한 끔찍한 범죄를 교묘하게 은폐하려는 태도였습니다. 범죄를 은폐하려는 자세 속에는 "앎Wissen"과 "양심Gewissen"의 문제가 도사리고 있습니다. 특히 당신은 이러한 관련성에 대하여 끊임없이 문제를 제기해야 할 것입니다. 인간이라면 누구나 자신의 과거 잘못을 인정하고, 이를 공개적으로 드러내는 데 어려움을 겪습니다. 가령 자신의 선조들이 과거에 저지른 잘못을 낱낱이 공개하는 일은 엄청난 용기를 필요로 합니다. 선조들이 저지른 끔찍한 범죄를 백일하에 공개하는 것은 자존심이 용납하지 않기 때문이지요. 여기서 가장 중요한 것은 과거의 죄를 아느냐, 모르느냐 하는 문제가 아니라, 오히려 공로나 과실을 드러내느냐, 숨기느냐 하는 것입니다.

2000년에 일본의 극우 정치가, 이시하라 신타로石原愼太郎가 행한 망언을 생각해 보십시오. 그는 불법 입국한 외국인 때문에 자위대의 출동을 기대한다고 연설하였습니다. 이는 망언이라기보다는 선동 전략에 다름없는 책략적 발언입니다. 1923년 9월 3일, 관동 대지진이 일어난 직후 내무성의 국장은 조선인이 방화를 했다는 유언비어를 퍼뜨려서, 6,000여 명을 대량 학살하게 하였습니다. 지금까지 일본의 역사학자들은 이 사건을 금기로 여기고 있는데, 남한의 역사학자들만이 이를 중요한 사안으로 다루고 있습니다. 독일의 어느 민족주의자는 제2차 세계대전 당시에 사망한 유대인의 수는 600만이 아니라고 주장하기도 합니다. 이는 선조들의 잘못된 행위를 은폐함으로써 자신과 민족의 자존심을 억지로 고수하려는 수작에 다를 바 없습니다.

가령 에스파냐의 몇몇 역사학자들은 과거에 그들의 선조가 끔찍한 학살을 저질렀다는 것을 용인하지 않으려고 합니다. 역사학자 라몬 메넨데즈 피달은 에스파냐의 자존심을 지키기 위해서 불철주야 연구에 몰두하다가, 94세의 나이에 『라스카사스 수사. 그의 음험한 인간성 El padre Las Casas. Su doble personalidad』(1963)이라는 두툼한 책을 발간했습니다. 이 책은 오로지 나, 라스카사스가 무언가를 병적으로 집착할 뿐 아니라, 나의 인간성 자체가 의심스럽다고 기술하고 있습니다. 그러나 정신병자는 내가 아니라, 피달입니다. 왜냐하면 피달의 책은 거짓 민족주의를 표방하는 편집증 환자의 끔찍한 망상을 백일하에 드러내기 때문입니다. 그밖에도 미국의 사회학자 앨프리드 E. 크로스비는 다음과 같이 주장합니다. 즉, 인디언 멸망이 에스파냐 인들의 살육이라기보다는, 오히려 유럽에서 전파된 질병(천연두 등)에서 비롯되었다고 합니다. 물론 질병 역시 인디언의 생존에 부분적으로 악영향을 끼친 것은 사실입니다. 그렇지만 1492년부터 1550년의 시기를 염두에 둔다면, 크로스비의 논리는 지극히 경미한 부분만을 지적할 뿐입니다. 따라서 우리는 크로스비의 논리가 피로 물든 에스파냐 정복의 역사를 희석시키려는 저의에 얼마든지 악용당할 수 있다는 점을 분명히 알아야 하며, 그의 주장을 조심스럽게 수용해야 합니다.

5 그대의 상처를 있는 그대로 보여라

나, 라스카사스는 당신을 위해서 한 가지 예를 들어보겠습니다. 베르톨트 브레히트는 40년대에 「상처 입은 소크라테스Der verwundete Sokrates」라는 단편을 발표했습니다. 여기서 주인공은 장년의 나이에 징집되어 전선에 배치되었는데, 일단 삼십육계 줄행랑을 놓습니다. 도망치다가 선인장 가시가 그의 발바닥에 푹 박힙니다. 소크라테스는 고통의 비명을 지릅니다. 문제는 그가 뛰지도 걷지도 못하는 상태에 빠졌다는 사실입니다. 몇몇 군인들과 함께 그냥 땅바닥에 앉아 있었는데, 페르시아 군대가 다가오는 소리가 들렸습니다. 다행히 주위에는 안개가 자욱하게 끼어 있었습니다. 주인공은 기지를 발휘하여 힘껏 고함소리를 지르며, 창과 방패를 마구 두드립니다. "대대 앞으로!" "둥둥!" "연대 좌우로!" "둥둥!" 그의 목소리는 안개 속에서 엄청난 굉음으로 메아리칩니다. 페르시아 군대는 수많은 그리스 군인들이 매복해 있다고 여기고 퇴각합니다. 이를 계기로 알키비아데스가 이끄는 그리스 군대는 대대적인 승리를 구가합니다. 주인공은 창졸지간에 전쟁 영웅으로 간주됩니다. 그렇지만 그는 순간적으로 괴로워합니다. 진실을 털어놓을까, 아니면 모른 척하고 승리의 월계수를 그냥 상으로 받을까 하고 오랫동안 망설이지요. 결국 그는 자신의 비겁함을 만천하에 공개하기로 결심합니다. 그의 결심에 결정적 도움을 준 사람은 이른바 악처로 잘못 알려진 크산티페였습니다.

브레히트의 작품은 우리에게 무엇을 시사해 줄까요? 어쩌면 브레히트는 "너의 죄, 혹은 비겁함을 은폐하지 말라!"라는 명제를 강조하고 싶었는지 모릅니다. 이에 비하면 "너의 무지를 알라!"라는 소크라테스의 명제는 대수롭지 않은 것입니다. 왜냐하면 자발적인 자기비판이야말로 앎과 양심의 문제를 해결하는 핵심적 관건이기 때문입니다. 예컨대 "너의 무지를 알라!"라는 명제는 앎에 관한 물음이지만, "너의 죄, 혹은 비겁함을 은폐하지 말라!"라는 명제는 양심의 문제를 건드리지 않습니까? 이는 우리로 하여금 궁극적 역사를 "찾아서 얻어내게" 합니다. 이것이야 말로 "진리를 포괄하는 역사"를 추적하는 근본 이유가 아닐 수 없을 것입니다.

6 끔찍한 학살, 그렇지만 모든 인간의 피는 붉다

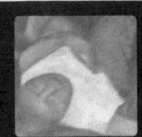

나, 라스카사스는 당신에게 고합니다. 인간은 제각기 다양한 피부 색깔을 지니고 있으나, 모든 인간의 피는 언제나 붉습니다. 이는 피를 토하는 마음에서 우러나온 절규와 같습니다. 어째서 사람들은 그다지도 피부 껍데기를 중시하는지요? 특히 아이들과 젊은 사람들은 외모에 신경을 쓰고, 겉모습을 매우 중시합니다. 그러나 우리는 "외모란 실제의 삶에서 커다란 영향을 끼치지 못하고, 그저 첫인상 정도로 작용한다"는 사실을 나이 들어서 깨닫습니다. 이를테면 우리는 시간이 흐를수록 남편 혹은 아내의 외모에 별로 신경을 쓰지 않습니다. 왜냐하면 살아가면서 중요한 덕목으로 인지되는 것은 외모가 아니라 인간적 품성이기 때문입니다. 마찬가지로 친구와 함께 생활하다 보면, 우리는 그 친구의 피부 색깔이 전혀 문제되지 않는다는 것을 알 수 있습니다. 그런데도 당신의 나라, 남한은 백인을 좋아하고, 흑인을 경멸합니다. 비근한 예로, 영어 교육에 모든 것을 걸고 있는 당신의 나라에서는 영어 강사로 일하는 흑인은 한 명도 없습니다. 눈을 씻고 보아도 없습니다. 참으로 기이하지 않습니까? 남한 사람들은 대부분의 흑인들을 무식하다고 여기며, 영어를 가르칠 수 없다고 지레짐작합니다. 영어 교육 분야에서 우수한 논문으로 박사 학위를 취득했다고 하더라도 그는 절대로 영어 강사로 취직하지 못합니다.

한국의 어느 전래 동화가 나에게 커다란 충격을 주었습니다. 동화에 의하면, 신은 자신의 형상대로 세 개의 인간 모형을 흙으로 빚었습니다. 그리하여 세 가지 모형을 거대한 가마에 넣은 다음에 구웠습니다. 덜 구워진 모형은 백인으로 드러나고, 심하게 구워진 모형은 흑인의 모습으로 드러났습니다. 가장 알맞게 노르스름하게 구워진 모형은 황인으로 나타났습니다. 이는 열등의식을 느끼는 황인종 한 사람이 꾸며낸 가상적 이야기에 불과합니다. 이렇게 말하는 이유는 다음과 같습니다. 가상은 우리를 속입니다. 왜냐하면 우리는 너무나 눈에 의존하기 때문입니다. 부디 잊지 마십시오, 인간의 피부색은 제각기 다양하나, 모든 인간의 피는 예외 없이 붉다는 사실을.

7 무지는 오해와 편견을 불러일으킨다

나, 라스카사스는 당신에게 고합니다. 무지와 경험 부족은 언제나 오해와 편견을 불러일으킵니다. 그것은 나아가 거의 필연적으로 수많은 갈등과 싸움의 원인이 됩니다. 이를테면 정복자들의 눈에 서인도 제도의 원주민들은 사람이 아니라 기이한 두발짐승으로 보였습니다. 피부가 가무잡잡하고, 부끄러운 곳만을 가린 인간 동물들 ─ 그들은 에스파냐 사람들에게는 인간이 아니라, 기이한 종족, 혹은 악마로 보였습니다. 논의에서 벗어난 말이지만, 주한 미군 사령관, 존 A. 위컴의 눈에는 12.12 사태 당시에 권력에 맹종하던 한국 군인들이 어쩌면 "나그네쥐"로 비쳤는지 모릅니다. 이에 관해 밝혀진 것은 없고, 소문만이 무성하게 전해 내려올 뿐입니다. 이렇듯 무지와 경험 부족은 언제 어디서나 오해와 편견을 낳게 되는 법입니다.

난생 처음 외국인을 대하는 아이들은 오랫동안 그 외국

인을 쳐다보곤 합니다. 그러나 어른들은 이에 대해 크게 반응하지 않습니다. 16세기 초에 인디언들이 난생 처음 백인을 만났을 때, 그들은 무척 놀랐습니다. 불그레한 뺨, 푸른 눈 그리고 노란 머리카락이 무척 신기하게 보였습니다. 그들은 신체적으로 원주민들을 압도할 정도로 당당한 체형을 지녔습니다. 그리하여 그들은 멀리서 당도한 백인들을 하늘에서 내려온 천사들이라고 여겼습니다. 온갖 과일과 음식을 차려서 그들을 성대하게 대접하였습니다. 그러나 정복자들은 어떻게 행동했는가요? 그들은 불과 일주일 동안에 인디언들이 먹을 식량을 동내고, 금과 은을 요구했습니다. 금은 인디언들에게 그렇게 중요한 물건은 아니었습니다. 정복자들은 금을 구해서 바치지 않는 인디언들을 한 명씩 살해하기 시작했습니다. 심지어 한꺼번에 형틀에 매달아 집단적으로 화형을 시키기도 하였습니다. 원주민들은 백인들에 의해 살해당하기 직전에야 비로소 다음의 사실을 알아차렸습니다.

 정복자들은 하늘에서 내려온 천사들이 아니라, 인간의 탈을 쓴, 가장 사악하고 끔찍한 악마들이라는 사실을.

8 한국을 사랑한다는 것은 한국의 잘못을 기억한다는 것이다

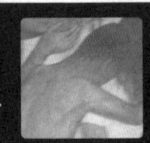

게어하르트 하우프트만의 단편 「소아나의 이단자」에서 주인공인 25세의 젊은 프란체스코는 신앙심이 투철하고, 자신의 복음을 이웃에게 전하려는 열정을 지닌 목사입니다. 어느 날 그는 스위스의 탄광 지역에 머물다가, 이국적 면모를 지닌 천진난만한 처녀와 마주칩니다. 그의 마음을 순간적으로 끓어오르게 만든 것은 한 번도 체험하지 못한, 놀라운 사랑의 열정이었습니다. 그는 자신의 신앙을 저버리고 그미와 함께 자연의 품속에서 살면서, 자신의 첫 번째 사명을 망각합니다.

이와 유사한 예는 수없이 발견됩니다. 혹자는 외국의 어느 곳에 정착해, 그곳의 여성 혹은 남성과 결혼하면서 정주하기도 합니다. 인간은 때로는 자신의 일방적 세계관을 버리고, 다른 나라, 다른 인종, 다른 문화를 수용할 필요가 있습니다. 과연 유럽, 유럽 문화, 유럽 인종만이 우월하다고 말할 수 있는가요? 나, 라스카사스는 이에 대해 정반대의 견해를 갖고 있습니다. 유럽 문화는 인디언의 문화보다 우월하지 않다고, 두 개의 문화는 서로 우월을 가릴 수 없을 정도로 제각기 이질적 요소를 지니고 있다고 말입니다. 문화적으로 고찰할 때, 서양이 동양보다 나은 무엇도 없고, 동양이 서양보다 더 나은 무엇도 없습니다. 오리엔탈리즘이나 옥시덴탈리즘은 다른 세계를 바라보는 볼록거울과 오목거울의 차이 그 이상도 그 이하도 아닙니다. 다른 나라의 문화는 그야말로 이질적이므로, 멸시의 대상도, 찬양의 대상도 아닙니다.

　가장 중요한 것은 다원주의의 시각을 통해서 자신이 속해 있는 문화를 비판하는 일입니다. 서양 문화를 이해하는 데 있어서 가장 훌륭한 안내서 가운데 하나인『쎄느 강은 좌우를 나누고 한강은 남북을 가른다』(홍세화, 한겨레신문사 1999)에는 다음과 같은『르몽드』지 기자의 말이 인용되어 있습니다. "프랑스를 사랑한다는 것, 그 정체성을 쓰다듬는다는 것, 그 미래를 건설하는 것이 다만 잃어버린 위대한 과거를 돌이키는 것이 아니다. 그 이름으로 저질렀을 수도 있는 잘못을 기억하는 것이다"(앞의 책 299쪽). 그렇다면 저자의 말대로『아사히 신문』에,『조선일보』에 이러한 글이 실린적이 있습니까?

9. 피해자의 고통은 언제나 크게 감지된다

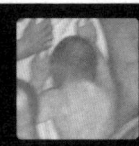

나, 라스카사스는 당신에게 고합니다. 피해자의 고통은 가해자의 반성보다도 더 크게 감지됩니다. 그 이유는 인간의 심리 속에 도사리고 있는지 모릅니다. 즉, 같은 잘못이라도 남이 저지를 경우 그것은 심한 질책의 대상이 되는 반면에, 내가 저지를 경우 우리는 이를 쉽사리 용서합니다. 이렇듯 인간은 심리적으로 남보다도 자신에게 더욱 관대합니다. 그렇기에 우리는 항상 남을 탓하는 이상으로 자신을 탓해야 하며, 자신에 대해 더욱더 엄격할 필요가 있습니다.

이미 언급했듯이, 16세기에 신대륙에 살던 인디언들은 남녀노소 할 것 없이 거의 무차별적으로 살해당했습니다. 그 숫자는 천오백만에서 이천만에 달합니다. 그리고 아돌프 히틀러 시대에 살해당한 유대인들의 수는 육백만 명이었습니다. 나치들은 사람 죽이는 짓거리에 식상하여, 나중에는 이른바 "츠이크론 B"라는 화학 약품을 만들어 유대인들을 가스실에서 대대적으로 몰살시켰습니다. 유대인들의 유해는 가루가 되어, 연기와 함께 사라져 갔습니다.

현대 사회에서도 인종, 종교 그리고 정치 등의 차이로 인하여 학살이 자행되고 있습니다. 그런데 여기서 궁금한 것을 하나 묻지 않을 수 없습니다. 고대의 선각자들은 피해자로서의 자기 권리를 찾는 것보다 가해자로서의 자기반성을 더욱 철저히 행해야 한다고 말하곤 하였습니다. 그렇다면 어째서 가해자는 피해자의 고통의 절반도 감지하지 못하는 것일까요? 어떠한 이유에서 피해자가 당한 치욕은 그토록 고통스러우며 망각되지 않는 반면에, 가해자들은 자신의 죄에 대해서 그렇게 둔감할까요? 과연 어떠한 심리 구조가 우리로 하여금 우리 자신의 죄를 애써 뇌리에서 씻어버리도록 추동하는 것일까요? 그것은 알렉산더 미첼리히가 사회심리학 연구서인 『슬퍼할 줄 모르는 무능력. 집단적 태도의 토대』(1977)에서 언급한 바 있듯이. 반복되는 죄악에 대해 더 이상 수치심을 느끼지 않게 작용하는, 습관화로 인한 마비 증세와 관련이 있습니다.

10. 참된 사상은 체제 파괴적 특성을 지닙니다

나, 라스카사스는 당신에게 반복해서 말씀드립니다. 인간의 역사는 다음의 사항을 분명히 말해 줍니다. 정치와 경제의 문제는 종교와 문화의 문제와 밀접한 관계를 지닌다고 말입니다. 때로는 종교와 문화는 주어진 정치와 경제에 도움을 주기도 합니다. 이 경우 모든 정치적·경제적 이데올로기는 종교적·문화적 이데올로기에 의해 정당화되고, 일견 합법성을 드러내게 됩니다. 이것이 바로 상부 구조와 토대 사이의 함수 관계입니다. 가령 지나간 역사에서 드러난 "신권 정치Theokratie"를 생각해 보세요. 그렇지만 우리는 다음과 같이 주장해야 할 것입니다. 즉, 진정한 사상은 주위에서 직·간접적으로 관여하는 정치와 경제라는 이데올로기의 끈을 잘라버릴 때 독립성과 혁명성을 지닌다고 말입니다.

자고로 참된 사상은, 기득권에 봉사하는 순간, 더 이상 참다움과 신선함을 견지할 수 없게 됩니다. 이는 권력의 핵심부에서 일하는 지식인이 그의 비판의식을 상실하게 되는 경우에 종종 관찰되는 현상입니다. 지식인이 권력의 소용돌이 속으로 들어가면, 그의 의식은 교묘하게 마비되지요. 가령 어용학자 야콥 파울 폰 군들링을 생각해 보세요. 그가 빌헬름 황제에게 가까이 다가간 순간, 권력과 금력의 묘약은 그의 비판력을 순식간에 앗아갔습니다.

자신의 눈앞의 이익을 위해서 권력, 인습 그리고 여러 유형의 권위에 결탁하는 학자, 주어진 삶에 만족하는 종교인과 체제 옹호적인 예술가 그리고 이른바 "정치에 혈안이 된 학자Poli-Fessor"들을 생각해 보세요. 그들은 편안하게 살아갈 수 있지만, 결국 있으나마나한 존재들입니다. 그렇지만 어용교수들은 학생들로부터 무안을 당하는 정도이지만, 정작 고통을 겪는 자들은 반체제 교수들이지요.

11 진정한 명성은 양심을 실천함으로써 쌓인다

나, 라스카사스는 당신에게 역사에서 드러난 사실 하나를 다음과 같이 전합니다. 즉, 굶지 않으려고, 살해당하지 않으려고 발버둥치는 자들은 끝내 굶거나 목숨을 잃는다는 것을. 이에 반해, 죽음을 개의치 않고 의연하게 사는 자는 오히려 목숨을 잃지 않는 경우가 허다하다는 것을. 나, 바르톨로메 드 라스카사스의 파란만장한 삶이 이에 관한 좋은 범례입니다. 나는 스스로 목숨을 걸고 아메리카 인디언들의 권익을 위해서 투쟁해 나갔습니다. 에스파냐 사람으로서 에스파냐 인들이 타국에서 저지른 만행을 속속들이 고발하였습니다. 수많은 고향 사람들이 나를 모함하였습니다. 나를 은밀히 살해하려고 시도한 자들은 한둘이 아니었습니다. 그들은 나를 "둥지를 더럽히는 인간"이라고 매도하였습니다. 동족의 이익을 무시하고, 동족의 추악하고 나쁜 면을 들추어 내었으니, 죽어 마땅하다는 것입니다. 그러나 나의 주위에는 적들만 있었던 것은 아니었습니다. 수많은 이름 없는 인민들이 바로 나를 헌신적으로 도와주었고, 나의 투쟁을 지지하였습니다.

명성 때문일까요, 우연에 의해서일까요? 나, 라스카사스는 살해당하지 않았습니다. 유명인이 직접 피해를 당하는 경우는 드문 법입니다. 유명인의 피해는 사회적으로 커다란 파장을 불러일으키니까요. 그렇기에 권력자들은 유명인에게 직접 피해를 가하는 대신에 교활한 방식으로 그의 제자, 부하, 식솔들을 괴롭히지요. 만약 명성 때문에 내가 피해를 입지 않았다면, 명성은 생존을 위해서 필요하겠지요. 그런데 어떻게 해야 공명정대한 방식으로 명성을 쌓을 수 있을까요? 역설적으로 들릴지 모르겠지만, 죽음을 무릅쓰고 양심적으로 살아갈 때, 이는 가능합니다.

12. 진정한 종교 개혁자는 뮌처와 라스카사스이다

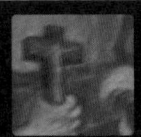

나, 라스카사스는 당신에게 고합니다. 남한의 고등학교 교과서에는 종교 개혁자로서 마르틴 루터와 장 칼뱅의 이름만이 적혀 있습니다. 토마스 뮌처와 나의 이름은 전혀 언급되지 않고 있습니다. 아마도 이승만李承晚의 반공주의 탓일 것입니다. 민초들이 계급 문제를 직시하지 못하도록, 권력자는 교묘한 이데올로기로 당신과 같은 사람들의 의식을 마비시켜 왔습니다. 극단적으로 말하면, 루터와 칼뱅은 우리가 추종해야 할 바람직한 종교 개혁가가 아닙니다. 칼뱅은 돈의 이데올로기를 환영하면서, 자본주의의 이익 추구 행위를 종교적으로 용인하는 데 누구보다도 앞장섰습니다.

나는 루터를 다음과 같이 비판합니다. 그는 종교적으로 천국과 지옥을 처절하다 싶을 정도로 나누어서, 죽은 뒤의 끔찍한 지옥의 고통의 상으로 신자들을 협박하였습니다. 물론 그가 신약성서의 마지막 대목인 「요한계시록」에 담겨 있는 부정적 이데올로기를 예리하게 지적한 것은 무척 놀랍습니다. 에른스트 블로흐도 『기독교 속의 무신론』에서 지적한 바 있듯이, 루터는 「요한계시록」을 "전리품을 빼앗으려는 강도의 협박"이라고 규정했습니다. 그러나 그의 종교 개혁은 의도적이든 아니든 간에 교회 분파주의를 낳았습니다. 그뿐 아니라 루터는 도덕적으로 방종한 인간이었습니다. 수사의 이중 결혼을 요구했을 뿐 아니라, 개인적으로 유대인에 대한 적개심을 노골적으로 드러내기도 했으니까요. 어디 그뿐인가요? 루터는 자신의 기득권을 유지하기 위해 권력과 결탁하였습니다. 그는 독일 농민 전쟁 당시에 저항하는 농민들을 "폭도"라고 규정하기도 했지요. 만일 그가 목숨만을 부지하기 위해 어쩔 수 없이 권력자들에게 복종했다면, 우리는 인간적 차원에서 그를 용서할 수 있습니다. 그러나 그는 농민 혁명이라는 거사에 참여한, 남부 독일의 농민들을 강도와 살인자로 매도하였습니다. 그래서 수많은 농민들이 나의 진정한 동지, 토마스 뮌처와 함께 뜻을 펴지 못하고 참혹하게 처형당하고 말았던 것입니다.

나아가 "내일 지구가 몰락하더라도 오늘 사과나무를 심으리라"는 루터의 발언은 때로는 체제 안주의 보수적 이데올로기로 활용되었습니다. 이 말은 바루흐 드 스피노자의 발언으로 와전되어 있습니다. 사람들은 루터의 말을 생각하면서, 지구의 몰락과 관계되는 제반 혁명으로부터 등을 돌렸고, 눈앞의 이득에만 신경을 쓰게 되었습니다. 한마디로 루터의 발언은 역사적으로 고찰할 때 소시민적 근성이 뿌리를 내리는 데 필요한 자양분으로 작용했으며, 역사적으로 항상 혁명의 장애물로 악용되곤 하였습니다.

13 목표는 열광적으로, 수단은 냉정하게

나, 라스카사스는 당신에게 다음과 같이 고합니다. 행동하는 인간에게는 두 가지 태도가 엿보인다고 말입니다. 그 하나는 열광이고, 다른 하나는 냉정입니다. 에른스트 블로흐가 주장한 바 있듯이, 목표는 열광적으로 그리고 철저한 확신으로 다져져야 합니다. 혁명가가 거사를 진행하기 위해서는 모든 내용을 주위 사람들과 허심탄회하게 민주적인 방법으로 논의해야 할 것입니다. 그리하여 뜻을 함께하는 사람들은 깊이 숙고하고 토론하는 과정을 거쳐서, 이른바 목표의 동질성에 대해 끊임없이 질문해야 할 것입니다. 목표를 분명히 찾기 위한 열광적인 노력은 평상시에 오랜 시간에 걸쳐 느릿느릿하게 진척되어야 하는 것입니다.

그러나 때가 되면 사람들은 행동의 단계에 들어서게 됩니다. 이때는 비상 시기이며, 전쟁 시기입니다. 이때 사람들은 ― 블라디미르 일리치 레닌도 언급한 바 있지만 ― 냉정하게 모든 일을 일사불란하게 추진해야 할 것입니다. 혁명의 소용돌이 속에서는 무언가를 깊이 사고할 겨를이 주어지지 않습니다. 루쉰魯迅,도 말한 바 있듯이, 사고는 행동하는 동안 진행되지 않습니다. 그것은 혁명 이전의 시기 그리고 그 이후의 시기에 가능합니다. 혁명의 와중에는 모든 수단, 모든 행동 방식이 주도자에 의해서 냉정하게 그리고 유연하게 규정되어야 합니다. 말하자면 군대식의 명령 하달, 그리고 정확하고도 신속한 임무 수행이야말로 거사를 승리로 이끌 수 있는 필수적인 관건이지요. 이때 우리는 무엇보다도 냉정함을 잃어서는 안 됩니다. 바로 그것이 이른바 목표와 수단 사이에서 인간이 견지해야 할 두 가지 자세, 열광과 냉정이며, 서로 다른 현실적 단계에서 견지되어야 하는 혁명가의 두 가지 자세일 것입니다.

14 종교의 힘은 저항과 거부에 있다

기독교의 가치는 무엇보다도 이단자를 속출하게 한 데 있다고 에른스트 블로흐는 말했습니다. 카타르, 보구밀, 알비 등과 같은 수많은 이단 종파들을 생각해 보세요. 이들은 마니 종교의 영향으로 금욕을 채택하면서, 사회 개혁에 대한 의지를 굽히지 않았습니다. 수많은 종파가 나타나는 것은 주어진 현실 속에 죄악이 창궐하기 때문입니다. 동서고금의 역사는 우리에게 다음의 사실을 시사해 줍니다. 즉, 대다수 사람들이 극도의 가난을 겪도록 자극하는 것은 무엇보다도 소수에 해당하는 권력자들의 폭정 때문이었습니다. 가난한 자들이 특정한 종파에 대해 기대감을 품는 것은 당연한 귀결이었지요. 이와 관련하여 종교의 가치는 주어진 현실의 잘못된 면을 시정하고, 인간적 품위를 되찾기 위한 도전으로 이해될 수 있습니다. 특히 기독교의 경우를 생각해 보세요. 수많은 순교자들은 화형대에서 자신의 몸이 타들어가는 고통을 느끼면서도, 자신의 종교적 신념을 굽히지 않은 채, 신을 애타게 갈구하면서 죽어 갔습니다. 말하자면 기독교의 고결하고 참다운 정신은 순교자의 죽음으로써 이 세상에 수없이 증명되었습니다.

나, 라스카사스 역시 여러 번에 걸쳐 이단자로 몰릴 뻔했습니다. 가령 내가 말년에 참가한 바야돌리드 논쟁을 생각해 보십시오. 후안 지네스 드 세풀베다는 에스파냐의 식민지 정책을 옹호하면서, 인디언의 문화를 저열하다고 주장했습니다. 내가 신대륙에서 인디언의 권익을 위하여 불철주야 노력하는 동안에, 세풀베다는 황태자를 가르쳤습니다. 더욱이 세풀베다는 논쟁자인 나에게 이단과 반역의 혐의가 있다고 비난했습니다. 당시 에스파냐에서는 이단자에 대한 처형이 비일비재하게 발생하고 있었습니다. 그러나 나는 바야돌리드 논쟁에서 신변의 위협을 무릅쓰고 놀라운 언변으로 세풀베다의 거짓된 논리를 완전히 꺾어 놓았습니다. 마치 자랑처럼 들립니다만, 종교가 근엄한 이데올로기로 이용당하던 시대에 내가 처형당하기는커녕, 논쟁을 승리로 이끈 것은 참으로 놀랍고도 다행스러운 일이었습니다. 이는 내가 오랜 세월 동안 에스파냐 출신의 성직자로서 진리에 대한 믿음을 고수하며 끊임없이 노력한 결과였습니다.

15 혈족, 고향, 동족을 부르짖는 자를 일단 의심하라

나, 라스카사스는 당신에게 다음과 같이 고합니다. 혈족, 고향, 그리고 동족을 부르짖는 자를 일단 의심하라고 말입니다. 오늘날에도 인종 갈등은 끊이지 않습니다. 중동에서 발생하는 끝없는 테러, 이라크 사태, 아프가니스탄 전쟁, 체첸의 분리 독립과 유혈 학살극, 유고 사태 등을 생각해 보십시오. 아니, LA에서 살아가는 한국인들을 생각해 보십시오. 그들은 1980년대와 90년대에 그곳에서 흑인과 마찰을 겪었습니다. 그 까닭은 당신네 한국인들이 다른 인종들과 공존하며 살아가는 방법을 배우지 못했기 때문입니다. 흔히 말하기를 한국은 일본의 식민지였을 뿐, 백인 나라의 식민지가 된 적은 없었다고 합니다. 그래서 당신들은 흑인보다 백인을 그토록 애호하십니까? 주한 미군의 경우는 예외이겠지만, 당신은 한반도 내에서 백인과 흑인들과 아우르며 평화롭게 살아가는 방법을 한 번도 배우지 못했습니다.

자고로 일반 사람들로부터 이권을 챙기려는 정치가들은 혈족과 동향同鄉을 따지고, 동족을 부르짖습니다. 그들은 하나의 당을 만들고 파벌을 조장합니다. 나누어라 그리고 지배하라divide et impera. 행여나 다른 생각을 지닌 자들이 당내에서 발생하면, 그를 처단하고 밖으로 내쫓습니다. 당동벌이黨同伐異가 이에 대한 대표적 표현입니다. 그들은 자신의 이익을 정치적으로 활용하기 위해서 "고향," "동창" 그리고 "우리가 남이가"를 부르짖습니다. 아돌프 히틀러, 베니토 무솔리니를 생각해 보세요. 이로써 태동하는 것은 "타향 사람," "타인" "이민족"에 대한 증오심과 전체주의의 사고이지요. 어리석은 사람들은 독재자들의 말을 액면 그대로 믿고, 동족 내지 고향 사람들끼리 똘똘 뭉치고, 타 인종, 타향 사람들 그리고 다른 국적의 사람들을 배척하려 합니다. 그들은 자신의 사고와 판단력이 얼마나 인종 이데올로기의 편견에 사로잡혀 있는지 추호도 의식하지 못합니다.

16 당신은 왜 백인보다 흑인을 나쁘게 여기는가?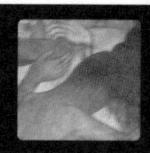

나, 라스카사스는 당신에게 감히 전합니다. 가장 가까이 있는 우리의 내면을 알려면, 우리는 우리에게서 가장 멀리 떨어져 있는 사물을 바라보아야 한다고. 이는 독일의 신비주의자, 에크하르트 선사의 말씀입니다. 이것이야말로 당신이 당신의 삶과 무관한 것처럼 보이는 인디언들의 권익과 생존에 관심을 기울여야 하는 이유입니다.

가장 멀리서 발생한 사건을 예로 들어보겠습니다. 1992년 9월 29일 미국 LA에서 폭동이 일어났습니다. 수많은 흑인들이 한인들이 경영하는 상점을 파괴하였습니다. 왜 그들이 폭동을 일으켰을까요? 흑인과 한인 사이의 인종 갈등은 어디서 유래한 것일까요? 그것은 바로 상대방에 대한 무지와 편견에서 비롯한 것이었습니다. 한인들은 대체로 권위와 일부일처제를 따르며 내일을 위해서 살아갑니다. 이에 비하면 흑인들은 — 다 그런 것은 아니지만 — 단순하고 춤과 유희로써 오늘을 즐기며 살아갑니다. 말하자면 지금까지 잘 알지 못하고 지내 온 두 그룹의 이질적 존재들이 LA에서 만나게 된 것입니다. 한국인의 눈에는 대체로 "흑인들이 놀고 먹는 음탕한 무식쟁이"들로 비쳤습니다. 한편, 흑인의 눈에는 대부분의 한국인들이 "자기네끼리 똘똘 뭉치는, 어눌한 (영어 못하는) 개미들"로 투영되었습니다. 그렇기에 두 인종 사이에는 대화도 없었고, 친구 관계도 형성되기 어려웠습니다. 이로써 두 인종 사이의 무지와 편견은 변화될 리 만무했던 것입니다. 이는 결국 LA 폭동으로 비화되는 계기를 제공했습니다.

나는 한국의 젊은이인 당신에게 권고합니다. 다른 사람의 낯선 삶의 방식을 이해하고 이를 용인하는 태도 — 이는 다인종 사회에서 고수되어야 할 평화 공존의 필수적인 전제 조건이라고 말입니다. 이는 말과 글로 해결되는 문제가 아니라, 당신이 다른 민족과 함께 살아가면서 자연스럽게 배워야 할 습성이라고 말입니다. 따라서 당신은 주위에 살고 있는 외국인 노동자들에게 일방적으로 한국어와 한국 문화를 마구 주입하려 해서는 안 되며, 그들에게서 우리와 다른 그들의 언어와 문화 방식 등을 경청해야 할 것입니다. 왜냐하면 제반 문화는 고유한 가치를 지니고 있으며, 타인에 의해서 경멸당하거나 비교 대상이 되어서는 안 되기 때문입니다. 당신 역시 남의 나라에 살면, 외국인으로 간주될 것입니다. 외국인에게서 자신의 고유성을 빼앗을 수 없듯이, 당신 또한 설령 외국에 살더라도 당신의 고유성을 상실해서는 아니 될 것입니다. 한마디로 당신은 다른 문화에 대해 열려 있는 자세를 취해야 합니다. 그렇게 하면, 당신은 자신의 문화 내지 생활 방식 속에 도사린, 어떤 부자연스러운, 혹은 나쁜 측면을 감지할 수 있을 테니까요.

17 우리에게 반성은 충분한가

나, 라스카사스는 다음과 같이 고합니다. 한국인들은 지금까지 역사적으로 피해를 당하며 살아왔습니다. 자고로 피해만 당하고 살아온 자는 자기반성을 통한 평화 공존에 관한 문제들을 완전하게 이해하기 어렵습니다. 이에 비하면 일본인들은 타민족을 억압하고 살아왔기 때문에 평화와 공존을 의식할 여지가 아직 남아 있습니다. 그러나 그들은 스스로 가해자라는 사실을 처음부터 용납하지 않습니다. 스스로 자기 둥지를 더럽히기란, 자신의 선조들의 죄악에 대해 잘못을 인정하기란 심리적으로 몹시 힘들다는 말입니다.

"정신대" 내지 "종군 위안부"에 대한 일본의 입장을 생각해 보세요. 당시 정신대에 끌려간 여자들은 성 노예로 생활하였고, 그 후에 한 평생을 자신과 나라를 저주해야 했습니다. 어떻게 하면 우리는 정신대 할머니들의 상처 입은 심리적 존엄성을 되찾아줄 수 있을까요?

국수주의의 위험성을 여전히 안고 있는 자들은 일본인들이 아니라, 오히려 한국인들입니다. 왜냐하면 한국인들은 역사적으로 한 번도 다른 나라를 침략한 적이 없기 때문에, 자신의 잘못을 인정하고 반성할 기회를 가져본 적이 없습니다. 사실 한국인들은 역사적으로 한 번도 잘못을 저지르지 않았습니다. 당신네 한국인들은 언제나 피해자로 살아왔습니다. 이는 다른 민족에게 자랑할 만한 한민족의 미덕이 아닐 수 없습니다. 그렇지만 이 사실은 당신에게 차제에 어떤 무의식적 결함으로 작용할지 모릅니다. 즉, 당신에게는 가해자로서의 자기반성의 기회가 그만큼 적게 주어질 수도 있다는 말입니다.

자기 자신의 잘못을 공개적으로 드러내며 용서를 구하는 태도는 참으로 힘든 법입니다. 언젠가 독일 시인, 한스 마그누스 엔첸스베르거도 말한 바 있듯이, 유럽인들 가운데 유독 에스파냐 학자들이 나의 책에 대해 엄청난 심리적 거부감을 느끼는 까닭도 여기에 있습니다.

18 라스카사스의 후예는 바로 당신이다

당신은 나, 라스카사스의 문헌들을 역사적이고 비판적인 시각에서 대해야 합니다. 혹자는 15-6세기에 자행된 인디언 학살이 현대 사회와 무슨 관계가 있는가 하고 반문할지 모릅니다. 그러나 당신은 내가 한 가지 중요한 문제로 평생 동안 고뇌하며, 이를 해결하기 위하여 노력했다는 것에 유념해야 합니다. 나의 삶은 당신의 삶과 결코 무관하지 않습니다. 이를테면 오늘날 외국인 노동자들은 비참한 작업 환경 속에서 일하며 살아갑니다. 그들의 고통은 아메리카 원주민의 그것을 방불케 할 정도입니다.

만약 당신이 16세기에 세상에 태어났더라면, 당신은 과연 나처럼 행동을 했을까요? 아니, 달리 질문하겠습니다. 만약 내가 오늘날 살아 있다면, 어떻게 살아갈까요? 과연 당신은 정의와 평화를 위하여 노력할 수 있을까요? 과연 무엇이 오늘날 현대를 살아가는 한국인의 자세일까요? 논리적 비약

일지는 모르겠지만, 다음과 같이 말씀드립니다. 즉, 나의 제자들은 비민주적인 시대에 오랫동안 양심범 내지 사상범으로 고생하신 분들일 수 있다고. 만약 내가 오늘날 살아 있다면 무슨 일을 하며 살고 있을까요? 어쩌면 성 차별을 극복하기 위해서 궂은일을 마다하지 않는 여성 운동가일 수 있습니다. 나는 가령 환경 보호를 위해서 남태평양에서 일하는 그린피스의 운동가일지 모릅니다. 아니, 나는 오염된 태안 반도의 어느 섬에서 기름에 찌든 바위를 하나씩 닦아내는 자원봉사자일지 모릅니다. 또한 나는 촛불 시위에 참여하며 문자를 날리는 여고생일 수 있습니다. 나의 제자들은 테러리즘을 일삼는 근본주의자에 대항해서 싸우는 관용 사상을 지닌 평화주의자일지 모릅니다.

19 당신도 국경 밖에서는 외국인이다

그래, 나, 라스카사스는 당신의 삶과도 관계됩니다. 당신 주위에는 많은 외국인 노동자들이 살고 있습니다. 외국인에 대한 한국의 법령들은 지극히 근엄합니다. 그것들은 프랑스와 미국의 경우와는 달리 혈통 중심으로 구성되어 있지요. 그래서 외국인이 한국인 되기란 참으로 힘들고, 외국인으로서 남한에서 일하는 데에는 참으로 많은 제약이 따릅니다. 그들은 체류 허가, 노동 허가, 임금 및 사대 보험 등의 문제에서 어려움을 겪습니다. 게다가 말을 잘 못한다는 이유로 불법적인 강제 노동에 시달리고 있습니다. 외국인 노동자들이 겪어야 하는 저임금, 강제 노동 그리고 불법적인 감금 등은 서인도 제도의 원주민들의 고통과 어찌 무관한 것이라고 말할 수 있겠습니까?

예를 하나 들어보겠습니다. 2007년 2월 11일 여수 외국인 보호소에서 화재가 발생하였습니다. 이 화재로 외국인

10명이 사망하였고, 17명이 부상을 당했습니다. 이 사건을 예로서 꺼내는 이유는 대한민국에 아직도 인권의 사각 지대가 존재하며, 그것이 우리가 평소에 외면해 온 외국인 노동자임을 극명하게 보여 주는 사건이기 때문입니다. 이와 관련된 기사는 다음과 같습니다. "27명의 외국인 사상자를 낸 여수 출입국관리사무소 화재는 인권 사각 지대에서 생긴 또 하나의 인재였다. 이번 사건으로 우리나라 밖으로 추방될 불법 체류 외국인 수용과 관리의 문제점이 여지없이 드러남으로써 우리나라는 인권 후진국이라는 비판을 감수할 수밖에 없게 됐다. 현행 출입국관리법은 1. 강제 퇴거(강제 출국) 대상자에 해당된다고 의심되는 상당한 이유가 있고 도주의 우려가 있는 외국인이나 2. 강제 퇴거 명령을 받았지만 고국으로 돌아갈 돈이 없거나 국내에 체불 임금이 있는 등의 사유로 강제 퇴거가 가능할 때까지 기다려야 하는 외국인을 수용시설에 보호하도록 하고 있다." 추방 명령을 받은 대부분의 외국인 노동자들은 악덕 기업주들로부터 체불 임금을 받으려고 계속 수용소에 머물다가 변을 당했던 것입니다. 남한에 살고 있는 당신은 인종 차별, 외국인 학대 등의 측면에서 많이 반성해야 할 것입니다.

나, 라스카사스는 당신에게 호소합니다. 치아파에 있을 때 나 역시 외국인 노동자였습니다. 물론 인디언들은 나를 그렇게 대하지는 않았지만, 나 역시 유럽 출신의 노동자였습니다. 그러니 나는 당신에게 말씀드립니다. 외국인 노동자는 당신일 수 있다고 말입니다. 생각해 보세요. 한국이 낳은 세계적인 음악가 윤이상도, 한국 출신의 독일 학자 송두율도 외국인 노동자이고, 우즈베키스탄이나 일본에서 사는 교포들도 외국인 노동자입니다. 재일교포들, 베트남과 필리핀에 영구 이주한 김씨, 한국인으로 귀화한 찰스도 외국인 노동자입니다. 이 점을 고려할 때 우리는 "외국인"이라는 말 자체가 국경선을 전제로 한, 얼마나 어처구니없는 단어인가 하는 점을 절실히 깨달을 수 있을 것입니다. "세계 시민"의 관점에서 고찰한다면, 근대적 의미의 민족주의 내지 국가주의는 이제 인간의 자유를 구속하는 체제나 다름이 없을 것입니다. 강상중도『동북아시아 공동의 집을 향하여』에서 주장한 바 있지만, 21세기를 살아가는 우리는 "민족주의의 전압"을 약간 낮추면서 다른 민족과 다른 국가에 대해 호혜 평등의 원칙을 고수할 필요가 있습니다.

20 영웅의 장례식장은 으레 눈물바다가 된다

자고로 영웅은 태어날 때 혼자 울지만, 죽을 때 수많은 사람들로 하여금 눈물 흘리게 만듭니다. 영웅의 장례식장은 으레 눈물바다가 되지요. 1566년 7월 18일 나, 라스카사스의 장례식에 참석한 사람들은 마드리드의 광장을 가득 채웠고, 많은 사람들이 나의 시신 앞에서 눈시울을 적셨습니다. 그들은 나를 "처형의 두려움도 개의치 않고, 황제에게 직언하는 예언자"로 칭송하였습니다. 장사진을 이룬 사람들 속에는 나중에 에스파냐의 문호로 거듭나게 될 19세의 청년 한 사람이 섞여 있었습니다. 그는 다름 아니라 미구엘 드 세르반테스였습니다. 세르반테스는 진리와 정의를 위하여 무한한 열정을 쏟았던 나를 가장 바람직한 인간형으로 여겼습니다. 이 점을 고려할 때 "돈키호테"라는 인물은 예수회의 창시자인 이그나티우스 로욜라와 관련된다고 말할 수 없습니다. 오히려 돈키호테의 끈덕진 행위는 평생 한 가지 정의로운 일에 몰두한 나, 바르톨로메 드 라스카사스의 과업과 연결됩니다. 돈키호테는 자신의 갈망을 평생 관철시키려고 애쓴다는 측면에서 나를 빼 닮았습니다. 나아가 그는 구세주인 예수 그리스도를 방불케 합니다. 로마의 병정들은 예수를 십자가에 못 박은 다음 "저 인간을 보라Ecce homo" 하고 외친 뒤에 깔깔거리며 비웃습니다. 마찬가지로 돈키호테의 주위 사람들은 주인공을 시대착오적인 광인으로 단정하며, 그를 조소합니다.

21 돈키호테의 비극은 지식인들이 겪어야 하는 냉대와 결부되어 있다

나, 라스카사스는 당신에게 묻고 싶습니다. 불법에 대항해서 싸우는 돈키호테가 상처 입은 얼굴을 드러낼 때, 일반 사람들은 어떠한 이유에서 중립을 취할까요? 사태를 모르면서 중립을 취할까요, 사태를 알면서 중립을 취할까요? 브레히트의 극작품 「갈릴레이의 삶」에서 제자 안드레아는 선생에게 실망하면서, "모르면서 중립을 취하는 자는 바보이며, 알면서 중립을 취하는 자는 배반자이다"라고 일갈합니다. 고결한 이상을 추구하는 인간이 불법에 대항해서 싸울 때, 사람들은 어째서 그를 "미친개"로 취급할까요? 이러한 물음이야 말로 비극적 질문이 아닐 수 없습니다. 왜냐하면 이러한 태도는 결국 인간사의 문제를 근본적으로 척결하지 못하도록 방해하기 때문입니다. 대부분의 소시민들은 두려움이라든가 무사안일주의 때문에, 그게 아니라면 눈앞의 이득 때문에 계급을 배반합니다. 어째서 에르네스토 체 게바라와 같은 지사志士들이 결국 비극적 골고다의 길로 향했을까요? 그 까닭은 소시민들의 아집과 이기주의가 그의 목표를 이해하지 못하고, 그를 지지해 주지 않았기 때문입니다. 만약 볼리비아의 일반 사람들이 그를 정성스럽게 도와주었더라면, 체 게바라는 정글에서 그토록 비참하게 사살되지는 않았을 것입니다.

    소시민들은 문학과 예술에 반영된 근본적 내용 역시 잘못 이해합니다. 이를테면 배달의 시인, 김지하金芝河가 『밥』에서 묘사한 춤추는 광대 한 사람을 생각해 보십시오. 광대 부부는 얼어붙은 강을 건너다가, 아내가 살얼음 낀 강물 아래로 빠지고 말았습니다. 광대는 강가에서 덩실덩실 춤을 춤으로써 위급함을 알리려고 했습니다. 그러나 사람들은 춤 잘 춘다고 박수만 치고 있었습니다. 만약 그들이 광대의 춤에 반영된 위험 신호를 제대로 알아차렸더라면, 광대의 아내는 구출되었을 것입니다. 지식인 카산드라는 조만간 도래할 세계의 파국을 예언하고 인류를 경고하지만, 어느 누구도 그미의 말을 진지하게 받아들이지 않습니다. 카산드라의 부정적인 경고의 상은 거짓으로 매도되고, 그미는 거짓을 예언했다는 혐의로 벌을 받게 됩니다. 노래하는 음유 시인 볼프 비어만은 사회주의의 이상을 찬양하며 시대의 아픔을 노래하였습니다. 그렇지만 소시민들은 그의 기타 솜씨를 부러워하며, "연금 걱정은 하지 않아도 되겠다"라고 말을 건넬 뿐이지요. 혹은 그들은 돈 몇 푼에 눈이 어두워서 반체제 인물을 당국에 고발하기도 합니다. 칠레의 음유 시인, 빅토르 하라는 피노체트 독재 정권에 저항하는 노래를 불렀습니다. 그러나 당국의 권력자는 그의 손을 장총의 개머리판으로 내려찍은 다음, 그를 무참하게 살해했습니다. 만일 음유시인과 뜻을 합쳐 저항한 사람들이 다수였더라면, 하라는 그렇게 비참한 최후를 맞이하지 않았을 것입니다. 이렇듯 돈키호테의 비극은 지식인들이 겪어야 하는 냉대와 결부되어 있습니다.

22 라스카사스는 돈키호테이며 프란츠 파농이다

 나, 라스카사스는 피를 토하는 심정으로 묻습니다. 과연 내가 "편집광증에 사로잡힌 음험한 인간"일까요? 그렇지 않습니다. 과연 나, 라스카사스는 좌충우돌로 날뛰는 편력 기사, 돈키호테를 상징하는 인물일까요? 그렇습니다. 나 자신은 돈키호테처럼 살았습니다. 약 50년 동안 도합 22,442마일을 여행하였습니다. 오로지 불쌍한 인디언들의 영혼을 구하기 위한 한 가지 일념으로 나는 15,451마일을 항해하였으며, 6,991마일을 육로로 지나쳤습니다. 이쯤 되면 나의 오랜 편력은 충분히 돈키호테의 그것과 맞먹을 수 있습니다.
 지금까지 어느 누구도 나를 돈키호테와 비교한 사람은 없었습니다. 러시아 소설가, 이반 투르게네프는 1860년 1월 10일 페테르부르크에서 돈키호테에 관해 연설했습니다. 그는 돈키호테를 사랑의 삶을 위해 방황하는 인물의 전형으로 규정하면서, 이와 반대되는 인물로 햄릿을 내세웠습니다.

투르게네프 역시 돈키호테의 인간형이 라스카사스일 수 있다는 점을 간과한 셈입니다. 그렇지만 나와 돈키호테 사이의 유사성을 지적한 의견은 20세기에 출현하게 되었습니다. 에스파냐의 역사학자, 이사키오 페레스 페르난데스는 세르반테스의 돈키호테야말로 평생 동시대 사람들의 오해 속에서 살았던 나의 삶을 전형적으로 답습하고 있다고 주장했습니다.

그래도 당신은 정신 나간 풍운아, 돈키호테가 수사 라스카사스는 아닐 거라고 반신반의할 것입니다. 인디언들의 권익을 위해서 평생 투쟁한 진지한 수도사가 어찌 천방지축 날뛰며 싸우는 바보 내지 얼간이 기사와 유사하다고 말할 수 있을까요? 그렇지만 생각해 보세요. 돈키호테는 나와 유사하게 생겼습니다. 그의 체격은 장대하나 몹시 말랐습니다. 누렇게 찌든 얼굴, 안으로 향한 광대뼈 등은 광기로 인하여 수척해진 인간의 내면을 그대로 드러내고 있습니다. 돈키호테는 풍차를 향해 돌진하여, 그곳을 지키는 사람들과 싸움을 벌입니다. 당신은 그의 어처구니없는 퍼포먼스에 조소를 터뜨리고, 주인공의 시대착오적인 돌출 행위에 대해 연민의 정을 느낄지 모릅니다. 그러나 풍차를 향해 돌진하는 돈키호테는 강제 노동에 시달리는 인디언들을 해방시켜 주려던 라스카사스의 행동대원과 같습니다. 가령 돈키호테의 공격 목표가 왜 하필이면 풍차일까요? 돈키호테에게 풍차는 매우 중요한 장소입니다. 지금까지 돈키호테를 해석한 문헌학자들은 풍차의 상징성을 중시하지 않았습니다. 풍차는 설탕 제조 공장을 가리킵니다. 공장 내부에는 인디언들과 아프리카 대륙에서 잡혀온 흑인 노예들이 강제 노동에 시달리고 있습니다. 풍차는 현대적인 관점에서 해석한다면 제3세계 노동자들이 자신의 노동을 착취당하는 현장과 같습니다. 그곳은 진주 가공 공장이며, 흑인들이 땀 흘려 채집한 목화로 청바지를 제조하는 강제 노동의 현장입니다. 제3세계에서 거두어들인 재화는 결국 유럽 권력가들의 재물이 되었고, 그들의 궁성을 짓기 위한 자금으로 활용되었습니다. 제3세계의 원자재는 제1세계의 재화가 되었고, 부분적으로 상품으로 둔갑했는데, 그 상품은 다시 제3세계에서 불티나게 팔렸습니다. 풍차는 원자재 수입으로 상품을 팔아넘기는 제3세계의 공장을 상징합니다. 돈키호테가 풍차를 공격하는 행위는 프란츠 파농의 분노에 찬 연설을 행동으로 실천한 것과 다를 바 없습니다.

23 소시민들은 악마에 의해 현혹당한다

안타깝게도 수많은 사람들이 나의 생각에 반대하고 있습니다. 첫째로 나의 견해에 반대하는 자는 세풀베다와 같은 지식인일 수 있습니다. 이를테면 그들은 유럽 중심적 오만과 편견으로 무장한 미국의 정치가들일 수 있습니다. 그들의 눈에는 한반도가 그저 전략적 시험을 위한 "거대한 체스판"(브레진스키)으로 비칠 뿐입니다. 흰옷들이 얼마나 오랫동안 분단의 아픔을 겪고 있는지 아랑곳하지 않지요. 그들 대부분은 한국의 문화를 알고, 이를 호의적으로 이해하려고 노력하지도 않습니다. 그들의 시각은 대체로 신대륙을 정벌의 대상, 이득을 가져다주는 처녀지로 바라본 곤잘로 페르난데스 오비에도 이 발데스의 그것과 다를 바 없지요. 어쩌면 그들은 인종들 간의 평화 공존, 한반도 통일을 부르짖는 나의 주장을 보편 역사의 맥락으로 고찰하지 않고, 오로지 미국의 극동 정책에 해를 가하려는 반미의 사고로 매도할지 모릅니다.

이와 관련하여 나, 라스카사스는 솔직히 고백합니다. 나의 사상과 문헌에 관한 연구는 유럽과 일본의 식민주의에 대한 전면적인 비판의 자세 없이는 결코 진척될 수 없습니다. 유럽의 제반 사상 체계, 심지어는 인문주의조차도 궁극적으로 고찰할 때 식민주의 내지 제국주의에 대한 관심이라는 의혹에서 결코 벗어날 수 없습니다. 유럽인들의 식민주의는 제국주의로 확장되었고, 시간이 흐름에 따라 미국의 패권주의로 이어졌습니다. 사실 미국은 인종 차별과 세계대전에 대해 전혀 책임이 없다고 주장하곤 합니다. 그렇지만 이는 거짓입니다. 스벤 린드크비스트도 언급한 바 있듯이, 제어할 수 없는 미국의 일방적 패권주의는 제국주의로부터 홀로코스트를 거쳐 인종 대학살로 이어지는 유럽인들의 망령을 계승한 것입니다.

둘째로 나의 생각에 반대하는 자들은 특히 미국에서 박사 학위를 받은 자들로서, 미국의 충복, 아니 아예 미국의 시민이 되어 남한에서 활동하는 학자 내지 한국의 정치가들일 수 있습니다. 이를테면 몇몇 "정치 교수Poli-fessor"들은 인종 차별과 분단 상황을 인정하지 않는 나의 태도를 시종일관 비판할 것입니다. 이러한 비판이 다만 견해 차이에서 비롯된 것이라면, 할 말이 없습니다. 그렇지만 문제는 이들의 견해가 부유층과 강대국의 이익에 기여하고, 이 때문에 한반도 민초들의 삶에 부정적으로 작용한다면, 나, 라스카사스는 돈과 권력에 가까이 다가가려는 간신 모리배들의 기회주의를 도저히 용납할 수 없습니다.

셋째로 수많은 평범한 소시민들이 나의 견해에 반대합니다. 그들은 나를 "조국의 명예를 더럽힌 매국노"로 비난합니다. 그들이 에스파냐 사람들일 거라고 성급하게 단정하지는 마십시오. 한국인 가운데에도 나의 견해에 반대하는 자들은 얼마든지 존재할 것입니다. 가령 백인, 황인, 그리고 흑인에 대해 편견을 지닌 자들, 사람 사이에 불신의 벽을 쌓게 하는 자들, 생각이 다른 자들로 하여금 서로 아우르지 못하도록 방해하는 악마들을 생각해 보십시오. 악마diabolos란 윤노빈 교수도 언급한 바 있듯이 "둘로 쪼개며," "이간질하며," "중상모략하는" 자입니다. 그들은 변화를 싫어하지만, 마치 카멜레온처럼 시대의 변화에 누구보다도 빨리 다른 태도를 취하며, 주어진 관습, 도덕 그리고 법에 맹종하곤 합니다. 이러한 유형의 인간들은 세상이 몰락하더라도 눈앞의 이득만 챙기면 된다고 굳게 믿습니다. 이들은 선악에 대해 분명하게 인지하지 못하는 점액질 유형의 이기주의적 소시민들입니다. 그들은 눈앞의 작은 이득 때문에 악마에게 이용당하며 동시대인들에게 엄청나게 커다란 손실을 가하지요.

24 라스카사스의 무덤은 지금 여기이다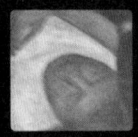

칠레의 시인이자 노벨 문학상 수상자였던 가브리엘라 미스트랄은 과분할 정도로 나를 칭찬하였습니다. 라스카사스 자체가 "인류의 명예"라는 것입니다. 그렇지만 나는 다음과 같이 격노하면서 외칩니다. 나의 무덤은 당신이 살고 있는 "지금" 그리고 "여기"라고 말입니다. 주지하다시피 유대교의 창시자, 모세의 무덤은 이 세상 어디엔가 있으나, 아무도 그 지역을 알지 못합니다. 이와 관련하여 17세기 이후에 이스라엘 벤 엘리저의 사상을 숭배하던 카발라 신비주의자와 하시디즘 추종자들은 놀라운 말을 남겼습니다. 즉, 모세의 무덤은 이 세상 전부를 가리킨다고 말입니다.

　나의 무덤 역시 카를 마르크스의 그것처럼 죽어서 편할 날이 없었습니다. 며칠 전에 또다시 누군가 나의 무덤을 마구잡이로 훼손하였습니다. 야밤에 누군가 몰래 묘지에 접근하여, 분을 참지 못하고 내가 휴식하고 있는 봉분을 갈아엎었던 것입니다. 그 이유는 이른바 내가 매국노의 문체로 나라를 팔아먹는 글을 썼으며, 이로 인하여 에스파냐의 명예를 더럽혔기 때문이라고 합니다. 이렇듯 나는 죽은 뒤에도 수구 민족주의자들의 미움의 대상입니다. 차라리 마드리드에 나의 묘지가 없었으면 좋겠습니다. 제발 부탁하건대, 지금이라도 유골을 화장하여 뼛가루를 세상에 뿌려 주십시오. 그렇게 되면 나의 영혼은 수많은 유대인들의 그것처럼 "천국으로 향하는 승강장"인 공중을 떠돌 수 있게 되겠지요. 과연 나는 후손들에게 "방해분자" 내지 "둥지를 더럽히는 인간"인가요? 그게 아니라면, 인류 평화의 보편적 정신에서 고찰할 때 최소한의 인간적 명예를 지키면서 살아간 자인가요?

    나의 묘지 역시 모세의 무덤처럼 지구의 모든 땅이기를 바랍니다. 왜냐하면 나는 나의 사상이 당신, 나아가 전 지구인들에게 직접적으로 영향을 끼치기를 갈구하기 때문입니다. 나의 무덤을 헤집고, 시신을 욕보이는 자는 결국 인류 전체를 욕보이고 더럽히는 자입니다.

25 라스카사스의 판단에는 일말의 잘못도 없는가?

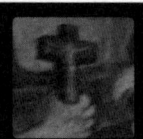

 후세에 살고 있는 당신에게 묻고 싶은 게 하나 있습니다. 나의 판단에는 잘못이 없었을까요? 중요한 하나를 얻기 위해서, 수많은 작은 것들을 희생한 자가 바로 나 자신이 아니었는가 하고 사죄드리고 싶습니다.

 나, 라스카사스는 두 가지 잘못을 솔직하게 인정합니다. 첫째로 나는 로마 가톨릭 교회의 제반 강령을 준수하고, 신성로마제국의 황제에 충성하는 인물이었습니다. 나의 비판적 견해들은 주어진 시대정신의 틀 속에서 조금도 벗어나지 못했습니다. 그래서인지는 몰라도 나는 친구인 바르톨로메 카란차 드 미란다가 이단 혐의로 종교 재판에 회부되었을 때 그저 소극적으로 도와주었을 뿐입니다. 솔직히 고백하건대 이는 이단적인 믿음에 대한 나의 편협한 태도에서 기인한 것입니다. 물론 내가 인디언들의 생존과 평화로운 선교를 위해 평생 노력한 것은 사실입니다. 그렇지만 어리석게도 이러한 노력이 오로지 주어진 봉건 체제 내에서 실천 가능하다고 굳게 믿었습니다. 가령 나는 생전에 토마스 뮌처의 신학적 입장에 동조하지 않았습니다. 게다가 나는 뮌처를 인디언 문제를 제대로 알지 못하는 타인으로 여겼습니다. 그렇지만 지금에 와서 생각하니, 나는 한 가지 사실만은 알 것 같습니다. 과연 그의 의기와 분노가 어디서 나온 것인가 하는 물음과 관련된 사실 말입니다. 뮌처는 주어진 현실에 온존하고 있는 모든 불의를 척결하고, 부패한 교회 사람들을 처단하려고 하였습니다. 종교가 권력과 굳건하게 동맹을 맺고 있다는 점을 알고 있었지만, 뮌처는 농민 전쟁을 일으킬 수밖에 없었습니다. 뮌처가 나를 불쌍한 도미니크 수도원의 수도사라고 생각하듯이, 나 역시 그를 애처로운 혁명가로 간주합니다. 우리는 역사적으로 너무 빨리 태어났으므로, 주권과 민주주의가 무엇인지 제대로 알지 못했습니다. 그게 비극이라면, 비극이었을까요?

둘째로 나는 기독교의 사랑과 평화 그리고 박애의 정신을 강조하는 과정에서 또다시 작은 실수를 하나 범하고 말았습니다. 그것은 다름 아니라 바야돌리드 논쟁에서 이슬람 종교에 관해 언급할 때 나타납니다. 상대방의 논리를 꺾기 위해서 나는 기독교의 선교 활동이 마호메트의 적극적인 무력 도발과는 달리 평화적으로 전개되어야 한다고 주장했습니다. 이러한 언급은 결과론적으로 고찰할 때 마치 이슬람 종교가 무력 도발을 선호하는 것으로 오해될 여지를 남깁니다. 물론 마호메트가 한 손에는 칼을, 다른 한 손에는 코란을 거머쥐기를 호소한 것은 사실입니다. 그렇지만 이슬람 종교의 종파가 이후 무척 다양하게 전개되었다는 점을 전제로 한다면, 나의 발언은 수정되어야 할 것입니다. 신도 가운데에는 탈레반 세력도 있지만, "신에 대한 귀의"라는 이슬람 Islam의 정신을 따르는 평화주의자들이 대부분입니다. 주지하다시피 유대교, 기독교 그리고 이슬람교는 같은 뿌리에서 파생된 다른 종교가 아닙니까? 그럼에도 나는 토마스 카예탄의 가톨릭 교리를 고수하였고, 유럽의 이단 종파에 관대하지 못한 태도를 취했습니다. 변명 같지만, 나를 그러한 오류에 빠뜨린 것은 오로지 시대였습니다.

26 역사적 인물을 용서하는 것은 아직은 자신에 대한 배반이다

마지막으로 나, 라스카사스는 당신에게 호소합니다. 역사적 인물을 용서하는 것은 당신 자신을 배반하는 태도라고. 바라건대 역사적 인물을 용서하지 마십시오. 이는 죄를 저지른 자뿐 아니라, 선을 위해서 목숨을 내놓았던 사람들에게도 적용될 수 있는 발언입니다. 왜냐하면 당신은 아직 과거의 역사를 완전히 극복한 시대에 살고 있지 않기 때문입니다. 베르톨트 브레히트는 「후세 사람들에게」에서 다음과 같이 기술하였습니다. "인간이 인간에 대한 조력자인 세상이 도래하면, 부디 우리를 생각하라, 관용으로써." 우리는 시구에 나타난 조건적 표현을 예의 주시해야 할 것입니다. 우리는 아직 "인간이 인간에 대한 늑대Homo homini lupus"인 세상에 살고 있습니다. 모든 분들을 관용으로 대하기에는 아직 이른 것일까요?

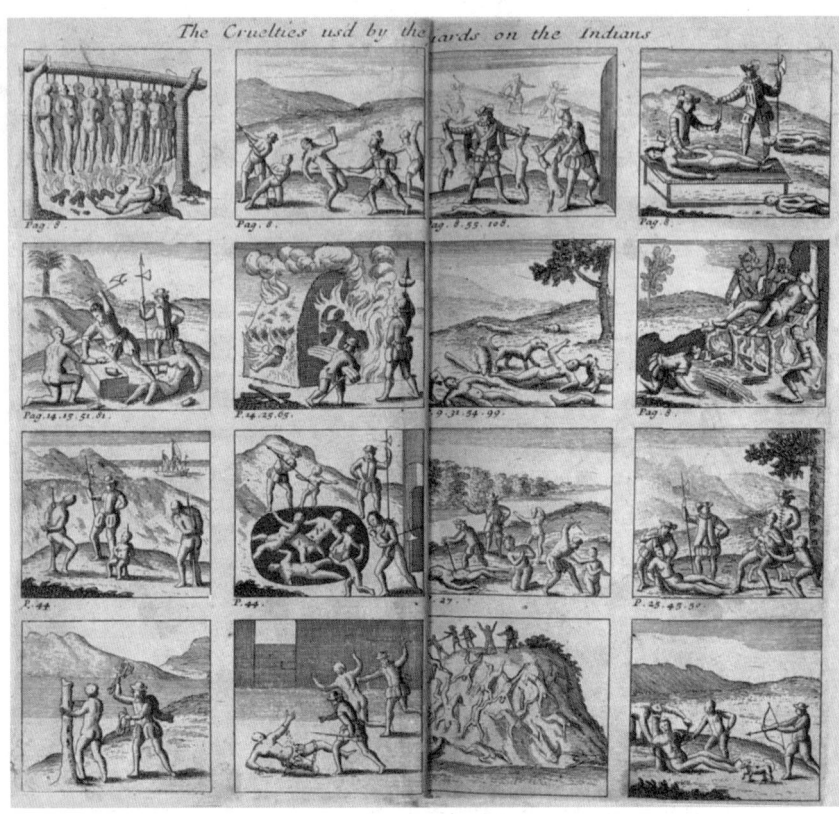

테오도루스 드 브리(1528-1598)는 프로테스탄트의 지조를 지녔던 독일의 동판화 제작자이자 금세공 장인이었다. 그는 주로 프랑크푸르트에서 활동하면서 많은 작품을 남겼다. 드 브리는 직접 서인도 제도로 여행하지 않았음에도 불구하고, 서인도 제도에 관한 생생한, 그러나 부분적으로는 사실과 어긋난 동판화를 남겼다.

동판화 (1) 히스파니올라에서의 학살: "그들은 거대한 형틀을 만들었다. 형틀은 희생자들의 발이 땅에 닿을 정도의 높이로 이루어져 있었다. 그들은 열세 명의 인디언들을 매달았다. 마치 구세주와 열두 제자를 기리고 이들을 위해 기도하기 위해서 그들 아래에 장작을 놓고 불을 지폈다. 불이 지펴지자, 살아 있는 육신들은 걷잡을 수 없이 타들어가기 시작했다."

동판화 (2) 멕시코에서 무장한 에스파냐 사람들은 선물을 가득 들고 있는 인디언들과 처음으로 조우한다. "그들은 촐룰라에서 멕시코로 향해 나아갔다. 위대한 왕 몬테수마는 그들에게 수천의 선물을 가지고 마중 나왔다. 그들이 약 2마일 떨어진 곳에 당도했을 때, 몬테수마는 친동생을 보내어 무장한 군사들을 대동한 에스파냐 사람들을 영접하였다. 그는 충분한 양의 금, 은과 의복을 선물로 건네주었다. 또한 몬테수마는 도시 입구에서 황금빛 옷을 차려 입고 친히 에스파냐 사람들을 맞이하였다."

동판화 (3) 보고타에서의 학살: "정복자는 다시금 잔악한 부하들과 에스파냐 사람들과 함께 보고타 지방에 나타났다. 그는 수백 마일을 지나치면서, 인디언들을 노예로 사로잡았다. 인디언들이 자신을 군주로 인정해 주지 않자, 정복자는 이들의 손을 마구잡이로 잘랐다. 그리고 사냥개를 풀어서 남녀 가리지 않고, 그들을 토막 내어 죽였다."

III. 바야돌리드 논쟁에 나타난 12가지 쟁점들[1]

1 발단: 바야돌리드 논쟁은 어떠한 배경을 지니고 있는가?

친애하는 J, 이 자리를 빌려 나는 바야돌리드 논쟁에서 나타난 12가지 쟁점을 약술하려고 합니다. 이는 오로지 논쟁을 역사적·비판적 시각에서 정확하게 전달하려는 충정에서 비롯된 것입니다. 부디 나의 글을 통하여 논쟁 당시의 구체적 쟁점이 무엇이었는지를 생생하게 접하기를 바랍니다. 1542년에 라스카사스는 『인도 제국의 황폐화와 인구 섬멸에 관한 짤막한 보고서』를 발표하였습니다. 이는 신대륙 발견 이래로 핍박당하는 인디언들을 보호하고, 힘들게 살아남은 인디언의 안녕을 도모하기 위함이었습니다. 라스카사스는 오로지 당시 신성로마제국의 황제, 카를 5세에게 사실을 전하기 위해서 이 소책자를 집필하였습니다. 소책자 속에서 묘사된 것은 수십 년에 걸쳐 자행된 에스파냐 출신 정복자들의 끔찍한 인디언 학살극이었습니다. 사람들은 이러한 사건에 경악을 금치 못했습니다.

몇 년 후에 누군가가 기이한 책을 출간함으로써, 이러한 입장에 제동을 걸었습니다. 그것은 다름 아니라 『인디언들에 대항하는 정당한 전쟁의 이유에 관하여』였습니다.[2] 저자는 다름 아니라 후안 지네스 드 세풀베다 박사였습니다. 그는 이 책에서 야만적인 원주민들을 기독교도로 개종시키기 위해서는 무력 사용이 불가피하다고 주장하였습니다. 세풀베다의 책은 이미 1535년에 파리에서 간행된 바 있었으며, 저자는 에스파냐에서 책 출간을 서두르고 있었습니다. 이때 라스카사스는 세풀베다의 책이 거짓으로 이루어져 있으므로, 그의 소책자의 출판을 금지해야 한다고 호소하였습니다. 그러자 세풀베다는 가만히 있지 않고, 라스카사스를 공격하기 시작했습니다. 그는 1547년에 『바르톨로메 라스카사스 수사가 당국의 허락도 없이 출간한 서인도 국가들의 정복에 대해서 쓴 책에서 내세운 성급하고도, 터무니없고, 이단적인 주장들에 대하여』라는 소책자를 통하여 라스카사스의 견해를 정면으로 반박하였던 것입니다. 라스카사스는 "여우보다도 더 교활하고, 전갈보다도 더 해로우며, 교활함과 교만으로 가득 차 있는 인물"로서 허구를 사실로 기술했다고 합니다. 그래서 라스카사스의 문장은 "거짓, 수다, 그리고 교만"으로 가득 차 있다는 것이었습니다.[3] 두 사람의 대립되는 견해는 세인의 관심을 끌기에 충분하였습니다. 에스파냐 황실은 정치와 학문의 차원에서 서로 대립되는 견해를 공적으로 조정할 필요성을 느끼고 있었습니다.

지배 계층 역시 16세기 초에 서인도 제도에서 행해진 인디언 학살극에 대해 한편으로는 반신반의하는 태도를 품으면서도, 다른 한편으로는 커다란 우려를 표명하지 않을 수 없었습니다. 당시의 권력자들과 교황청 사람들은 인디언과 인디언의 문화에 관해서 전혀 알지 못했습니다. 그들은 고작 서인도 제도에서 살다가 돌아온 사람들의 말과 글을 통해서 그것을 간접적으로 접할 수밖에 없었습니다. 물론 교황 바울 3세가 1537년에 에스파냐 출신의 정복자들이 인디인들을 노예로 삼는 문제에 깊이 개입하여, 원주민들의 기본권을 인정해야 한다는 칙서를 발표한 것은 사실이었습니다. 그러나 칙서는 라틴어로 기술되어 있어서, 일반 사람들로서는 접근하기 어려웠습니다. 인디언 학살극에 관한 이야기는 풍문으로 카스티야 왕국, 아라곤 왕국 등에 전해졌고, 수많은 기이한 이야기가 와전되거나 침소봉대되었습니다. 이로 인하여 카를 5세는 신속하게 이에 대한 대책을 마련해야 할 필요성을 느끼고 있었습니다. 그것은 국가 차원에서 여러 가지 거짓된 소문들을 차단하고, 서인도 제도의 인디언 문제와 이들의 선교에 관한 구체적 법령을 공표하는 일이었습니다. 이를 위해서 여러 신학자들의 동의가 필요했으며, 통치 차원에서 국가는 정확한 정보와 여기에 바탕을 둔 분명한 입장을 표명해야 했던 것입니다.

친애하는 J, 바야돌리드 논쟁을 소개하기 전에 우리는 일단 후안 지네스 드 세풀베다가 누구인지 알 필요가 있습니다. 라스카사스가 신대륙에서 선교 사업에 몰두하는 동안, 그는 항상 에스파냐 황실의 권력 중심부에서 맴돌면서, 카를 5세의 황실 연대기를 집필하였고, 황태자 필립 2세를 가르쳤습니다. 학문적으로도 세풀베다는 신성로마제국의 영화로움을 찬양하였고, 교황에게 전적으로 복종하였습니다. 그는 권력을 탐하면서, 체제 옹호적 보수주의를 견지한 어용학자에 불과하였습니다. 이를테면 세풀베다는 1529년에 터키에 대항하는 전쟁의 정당성을 주장하였습니다. 뒤이어 그는 1533년에는 마르틴 루터를 추종하는 종교 개혁자들을 신랄하게 비난한 바 있습니다. 이와 관련하여 세풀베다는 1532년에 『알베르토 피오를 위한 에라스무스에 대한 반론 *Antiapologia pro Alberto Pio in Erasmum*』을 집필하여, 비판적 지조를 지닌 인문주의자, 에라스무스에게 맹공을 퍼부었습니다. 당시에 에라스무스는 카르피의 제후, 알베르토 피오와 격론을 벌이고 있었지요. 카르피의 권력자 알베르토 피오는 자신의 뜻에 따르지 않는 지식인 한 사람을 궁지에 몰아넣으려고 했습니다. 즉, 에라스무스는 이른바 이단 종파에 해당하는 루터 종파를 신봉한다는 것이었습니다. 두 사람 사이의 격론은 겉보기에는 하나의 무해한 논쟁처럼 보였지만, 실제로는 힘없는 학자에 대한 권력자의 탄압이나 다름이 없었습니다. 말하자면 세풀베다는 이러한 정치적 내막을 뻔히 알면서도, 문헌을 집필하여 이른바 논쟁 아닌 논쟁에 가담하였던 것입니다.[4]

2 견해 차이: 인디언들은 인간 주체로 수용될 수 있는가?

바야돌리드 논쟁은 카를 5세의 요청으로 이루어졌습니다. 황태자 필립 2세는 황제의 명의로 심의위원회를 발족시켰습니다. 심의위원회는 알카라 대학과 살라망카 대학에 속한 사람들로 구성되었습니다. 심의위원회에 참석한 사람들은 바르톨로메 카란차 드 미란다, 멜히오르 카노, 도밍고 드 소토 등과 같은 학자들이었습니다. 그러나 위원회는 여러 차례 토론을 거쳤으나, 분명한 결론을 도출해 내지 못했습니다. 결국 심의위원회는 라스카사스와 세풀베다로 하여금 인디언들과 그들에 대한 선교에 관해서 직접 만나서 토론하도록 당국에 요구했습니다. 결국 카를 5세는 도미니크 수도회 출신의 주교 라스카사스와 세풀베다 박사로 하여금 인디언 문제 그리고 인디언을 기독교로 개종시키는 문제에 관해서 심도 있는 토론을 벌이도록 조처하였습니다.

바야돌리드 논쟁은 1550년 4월 11일부터 5월 4일 사이에 그리고 8월 15일부터 9월 15일까지 이어졌습니다. 토론은 오늘날 행해지는 자유 토론의 방식으로 진행된 게 아니라, 각자 3시간씩 자신의 입장을 피력하는 식으로 전개되었습니다. 그렇기에 우리는 오늘날까지 전해 내려오는 바야돌리드 논쟁의 요약문에서 다음의 사실을 감지할 수 있습니다.[5] 즉, 바야돌리드 논쟁에서 제기된 12가지 쟁점들은 내용상 서로 중첩되거나 상호 관련성을 지닌다는 사실 말입니다. 따라서 이것들을 병렬적으로 체계화시키는 작업에서 우리는 그 논쟁을 재구성하는 의미 이상을 기대하기 어려울 것입니다. 그럼에도 우리에게는 다른 특별한 방도가 주어져 있지 않습니다. 비록 중첩되기는 하지만, 12가지 쟁점 속에는 근본적으로 대립하고 있는 두 논쟁자들의 견해가 담겨 있습니다. 이러한 쟁점들은 이교도에 대한 선교의 방식 내지 가톨릭 교회사에 있어서의 아우구스티누스와 토마스 아퀴나스의 사상적 수용의 문제와 관련 있습니다.

두 논쟁자의 입장은 다음과 같이 요약할 수 있습니다. 후안 지네스 드 세풀베다는 이른바 에스파냐의 "엔코미엔다Encomienda" 제도로 이익을 얻는 에스파냐 출신의 이주민과 토지 소유자의 입장을 대변하고 있습니다. 친애하는 J, 당신은 다음의 사항을 이해할 필요가 있습니다. 원래 "엔코미엔다"는 에스파냐 어로 "위탁" 내지 "추천"이라는 의미를 지닙니다. 다시 말해서 총독은 "인디언들을 보호하고 이들을 가급적 빨리 기독교로 개종시킨다"는 명목으로 에스파냐 출신의 이주자들에게 일정 수의 인디언을 노예로 넘겨주었던 것입니다. 엔코미엔다 제도는 한마디로 말해서 정복자가 길에 늘려 있는 재화를 마음대로 소유하는 것을 합법적으로 허용한 제도였습니다. 서인도 제도의 원주민들은 세풀베다의 견해에 의하면 정복자가 마음대로 차지할 수 있는 노예에 불과합니다. 인디언들은 야만인들이며, 자연 법칙에 따라 노예로 활용되어야 마땅한 존재들이라는 것입니다. 세풀베다는 자신의 견해를 입증하기 위해서 아리스토텔레스와 토마스 아퀴나스의 글을 인용하고 있습니다. 인디언들은 자연법에 합당하게 노예로 살면서, 문명화된 유럽인들에게 복종하고 이들을 도우며 살아가야 마땅하다는 것입니다. 세풀베다는 인디언들을 노예로 활용하기 위해서 무력을 마음대로 사용할 수 있으며, 인디언들이 저항할 경우 이들과의 전쟁도 불사해야 한다고 주장합니다.

이에 반해서 라스카사스는 일단 서인도 제도에서 자행된 끔찍한 학살극과 엔코미엔다 제도의 문제점을 지적하였습니다. 그 역시 자연법을 논하지만, 그는 서인도 제도에 살고 있는 인디언들의 노예화에 반기를 듭니다. 아리스토텔레스의 "야만인" 내지 "자연적 노예"에 관한 이론은 라스카사스에 의하면 서인도 제도의 원주민들에게 아무런 전제 조건 없이 적용될 수는 없다고 합니다. 왜냐하면 이들은 앞에서 언급한 야만인들과는 달리, 나름대로의 방식으로 거의 완전한, 이성적 관습에 도달했기 때문입니다. 따라서 서인도 제도에 살고 있는 인디언들은 라스카사스의 견해에 의하면 강요라든가 무력의 제재 없이도 기독교 신앙을 받아들일 능력을 충분히 갖추고 있다는 것입니다. 따라서 전혀 다른 현실에서 살아온 자들에게 이른바 이교도에 대한 고대 이스라엘 사람들의 예를 적용하는 처사는 라스카사스에 의하면 어불성설이라는 것입니다. 당시 에스파냐 출신의 이주자들은 인디언들이 무력으로 도발하고 광포하게 행동하는 경우를 종종 겪어야 했습니다. 그렇지만 인디언들의 폭력 행위는 대부분의 경우 동족 살해에 대한 복수극으로 행해졌다는 것입니다. 다시 말해서 에스파냐 출신의 정복자들이 처음부터 잔악한 학살극을 벌이지 않았더라면, 그들은 에스파냐 이주민들과 에스파냐 출신의 수사들에게 결코 끔찍한 폭력을 휘두르지 않았을 것이라는 말이지요.

두 사람의 반대되는 견해는 바야돌리드 논쟁 속에서 첨예하게 대립됩니다. 그것은 다음과 같은 12가지 쟁점 속에서 표면화되고 있습니다.

3
첫 번째 쟁점: 우상 숭배를 어떻게 척결해야 하는가?

세풀베다는 처음부터 인디언들의 우상 숭배를 신랄하게 꼬집습니다. 인디언들은 그들의 우상을 숭배하고, 도저히 이해할 수 없는 기이한 원시적 제식을 치른다는 것입니다. 인디언들이 행하는 우상 숭배는 기독교 복음을 전파하는 데 있어서 커다란 장애물이 아닐 수 없다고 합니다. 이들이 도저히 이해할 수 없는 우상들을 신들로 모시고 있는데, 어떻게 기독교에 대한 믿음이 솟아오를 수 있겠는가 하는 것이 그의 입장입니다. 따라서 무엇보다도 우상 숭배를 척결하고 타파하는 것이야말로 세풀베다에 의하면 복음 전파의 수단 가운데 가장 중요한 과업이라고 합니다. 이 일이 불가능하다면, 에스파냐 사람들은 무력 행위, 즉 전쟁도 불사해야 한다는 것입니다.[6] 이렇듯 세풀베다는 인디언에 대한 정책으로서 "선 무력 제재, 후 선교"라는 원칙을 중시하고 있습니다. 그의 견해는 오로지 유럽인의 관점에서 비롯된 것입니다.

이에 반해서 라스카사스는 이교도의 우상 숭배 행위 자체가 이들에 대해 전쟁을 일으켜야 하는 이유가 될 수 없다고 반박합니다. 인디언들은 처음부터 기독교에 관해서 전혀 듣지 못했을 뿐 아니라, 그들 나름대로의 토속적인 종교를 지니고 있었습니다. 그렇기에 서인도 제도에 살고 있는 인디언들을 무력으로 다스리려는 태도는 처음부터 잘못된 발상이라고 합니다. 나아가 우상 숭배는 라스카사스의 견해에 의하면 전쟁을 선포하는 명분 내지 선전포고의 이유가 될 수 없다고 합니다. 라스카사스는 과거의 예를 들면서, 자신의 견해를 다음과 같이 피력합니다. 즉, 축복의 나라(가나안) 바깥에 존재했던 수많은 이민족들은 우상 숭배자들이었는데, 이스라엘 민족은 우상을 숭배한다는 이유로 이들을 무력으로 무찌르지 않았습니다. 바로 이 사실만 고려하더라도 우상 숭배는 이교도에게 무력을 행사해야 하는 근본적 원인으로서 합당하지 않다는 것입니다.[7] 세풀베다는 라스카사스의 주장에 대해 다음과 같이 항변합니다. 무조건 인디언들을 죽이고 파멸시키자는 게 아니라, 그들을 굴복시키고 그들로 하여금 우상 숭배 내지 기이한 제식을 멀리하게 조처해야 한다는 것입니다. 그렇게 해야만 기독교 복음의 전파가 가능하다고 말입니다.

라스카사스는 세풀베다의 인용문을 다시금 비판적으로 고찰합니다. 물론 성 키프리아누스가, 세풀베다가 지적한 대로, 이단자를 죽임으로써 벌하라고 공언한 것은 사실입니다. 그러나 성 키프리아누스의 전투적인 발언은 그리스도 신앙을 받아들인 다음에 변절하여 우상을 숭배하는 자 내지 기독교에 적대적 태도를 취하는 무력 도발주의자에게 향할 뿐이라고 합니다. 따라서 성 키프리아누스의 말을 기독교를 모르는 사람들에게 액면 그대로 적용할 수는 없다고 말합니다. "성 키프리아누스의 권위(Ad Fortunatum: PL, 4/ 684f)와 관련해서 말하건대, 키프리아누스의 발언은 세풀베다 박사의 발언 의도와는 완전히 다릅니다. 말하자면 성 키프리아누스는 이미 기독교 신앙을 받아들인 이교도 인민들이 다시 우상을 숭배하는 경우에 한해서 언급하였습니다. 이러한 경우는 키프리아누스의 시대에 끊임없이 발생했습니다. 이러한 사람들은 기독교인들 가운데 용납될 수 없습니다. 그렇기에 그는 죽음으로 경고하고, 이들을 엄벌에 다스리도록 했습니다."[8]

주지하다시피 인디언들이 우상을 숭배하고 다른 제식을 치르는 것은 사실입니다. 이는 라스카사스에 의하면 기독교 신앙을 아직 한 번도 접하지 않았기 때문이라고 합니다. 이미 언급했듯이, 축복의 땅 바깥에 사는 이교도들이 우상을 숭배했다고 해서, 고대의 유대인들은 그들에게 전쟁을 선포하지는 않았습니다. 마찬가지로 유럽인은 서인도 제도에 살고 있는 그들에게 기독교 신앙을 우선 알리는 게 중요하다고 합니다. 처음부터 우상을 숭배한다는 이유로 무조건 전쟁을 선포하는 것은 라스카사스에 의하면 유럽인의 일방적 관심사 내지 편견에서 비롯한 처사라고 합니다. 따라서

1513년에 발표된 교황 알렉산더 6세의 칙서, 『레케리미엔토 Requerimiento』는 이후의 칙서 내용을 고려할 때 결코 유효하지 않다는 것입니다.[9]

상기한 내용과 관련하여 세풀베다는 「마르코의 복음서」 제16장 16절을 언급합니다. "믿고 세례를 받는 사람은 구원을 받겠지만, 믿지 않는 사람은 단죄를 받을 것이다." 뒤이어 그는 토마스 아퀴나스와 아우구스티누스의 문헌을 인용하면서, 자신의 견해를 입증하려고 시도합니다. 가령 가나안에 원래 살던 이교도가 추방당한 이유는 두 가지로 요약된다고 합니다. 그 하나는 아브라함에 대한 약속에 입각한 "약속의 법ius promissionis" 때문이며, 다른 하나는 "재탈환의 법ius restitutionis" 때문이라고 합니다. 다시 말해서 태초에 축복의 땅에 살았던 주인은 히브리 사람이기 때문에 축복의 땅의 임자는 궁극적으로 유대인이어야 마땅하다는 것입니다. 여기서 중요한 것은 다음의 사실입니다. 즉, 상기한 두 가지 법은 (이후의 역사에서 잘 나타나듯이) 끔찍한 방법으로 영토를 차지하려는 제국주의자들이 전쟁을 일으키기 위한 명분으로 악용하였다는 사실 말입니다.

라스카사스는 이를 분명히 간파하였습니다. 그는 세풀베다의 논리 속에 어떤 거짓이 도사리고 있음을 예리하게 밝혀냅니다. 즉, 논쟁자는 침략 전쟁의 명분을 정당화시키기 위해서 선현들의 글을 함부로 인용하고 있다는 것입니다. 친애하는 J, 자고로 글을 인용하는 자는 누구든 간에 앞뒤의 문맥을 고려해야 마땅합니다. 하나의 명제를 단장취의

斷章取義하여서, 특정한 명제와 전혀 다른 현실적 맥락 속에 대입한다는 것은 학자로서 올바른 태도가 아닙니다. 라스카사스는 바로 이 점을 분명히 지적합니다. 이는 기독교 신학 논쟁에서 끊임없이 반복되는, 무척 중요한 논거이기도 합니다.[10] 라스카사스는 오로지 신만이 단죄 내지는 보복의 권한을 지니고 있다고 주장합니다. 그는 다음과 같이 묻습니다. "세풀베다 박사, 당신이 신입니까?" 특히 앞에서 인용된 「마르코의 복음서」에서는 "단죄"가 언급되고 있습니다. 그런데 단죄를 행할 수 있는 권한을 지닌 분은 라스카사스에 의하면 오로지 신일 뿐, 결코 인간일 수 없다는 것입니다.

4
두 번째 쟁점: 이단자와 이교도 사이의 구분은 얼마나 중요한가?

두 번째 쟁점은 교회 사상사에 관한 전문적 논의로 이루어져 있습니다. 그것은 다름 아니라 이단자와 이교도를 어떻게 평가해야 하는가 하는 물음과 관련 있습니다.

세풀베다는 복음의 전파야말로 기독교인들의 가장 중요한 사명이라고 주장합니다. 기독교의 선교를 위해서 필요하다면, 우리는 물리적 폭력이라는 강압적인 수단도 허용해야 한다는 것입니다. 이에 대해서 라스카사스는 반론을 제기합니다. 기독교 전파를 위해서 끔찍한 폭력이 사용되면, 이는 경우에 따라서 걷잡을 수 없을 정도로 엄청난 화를 초래한다는 것입니다. 두 사람은 선교를 위한 방법을 논하면서, 「루카의 복음서」 제14장 23절을 예로 들고 있습니다. "주인은 종에게 이렇게 일렀다. 그러면 어서 나가서 길거리나 울타리 곁에 서 있는 사람들을 억지로라도 데려다가 내 집을 채우도록 하라." 이 대목에서는 이른바 강제적 설교에 관한 사항이 언급되고 있습니다. 세풀베다는 기독교 전파를 위해서는 강제적 선교, 즉 "들어오라고 강요하기compelle intrare"를 얼마든지 용인해야 한다고 주장합니다.[11]

그러나 라스카사스는 이에 동의하지 않습니다. 기독교 전파를 위해서 필요한 것은 총과 칼이라는 폭력의 도구가 아니라는 것입니다. 기독교인은 선교를 위해서 무엇보다도 사랑과 평화의 실천 등과 같은 방식을 동원해야 한다는 것입니다. 바로 그것이 라스카사스에 의하면 복음 전파의 출발점이 되어야 한다고 합니다. 물론 설교자가 만부득이 강압적이고 부정적인 수단을 사용해야 할 경우가 없는 것은 아닙니다. 그렇지만 선교를 위한 부정적 수단은 가급적이면 "경고"라든가 "기적" 등에 호소하는 방식에 국한되어야 한다고 라스카사스는 주장합니다. 그가 이렇게 주장하는 배경에는 인디언들의 생존과, 처음부터 평화와 공존을 원한 인디언들의 갈망을 고려하고 있기 때문입니다.

세풀베다는 라스카사스의 견해를 긍정적으로 수용하지 않습니다. 그는 성 아우구스티누스의 편지들을 자신의 주장에 대한 논증 자료로 제시합니다. 가령 아우구스티누스의 편지에는 이교도와 이단자에 대한 물리적 폭력이 자주 언급되어 있다고 합니다. 가령 이교도와 이단자에 대한 황제의 폭력은 아우구스티누스에 의하면 교회의 폭력과 동일한 차원에서 이해되어야 하고, 교회의 전투적 행위의 실천과 맥락을 같이 해야 한다는 것입니다. "그래서 성 아우구스티누스는 앞의 편지에서 다음과 같이 해명합니다. 즉, 이단자들과 이교도에 대항하는 황제의 폭력은 결국 교회의 폭력이라고 말입니다. 그의 마지막 편지에는 「시편」의 말씀이 인용되어 있습니다. '지상의 모든 왕들이 그를 경배할 것입니다' (71/72, 11). 그리고 다음과 같은 구절이 첨가되어 있습니다. 이 일이 강하게 실행될수록 교회는 더욱더 막강한 권능에 기뻐할 것입니다. 이는 선을 유도할 뿐 아니라, 선을 강요하기 위함입니다."[12]

이에 대해서 라스카사스는 세풀베다의 그러한 주장이 처음부터 새빨간 거짓이라고 맞받아칩니다. 물론 아우구스티누스가 이단자들에 관해서 조목조목 언급한 것은 사실이라고 합니다. 그렇지만 이러한 말들은 제각기 이단자, 유대인 그리고 터키인들을 고려한 것들이지, 아무런 조건 없이 지구상에 살고 있는 수많은 이교도들에게 막무가내로 적용할 수는 없다는 것입니다. 라스카사스에 의하면, 이교도는 이단자들과 처음부터 서로 엄밀하게 구분될 필요가 있다고 합니다. 여기서 라스카사스가 사용하고 있는 "이단자"의 개념은 무척 포괄적입니다.[13] 다시 말해서 이단자는 대체로 기독교를 이미 접한 뒤에 기독교로부터 등을 돌린 자 내지 로마 가톨릭 교회의 교리를 부분적으로 인정하지 않는 자들인 반면에, 이교도는 기독교에 관해서 전혀 모르는 자들일 수 있다고 합니다. 가령 서인도 제도에 거주하는 인디언들은 신약성서와 구약성서에 관해서 한 번도 들은 바 없다는 것입니다.

5 세 번째 쟁점: 이교도와 전쟁을 치르는 것이 선교의 방식인가?

세 번째 쟁점, "이교도와 전쟁을 치르는 것이 선교의 방식인가?" 하는 물음은 앞의 내용과 무관하지 않습니다. 라스카사스는 서인도 제도의 원주민의 삶을 고려하면서, 다음과 같이 주장합니다. 즉, 로마 가톨릭 교회가 어떤 물리적 제재를 가하려면, 이는 오로지 이단자에게 행해져야 하지, 이교도들에게 행해져서는 안 된다는 것입니다. 이교도들 가운데에는 수많은 민족들이 존재합니다. 따라서 이교도라고 해서 하나의 특성으로 일반화시켜서 이해할 수는 없습니다. 가령 인디언들과 같은 이교도는 지금까지 기독교 신앙을 한 번도 접해 본 적이 없습니다. 그렇기에 서인도 제도에 살고 있는 인디언들과 그들의 처지를 동방의 회교도와 동일시한다는 것은 라스카사스에 의하면 엄청난 오류가 아닐 수 없다고 합니다. 한마디로 이교도들은 제각기 고유한 특성에 의해서 세분화되어야 한다는 게 라스카사스의 지론입니다.

이러한 입장에 대해서 세풀베다는 다음과 같은 세 가지 사항으로써 반박합니다. 첫째로 성자들 가운데에는 이교도와의 전쟁을 열렬히 찬양한 성자들이 있다고 합니다. 예컨대 우리는 아우구스티누스가 지적한 바 있는 콘스탄티누스 황제의 법령을 하나의 범례로 지적할 수 있다고 합니다. 둘째로 선교에 있어서 이교도와 이단자를 서로 구분하는 것은 그다지 중요하지 않다고 합니다. 왜냐하면 그들은 그리스도의 복음을 받아들이고 기독교인으로 거듭나야 하는 사람들로서, 그들 모두가 선교의 대상이기 때문이라고 합니다. 자고로 선교의 원칙은 세풀베다에 의하면 시대와 장소를 초월한 보편타당한 철칙이어야 마땅하다고 합니다. 그것은 조령모개의 방식으로 변화될 수 있는 실정법과는 다른, 마치 자연법과 같은, 불변의 원칙이라는 것입니다. 셋째로 성자 그레고르는 왕년에 이교도와의 전쟁을 열렬히 찬양했다고 합니다. 따라서 기독교 국가의 바깥에 거주하는 이교도를 적으로 규정하는 것은 그 자체 당연하다고 합니다.[14]

이에 대해서 라스카사스는 조목조목 이의를 제기합니다. 첫째로 아우구스티누스가 자신의 편지에서 콘스탄티누스 황제의 법을 언급하고 있는 것은 사실입니다. 그렇지만 이 법은 오로지 자신의 관할 하에 있는 사람들이 우상을 숭배하는 것을 막기 위함이었다고 합니다. 이 점이야말로 세풀베다가 간과한 사항이라는 것입니다. 콘스탄티누스는 로마의 속국을 다스리는 총독 타우루스에게 자신의 법을 적용하였습니다. 그는 자신이 관장하는 영역 내에서는 어느 누구도 함부로 법 규정을 개정하지 말도록 조처했습니다. 나아가 콘스탄티누스는 이후의 황제 역시 속국의 통치를 위해서 훗날에 이 법을 계승하도록 조처하였습니다. 한마디로 콘스탄티누스 황제의 법 규정은 자신의 영토 안에 살고 있는 자신의 백성과 신하들 그리고 속국의 사람들을 단속하고, 그들로 하여금 기독교 정신으로 단합하게 하기 위해서 제정된 것이었을 뿐이라고 합니다. 따라서 그 법은 라스카사스에 의하면 자신의 국가 바깥에 살고 있는 이교도들에게 해당하는 것은 아니었다는 것입니다. 따라서 그의 법 규정과 이와 관련된 아우구스티누스의 발언은 라스카사스에 의하면 그리스도 신앙의 영향권으로부터 멀리 벗어나 있는 인디언들에게 마구잡이로 적용될 수 없다고 합니다.[15]

둘째로 라스카사스는 세풀베다가 언급한 선교의 원칙을 거짓으로 규정하였습니다. 진정한 의미에서 선교의 원칙이란 라스카사스에 의하면 어떤 주어진 현실적 조건 하에서 파생된 것일 뿐입니다. 따라서 선교의 원칙은 인간의 원칙으로서 시대와 장소를 초월한 보편타당한 원칙으로 확정될 수 없다는 것입니다. 선교가 기독교 복음 전파를 위한 어떤 방법이라고 규정된다면, 선교의 원칙은 상황에 따라 얼마든지 변형될 수 있는 무엇이라고 합니다. 특히 선교가 전쟁을 통해서 이루어진다는 것은 라스카사스에 의하면 도저히 용납될 수 없습니다. 나아가 교회가 전쟁을 허용하는 것은 복음의 정신에 전적으로 위배된다고 합니다. 라스카사스는 다음과 같이 분명하게 말합니다. "그리스도를 보편적으로 대변하는 교황과 주교들은 그들의 권한과 사명을 고려할 때 무엇보다도 신의 아들을 대신하는 책무를 지닙니다. 그렇기에 그들은 기독교 왕들이 부당한 전쟁을 일으키려고 할 때 사상적으로 그리고 실질적으로 이를 허용해서는 안 됩니다. 왕들은 예수의 대리인인 교황과 주교들 앞에서 죽음과 희생정신으로 복종하기로 맹세한 자들이 아닙니까?"[16]

셋째로 성 그레고리우스가 대주교 게나디우스가 추진한 회교도와의 전쟁을 열렬히 찬양한 것은 사실입니다.[17] 그렇지만 당시의 도시(콘스탄티노플)는 회교도에 의해 엄청나게 커다란 위협에 처해 있었습니다. 그리고 당시의 기독교 국가도 마치 풍전등화와 같은 극한의 위험에 처해 있었다고 합니다. 이러한 와중에서 기독교인들이 살아남기 위해서 무력 투쟁으로써 단호하게 저항한 것은 당연한 행위였습니다. 성 그레고리우스 역시 바로 이 점을 강조한 바 있습니다. 그렇기에 게나디우스가 이교도의 폭군을 물리치고 스스로의 힘으로 위험에 처한 기독교인들을 구원한 것은 대단한 성과였습니다. 이러한 맥락을 고려하면서 라스카사스는 다음과 같이 주장합니다. 즉, 처음부터 평화롭게 살던 인디언들을 무력으로 도발하려던 회교도와 동일시하는 것은 라스카사스에 의하면 결코 온당치 않다는 것입니다.[18]

6 네 번째 쟁점: 성자들은 과연 이교도와의 전쟁을 찬양했는가?

네 번째 쟁점은 성 아우구스티누스와 콘스탄티누스는 이교도와의 전쟁을 찬양했는가 하는 물음과 관계 있습니다. 라스카사스에 의하면, 아우구스티누스가 이교도의 우상 숭배를 근절시키기 위해서 전쟁을 치러야 한다고 기독교 국가의 왕들에게 종용하지는 않았다고 합니다. 나아가 성 실베스타 콘스탄티누스는 같은 이유에서 이교도에 대한 전쟁을 처음부터 맹렬하게 경고했다고 합니다. 이에 대해 세풀베다는 다음과 같이 반론을 피력합니다. 물론 콘스탄티누스는 이교도와 전쟁도 불사하지 않으면 안 된다고 강하게 요구한 적은 없었다고 합니다. 그렇지만 그는 이교도의 우상 숭배를 법적으로 금지시키기 위해서 몇몇 이교도들을 "교수형"에 처하거나, 그들의 "재산을 몰수"해야 한다고 강력하게 요청하였다는 것입니다.

이에 대해서 라스카사스는 다음과 같이 논평합니다. 왕

들이 마치 마호메트처럼 전쟁을 치르려고 할 때 이를 경고하는 것은 마땅히 교황과 추기경의 과업입니다. 그렇지만 이교도 민족이 주어진 법을 어기지 않고 평화롭게 살 경우에 전쟁은 절대로 용납될 수 없다는 것입니다. 라스카사스는 세풀베다가 성자의 말씀을 짜깁기 식으로 인용하는 데 대해 다시금 반발합니다. 그는 토마스 아퀴나스의 다음과 같은 말을 예로 들고 있습니다.[19] "무신론자의 제식은 어떠한 방식으로든 허용될 수 없습니다. 이는 사악한 사건을 미연에 방지하고, 이로 인한 불화라든가 충격을 피하기 위함입니다. 그들을 궁극적으로 구원하기 위해서는 그들의 제식을 방해하지 말고, 그것을 어느 정도 허용해야 합니다. 그렇게 해야만 이교도들이 점진적으로 기독교로 개종할 수 있기 때문입니다. 특히 무신론자가 다수를 이룰 경우, 교회의 선각자들은 이단자와 이교도의 종교적 관습을 잠정적으로 허용했습니다."[20] 친애하는 J, 여기서 우리는 토마스 아퀴나스의 다음과 같은 입장을 엿볼 수 있습니다. 즉, 기독교인은 경우에 따라 선교의 방법을 유연하게 선택해야 한다는 입장 말입니다. 가령 선교사 한 사람이 수많은 이민족 사이에 둘러싸여 있는 경우를 상정해 보십시오. 선교의 방법에 있어서 유연한 태도를 취하지 않는 선교사는 어쩌면 목숨을 잃을지도 모릅니다.

이와 관련하여 라스카사스는 다음의 사항을 강조합니다. 즉, 인디언들이 설령 신성 모독의 범행을 저질렀다고 하더라도, 기독교인은 법정을 개최하여 강압적으로 처벌할 수는 없다는 것입니다. 그 이유는 라스카사스에 의하면 다음과 같은 두 가지 사항으로 요약될 수 있습니다. 첫째로 서인도 제도의 인디언들은 주지하다시피 지금까지 기독교를 한번도 접한 적이 없습니다. 따라서 인디언들이 그러한 상태에서 기독교의 교리에 처음부터 무조건 복종해야 할 의무는 없다고 합니다. 왜냐하면 신앙은 강요에 의해서 전파될 수 없기 때문입니다.[21] 둘째로 기독교의 교리를 따르지 않는다는 이유로 인간의 법정에서 그들을 처벌하는 것은 곤란하다고 합니다. 인간에 대한 처벌은 라스카사스에 의하면 오로지 신에 의해서 가능하다고 합니다. 라스카사스는 이른바 "용서받을 수 있는 무지無知"를 받아들이고 이를 용인합니다. 다시 말해 인디언들의 무지는 라스카사스에 의하면 그 자체 용서받을 수 있다고 합니다. 바로 이 점이야말로 라스카사스가 기독교의 초창기 사도들의 복음 전파 자세를 무조건적 진리로 받아들이지 않고 세풀베다의 논리에 맞설 수 있도록 한 하나의 중요한 명제가 아닐 수 없습니다. 인디언들이 "야훼 신의 말씀"을 경청하며 기독교의 우주론적 구원에 접근할 수 있다면, 인디언들의 무지는 얼마든지 용납될 수 있다고 합니다. 왜냐하면 인디언들이 궁극적으로 기독교 신앙을 수용한다면, 이전의 무지는 이른바 "함축적 신앙fides implicita"의 의미로 얼마든지 용납될 수 있기 때문입니다.

7

다섯 번째 쟁점: 교황은 어느 범위까지 이교도를 처벌할 수 있는가?

다섯 번째와 여섯 번째 쟁점은 "교황은 어느 범위까지 이교도를 처벌할 수 있는가?" 그리고 "그리스도의 세속적 권한은 어느 정도 주어져 있는가?" 하는 물음입니다. 친애하는 J, 당신에게 이러한 물음은 중요한 것이 아니겠지요. 그렇지만 당시에는 가톨릭 선교 신학이 지니고 있는 권한의 범위를 묻는다는 점에서 살라망카 대학에서 제기한 신학 논쟁의 핵심적 사항을 반영하고 있었습니다. 당시 프란시스코 드 비토리아를 중심으로 한 도미니크 수도회의 개혁적인 신학자들은 다음과 같이 주장하였습니다. 즉, 교황이 더 이상 "(정치적 현실에 직접적인 권한을 행사해서는 안 되며) 다만 종교와 신앙의 권한을 행사해야 한다"는 것입니다. 이러한 입장은 비록 가톨릭 사상 내부에서 제기된 것이기는 하지만, 근본적으로 중세의 신정론의 이데올로기를 비판한다는 점에서 과히 혁명적 사고가 아닐 수 없었습니다.

라스카사스는 「고린도 전서」 제5장 12절을 예로 들면서, 다시금 교황의 임무를 분명히 규정합니다.[22] 교황의 말은 라스카사스에 의하면 이교도에 대한 법적 권한을 지닐 수 없다고 합니다. 모든 것을 징벌하시는 분은 오로지 신이어야 합니다. 따라서 교황이 인간의 모든 죄를 낱낱이 심판할 수는 없다는 것입니다. 이에 대해서 세풀베다는 다음과 같이 반문합니다. 사도들의 고유한 사명은 무엇인가? 그것은 복음을 전파하는 일이 아닌가? 여기서 사도들이 별도의 수단과 방법을 찾아내어 이를 임의로 적용하는 것은 세풀베다에 의하면 어리석은 태도라고 합니다. 왜냐하면 복음은 어떠한 정황이든 어떠한 조건이든 상관없이 전파되어야 하기 때문이라는 것입니다. 이와 관련하여 교황이 복음을 전하고 자연법칙에 합당한 말씀을 전하는 것은 세풀베다의 견해에 의하면 그 자체 당연하다고 합니다. 이러한 발언으로써 세풀베다는 이른바 라스카사스에게 도사린 정통 가톨릭 교리에서 벗어난 사고를 하나의 이단으로 들추어내려고 합니다.

라스카사스가 상대방의 교묘한 의도를 모를 리 없습니다. 그래서 그는 세풀베다의 견해를 정면으로 반박하는 대신에, 조건 명제를 내세웁니다. 라스카사스는 이러한 명제를 통해서 상대방 논리에 허구성이 도사리고 있음을 예리하게 지적합니다. 이는 소크라테스의 산파술과 유사합니다. "목적에 합당한 권력이 목적의 수단을 규정해야 한다"라는 세풀베다의 말은 라스카사스에 의하면 다음과 같은 전제 조건 하에서만 타당성을 지닌다고 합니다. 즉, 목적을 위한 수단이 목적과 정당한 관계를 취하고, 목적에 도달하는 데에 유용해야 한다는 전제 조건 말입니다. 복음을 전파하기 위해서 끔찍한 전쟁을 치르겠다는 말은 궁극적으로 고찰할 때 기독교의 확장을 위해서 처절한 각오로 마호메트처럼 칼을 뽑아들자는 슬로건과 다를 바 없습니다.[23] 무력 투쟁은 라스카사스에 의하면 신의 명예를 더럽히고, 그리스도와 기독교를 욕보이는 행위라고 합니다. 자고로 다른 민족을 학살하고, 그 구성원을 무차별적으로 도륙하게 되면, 타민족의 마음속에는 기독교와 기독교인들에 대한 증오심과 혐오감이 사라지지 않는 법입니다. 라스카사스는 다음과 같이 묻습니다. 기독교를 전파한다는 명목으로 다른 민족을 살육하고, 원주민들의 생활 근거지를 황폐화시키는 짓거리가 과연 온당한 행위라고 생각하는가 하고 말입니다.

라스카사스에 의하면, 중요한 것은 무엇보다도 그리스도의 순수하고도 무한한 사랑과 박애의 정신입니다. 바로 이러한 사랑을 통해서 무신론자들이 감복될 수 있다는 것입니다. 문제는 총과 칼이 아니라, 사랑을 통한 감동의 전파입니다. 가령 로마의 천민들이 그리스도의 지순한 사랑의 정신과 겸허함에 감복하여, 스스로 기독교인이 되기로 자청한 경우를 생각해 보십시오.

8

여섯 번째 쟁점: 그리스도의 세속적 권한은 어느 정도 주어져 있는가?

앞의 명제와 관련하여 라스카사스는 다음과 같이 주장합니다. "기독교를 아직 한 번도 접한 적이 없는 이교도는 교회의 질서 속에 편입되어 있다고 아직은 말할 수 없다. 따라서 로마 가톨릭 교회가 이들에 대해서 무력으로써 제재를 가할 수 있는 어떤 실질적 권한도 처음부터 주어져 있지 않다." 엄밀히 따지면, 예수 그리스도 역시 이러한 실질적 권한을 지닌 적이 없었다고 합니다. 이를테면 그리스도는 온 세상을 장악할 권능을 사도에게 부여할 수 없었습니다. 왜냐하면 그분은 다만 주어진 세계에 대한 권능을 "잠재적으로in potentia" 지녔을 뿐, "실질적으로in actu" 지니지 않았기 때문입니다. 친애하는 J, 여기서 우리는 다음의 사실을 유추할 수 있습니다. 즉, 라스카사스는 그리스도를 역사적 인물로서의 예수로 고찰하면서, 교회의 권위를 공고히 하기 위한 그리스도의 신격화를 배격한다는 사실 말입니다. 신약성서에도 언급되어 있지만, 그리스도는 자신의 사도들을 마치 연약한 "양"처럼 여기고, 그들을 이른바 "늑대의 소굴"로 보냈을 뿐, 군인과 동행하게 하지는 않았다고 합니다.[24] 이에 대해 세풀베다는 다음과 같이 반박합니다. 예수 그리스도가 세속적 권한을 잠재적으로 지녔을 뿐 실질적으로 지니지 않았다는 것은 처음부터 기독교 복음의 정신에 위배된다는 것입니다. 세풀베다는 신약성서의 「히브리인들에게 보낸 편지」 제2장 8절을 예로 들면서, 자신의 논리를 입증하려고 합니다.[25] 그는 "잠재적으로"라는 말 자체가 예수의 강한 종교적 정신을 희석시키는 애매한 표현이라고 규정합니다. 이른바 잠재적 특성이란 어떤 일시적 과정 속에 잠시, 그것도 간헐적으로 나타난다고 합니다.[26] 가령 잠재적 특성을 품고 있는 "엔텔레히"는 오로지 과도기를 전제로 한 하나의 "지적으로 인지되는intelligible" 개념에 불과합니다. 모든 논리는 세풀베다에 의하면 최종 순간이라는 상태를 전제로 할 때 실질적으로 "존재하느냐, 그렇지 않으냐?" 하는 물음으로 귀결된다고 합니다. 특정한 현실적 순간의 상태를 전제로 한다면, 모든 사물은 존재하든가, 존재하지 않든가, 둘 중 하나로 해명될 수 있습니다. 잠재적으로 존재한다는 것은 세풀베다에 의하면 궁극적인 측면에서 고찰할 때 논리적 허구와 다름이 없습니다. 이를 위해서 세풀베다는 아리스토텔레스를 인용합니다. "인간이 무엇을 실질적으로 지니지 않았다는 말은 인간이 아무것도 지니지 않았음을 뜻한다"(Meta-physica IX, 1: 1046a; IX, 6: 1048ab).

이에 대해서 라스카사스는 다음과 같이 반박합니다. 자고로 "믿음"의 권한은 처음부터 "법"의 권한과 엄격하게 구분되어야 한다고 말입니다. 전자인 믿음이 "첫 번째 행위 actus primus"라면, 후자인 법은 "두 번째 행위actus secundus"라고 명명될 수 있습니다. 예수 그리스도는 첫 번째 행위로서의 믿음의 권능을 지닌 분입니다. 인간신 예수는 라스카사스의 견해에 의하면 세속적 세계에 대한 법적 권한마저 지니지는 못했습니다. 바로 이러한 이유에서 이교도가 그리스도에게 복종할 의무는 오로지 잠재적으로 주어져 있을 뿐입니다. 특히 서인도 제도에 살고 있는 인디언들은 실질적으로 그리고 법적으로 로마 가톨릭 교회에 복종할 필요가 없다고 합니다. 라스카사스의 이러한 항변은 다음과 같은 물음으로 요약될 수 있습니다. 즉, 그리스도 역시 법과 세속적 사항에 대해 잠재적 권한만을 지니고 있을진대, 어찌 교황이 믿음과 법이라는 두 가지 권한을 동시에 지닐 수 있겠는가 하는 물음이 그것입니다.

나아가 라스카사스는 아리스토텔레스에 관한 세풀베다의 발언에 관해서 다음과 같이 언급합니다. 아리스토텔레스의 발언은 "두 번째 행위"와 관련될 뿐, "첫 번째 행위"와 관련되지는 않는다고 말입니다. 그것은 토마스 아퀴나스의 철학적 용어로 말하자면 세계의 영역에 속하는 "부속되어 있는 형태들formae inhaerentes"에 해당될 뿐, 천상의 영역에 속하는 "고립된 형태들formae separatae"에 해당하는 것은 아니라고 합니다.[27] 따라서 아리스토텔레스의 발언은 지상의 사물 그리고 법적인 권한과 관계될 뿐, 천상의 영역 내지 믿음의 권한과 관련되지는 않는다는 것입니다. 아닌 게 아니라 예수 그리스도는 성부에 의해서 자연 법칙을 보존하고 복음을 전할 권한을 부여받았습니다. 그렇지만 그분은 아직 신앙을 전수받지 못한 이교도들을 완전무결하게, 다시 말해서 종교적으로 뿐 아니라, 법적으로 그리고 정치적으로 다스릴 수 있는 모든 권한을 부여받지 못했다는 것입니다. 이는 바로 그리스도가 오로지 "지조의 특성으로써in habitu," 다시 말해서 "첫 번째 행위"의 권한만을 부여받았다는 사실을 시사해 준다는 것입니다. 요약하건대 그리스도는 라스카사스에 의하면 주어진 세계에 대한 권한을 오로지 "잠재적으로만" 지니고 있습니다.

9

일곱 번째 쟁점: 교회법은 아무런 수정 없이 인디언들에게 적용될 수 있는가?

친애하는 J, 바야돌리드 논쟁은 처음부터 어떤 결론을 도출해 내지 못할 취약점을 지니고 있었습니다. 왜냐하면 논쟁의 당사자들은 신대륙이라는 구체적인 현실적 조건을 파악하는 데 있어서 서로 상이한 입장을 취했기 때문입니다. 라스카사스는 매우 특수한 조건을 지니고 있는 서인도 제도를 염두에 두었습니다. 이에 비하면 세풀베다는 유럽의 현실적 조건 및 여기서 파생되는 견해가 얼마든지 다른 현실에 그대로 적용될 수 있다는 점을 내세우고 있었습니다.[28] 그래서인지는 몰라도 논쟁은 급기야 교회법과 교회법 학자들에 대한 견해로 이어졌습니다.

과거에 살았던 교회법 학자들은 흔히 다음과 같이 주장하였습니다. 이단자들은 자연 법칙을 무시하고 신을 모독하며, 이교도는 우상을 숭배한다. 교회는 이들을 얼마든지 벌할 수 있는 고유의 권한을 지닌다고 말입니다. 이러한 교회법 학자들의 견해에 대해서 라스카사스는 부분적으로 용인하고, 부분적으로 비판합니다. 이단자의 경우는 이교도의 경우와 다르며, 이교도라고 하더라도 천차만별로 살아가고 있다는 것입니다. 따라서 라스카사스는 다음과 같이 주장합니다. 즉, 로마 가톨릭 교회는 오로지 기독교의 나라가 정복당하고, 창조주가 조소당하며, 믿음이 전적으로 위협받을 때에 한해서 이교도들에게 법적이고 전투적인 방법으로 제제를 가해야 한다고 말입니다. 서인도 제도로 이주한 에스파냐 사람들은 처음부터 원주민들로부터 생명의 위협을 느끼지도 않았고, 끔찍한 위협을 받지도 않았습니다. 끔찍한 방법으로 인디언들을 수없이 살해한 자들은 오히려 에스파냐 출신의 정복자들이었습니다. 따라서 교회법 학자들의 견해를 서인도 제도의 인디언들에게 적용시키는 것은 라스카사스에 의하면 결코 적절한 처사라고 할 수 없다는 것입니다.[29]

이에 대해서 세풀베다는 라스카사스의 견해를 납득하기 어렵다고 맞받아칩니다. 신을 모독하는 자를 무력으로 진압하는 일은 가능하고, 우상을 숭배하는 자를 무력으로 진압하는 일은 불가능하다는 주장은 그 자체 논리에 맞지 않다는 것입니다. 교회는 세풀베다의 견해에 의하면 신앙과 법의 차원에서 신성 모독의 죄뿐 아니라 우상 숭배의 죄를 동시에 척결해야 한다고 합니다. 기독교인은 우상으로서 숭배되는 이교도의 신들을 공격해야 옳다고 합니다. 나아가 인간은 야훼 신 앞에서 어떠한 우상도 숭배해서는 안 된다고 합니다. 이러한 태도의 배후에는 인간의 모든 죄와 벌이 공정하게 집행되기를 바라는 세풀베다의 견해가 도사리고 있습니다.

이에 대해서 라스카사스는 다음과 같이 반문합니다. 과거 교회법 학자들이 강력한 처벌을 주장한 것은 무엇 때문인가? 그것은 터키라든가 무어 족들이 기독교인들이 살고 있는 땅을 호시탐탐 노리고 있었기 때문이 아닌가?[30] 급박한 위험 속에서 스스로를 구할 수 있는 방법은 바로 엄격한 법 적용입니다. 이 점에 있어서 라스카사스는 세풀베다의 견해에 동의합니다. 그렇지만 지구 반대편에서 평화롭게 살고 있던 인디언들은 기독교인들에게 전혀 위협적인 존재가 아니었다고 합니다. 만약 과거의 교회법 학자들이 현재 살아있다면, 그들은 라스카사스에 의하면 우상을 숭배하는 인디언들을 엄격하게 벌하자고 주장하지는 않았을 것이라고 합니다. 요약하건대 라스카사스의 주장 속에는 다음과 같은 내적 논리가 도사리고 있습니다. 교회법 학자들의 입장은 주지하다시피 유럽이라는 구체적 현실의 조건 하에서 파생된 견해들입니다. 그런데 16세기 사람들의 세계는 인도(신대륙)의 발견으로 인해서 엄청난 영역으로 확장되고 말았습니다. 따라서 기존의 교회법은 새롭게 변화된 세계적 상황을 충분히 고려하면서, 다시 새롭게 정립될 필요가 있다고 합니다. 과거의 교회법을 아무런 수정 없이 새롭게 발견된 미지의 세계에 액면 그대로 적용하는 것은 라스카사스에 의하면 무리라는 것입니다.

10

여덟 번째 쟁점: 서인도 제도에 살고 있는 인디언들은 야만인인가?

라스카사스는 논쟁이 시작된 시점부터 수미일관 다음과 같이 주장합니다. 즉, 인디언들은 야만인이 아니며, 에스파냐 정복자들에 의해서 복종을 강요받아서도 안 된다고 말입니다. 이에 대해서 세풀베다는 아리스토텔레스가 거론한 야만인에 관해서 언급하면서, 라스카사스의 견해를 전적으로 반박합니다. 그는 야만인에 관한 아리스토텔레스의 주장을 원용합니다. 첫째로 야만인들은 아리스토텔레스에 의하면 이성과 자연 법칙에 위배된 채 살아갑니다. 야만인은 문명화된 인간 가운데에서도 출현할 수 있다고 합니다. 둘째로 야만인들은 아리스토텔레스에 의하면 기이한 언어를 사용하며, 글을 모릅니다.[31] 셋째로 야만인들은 괴물과 유사하고, 황야에서 살고 있는 짐승처럼 거칠게 살아간다고 합니다.[32] 세풀베다는 아리스토텔레스가 언급한 이러한 세 가지 유형 가운데 두 번째 사항을 서인도 제도의 인디언들에게 적용하고 있습니다. 그는 뒤이어 야만인에 대한 토마스 아퀴나스의 정의를 인용합니다. 야만인이란 토마스가 정의한 바에 의하면 자연과 이성 사이의 일치감으로 살지 않고, 더러운 풍속을 지니며, (그게 종교의 결핍에서 기인하는지는 알 수 없지만) 조야한 습관에 따라 거칠게 사는 자를 가리킨다고 합니다. 야만인들은 올바른 가르침을 받지 않고 살아가기 때문에, 그에 합당한 처벌 역시 당하지 않습니다. 세풀베다는 이러한 정의에 따라 인디언을 야만적인 인간으로 규정하면서, 다음과 같은 말을 덧붙입니다. 즉, "인디언들의 풍속은 그곳에 오래 살았던 연대기 서술자인 곤잘로 페르난데스 드 오비에도 이 발데스의 책 『일반 역사 Historia General』의 제3장 6절에 자세하게 묘사되어 있다"는 것입니다.

친애하는 J, 오비에도는 어떠한 인물일까요? 그는 실제로 신대륙에서 금 제련소의 감독관으로 일했으며, 40년대에 다시 신대륙으로 건너가서 산토도밍고의 요새를 건설하는 책임자로 활약하였습니다. 그의 시각은 오로지 재화와 황금에 혈안이 된 에스파냐 출신의 정복자의 그것에서 벗어나지 못했습니다. 오비에도는 자신의 책에서 서인도 제도에 살고 있는 토착민들을 다음과 같이 규정한 바 있습니다. "인디언들은 기이한 우상을 숭배하고, 인육을 아귀아귀 뜯어 먹으며, 짐승과 간음하기도 한다."[33] 인디언들이 우상을 숭배하는 것은 사실이지만, 인육을 먹는다거나 짐승과 간음한다는 것은 오비에도에 의해서 조작된 상상으로 판명되었습니다. 라스카사스도 오비에도의 주장을 "증명할 수 없는 하나의 상상"이라고 논평한 바 있습니다. 어쨌든 우리는 다음의 사실을 확인할 수 있습니다. 즉, 세풀베다는 신대륙에 가서 인디언의 삶을 직접 체험하지 못했으며, 신대륙에 관한 모든 내용을 오로지 "문헌"으로 접했다는 사실 말입니다. 아닌 게 아니라 16세기 초에는 신대륙에 관한 수많은 문헌들이 양피지로 전해지곤 하였습니다.

세풀베다의 주장에 대해 라스카사스는 다음과 같이 반박합니다. 즉, 세풀베다는 토마스 아퀴나스를 제대로 이해하지 못했으며, 아리스토텔레스의 이론을 잘못된 측면에서 재해석한다는 것입니다. 이를 증명하기 위하여 라스카사스는 다음과 같은 세 가지 견해를 내세웁니다. 첫째로 인디언들은 인종적으로 그리고 문화적으로 유럽인들과는 분명히 다른 이질적 존재들이다. 둘째로 문헌이란 인간 삶에서 부수적이므로, 글을 모르는 자라고 해서 야만인으로 규정할 수는 없다. 인디언들이 서양의 언어를 모르듯이, 서양인들 역시 인디언의 언어를 잘 모르고 있다는 것입니다. 셋째로 인디언의 삶은 라스카사스의 견해에 의하면 오비에도가 기술한 것과는 달리 절대로 방종하지 않다는 것입니다. 인디언들은 라스카사스에 의하면 날카로운 정신의 소유자들이며, 판단에 있어서 정확하다고 합니다. 그들은 나름대로의 고유한 법칙으로 공동체를 이루며 살아갑니다.[34] 인디언들은 읽기, 쓰기, 노래, 악기 연주, 문법 그리고 논리 등을 잘 이해하며, 이것들에 대한 수용 능력을 갖추고 있습니다.

그렇지만 라스카사스는 당시에 자신의 주장을 입증할

만한 자료를 충분히 소지하지 못했습니다. 기껏해야 그는 바야돌리드 논쟁이 시작되기 전에 동료 수사인 도밍고 드 베탄초스의 "인디언들은 근본적으로 기독교 신앙을 받아들일 능력이 부족하다"라는 견해를 부랴부랴 무마했을 뿐입니다.[35] 라스카사스는 인디언들을 여러 유형으로 구분할 정도로 인디언 문화 전반에 걸쳐 많은 사항들을 속속들이 이해하지는 못했습니다. 그렇기에 그는 예수회 선교사 호세 드 아코스타처럼 고도의 문명을 이룩한 인디언들과, 이른바 원시적으로 사는 인디언들을 엄격하게 구분할 수 없었던 것입니다.[36] 라스카사스는 멕시코 지역의 아스텍 문명, 유카탄 지역의 마야 문명에 관해서는 어느 정도 알고 있었지만, 페루 지역의 잉카 문명에 관해서는 생생하게 체험하지 못했습니다.

요컨대 라스카사스는 세풀베다가 인용한 오비에도의 문헌 내용을 처음부터 하나의 사실로 인정하지 않았습니다. 오비에도 역시 자신의 입장을 분명히 했습니다. 즉, 그의 책 서문에는 자기 자신이 인디언을 강탈하는 폭군이라는 사실이 분명히 언급되어 있습니다. 한마디로 오비에도가 서술한 모든 내용은 라스카사스에 의하면 인디언들이 우상을 숭배한다는 사실 외에는 모조리 허위라고 합니다.[37]

11
아홉 번째 쟁점: 다른 믿음을 지닌 자에게 가하는 폭력은 정당한가?

아홉 번째 쟁점, "다른 믿음을 지닌 자에게 가하는 폭력은 정당한가?"는 세 번째와 네 번째 쟁점과 관련된 것입니다. 여기서 라스카사스는 다음과 같이 완강하게 주장합니다. "전쟁은 인디언들을 기독교로 개종시키는 데 방해가 될 뿐이다. 왜냐하면 전쟁으로 인한 온갖 피해와 심리적 수모는 인디언들의 마음속에 증오심을 부추기기 때문이다." 기독교의 선교 방식은 무엇보다도 사랑과 포용이어야 한다는 것이 라스카사스의 지론입니다.

이에 대해 세풀베다는 우선 아우구스티누스의 편지를 인용합니다. "무신론자를 경악시킬 정도로 겁을 가한 뒤 가르치지 않는다면, 그러한 상황 속에서는 어떤 유형의 독재가 출현할지 모릅니다. 그들로 하여금 검에 사로잡히게 하지 않는다면, 그들은 뒤늦게 구원의 길에 도달하게 될 것입니다"(ep. 48: PL 33/323).[38] 이로써 세풀베다가 주장하는 내용은 그 자체 자명합니다. 자고로 미친 자는 이성을 잃은 채 자신을 치료하는 의사를 극도로 증오한다고 합니다. 이는 마치 잘못 자란 아이가 자신을 벌하는 교사를 무조건 싫어하는 태도와 같은 이치입니다. 미친 자, 잘못 자란 아이를 제대로 다스리려면 무력 사용이 어쩔 수 없이 필요하다는 것입니다. 서인도 제도의 인디언들은 세풀베다에 의하면 아직 이성과 그리스도 신앙을 접한 적이 없는 야만인들입니다. "미친 자는 자신을 치유하려는 의사를 증오합니다. 그리고 잘못 교육받은 아이는 자신을 벌하는 교사를 미워하지요. 그렇지만 우리는 미친 자와 나쁜 아이에게 유익한 일을 해야만 하고, 그들을 포기해서는 안 됩니다. 이는 아우구스티누스가 이미 언급한 바 있습니다(ep 50: PL 33/795). 전쟁과 군인은 개종과 설교를 위해서 존재하는 게 아니라, 야만인들을 굴복시키고, 설교의 토대를 닦고, 안전을 도모하기 위함입니다."[39] 그렇기에 기독교 국가가 군인들을 보내서 전쟁을 치르는 일 역시 선교 사업의 안전을 위한 하나의 방책이라는 것입니다. 우리는 세풀베다의 견해를 다음과 같이 요약할 수 있습니다. 즉, 이교도들을 처음부터 무력으로 복속시키고 굴종시키지 않으면, 그들을 기독교로 개종시키기는커녕, 오히려 에스파냐 출신의 선교사들을 위험에 처하게 하거나, 급기야는 목숨을 잃게 할 것이라고 합니다.

세풀베다의 주장에 대해서 라스카사스는 다음과 같은 반론을 제기합니다. 아우구스티누스는 "무신론자"를 일반화시켜서, 이들에 관해서 전체적으로 언급한 적은 한 번도 없다고 합니다. 가령 아우구스티누스는 이단적 종파 가운데에서 로가티스 내지 도나티스 종파에 대해 앞에서 언급된 그러한 말을 던졌을 뿐입니다. 그는 이단자 전체와 무신론자 전체를 그런 식으로 매도하지는 않았다고 합니다. 다시 말해서, 아우구스티누스가 보니파츠 백작에게 보낸 편지는 아리우스 종파가 아니라, 오로지 도나티스 종파 사람들의 광분한 이단성을 비판하기 위해서 그렇게 언급하였다는 것입니다. 따라서 아우구스티누스의 말을 서인도 제도에 살고 있는 인디언들에게 액면 그대로 적용하는 것은 라스카사스에 의하면 결코 온당치 않은 처사라고 합니다.[40] 이미 언급했듯이 인디언들은 지금까지 기독교를 한 번도 접한 적이 없으며, 세례를 받은 적도 없습니다. 따라서 그들을 광분한 무력도발자들과 동일하게 여기는 태도는 처음부터 잘못된 태도가 아닐 수 없다고 합니다. 이와 관련하여 라스카사스는 성 그레고리우스와 유사 디오니시오스의 말을 인용합니다. "기독교로부터 아주 멀리 위치한 사람들을 올바른 신앙의 길로 인도하려는 자는 거친 태도가 아니라 친절하고 따뜻한 마음을 드러내어야 한다. 그래야 이방인들은 선교사에 대한 적개심 내지는 황량하고 조야한 태도를 버리고, 이성적 태도를 고취하게 될 것이다."[41]

12
열 번째 쟁점: 이교도는 기독교 선교사의 설교 청취를 강요당해야 하는가?

열 번째 쟁점은 다음과 같은 물음으로 이루어져 있습니다. "이교도는 기독교 선교사의 설교 청취를 강요당해야 하는가?" 라스카사스는 이교도에게 강제적으로 선교하는 행위와 강압적으로 개종시키는 방식을 처음부터 반대합니다. 그 때문에 라스카사스는 "기독교인은 이교도들에게 설교를 듣도록 강요해서는 안 된다"라고 역설하였습니다. 그렇지만 이러한 주장은 (도미니크 수도원 출신의 학자들을 제외한다면) 많은 사람들의 호응을 얻기 어려웠습니다. 왜냐하면 그것은 당시의 상황을 고려할 때 에스파냐의 국익보다는 오히려 서인도 제도의 인디언의 처지를 더 많이 고려한 입장이었기 때문입니다. 나아가 그것은 기득권의 이익과 반대되고, 피억압자의 관점을 고려한다는 점에서 어딘지 모르게 수많은 이단 종파들의 체제 파괴적인 성향을 방불케 합니다. 에스파냐 당국과 교황청 역시 이 점에 대해 약간의 우려를 표명하고 있었습니다. 그렇기에 라스카사스는 자신의 입장을 진솔하게 피력하는 데 두 가지 어려움을 감지하지 않을 수 없었습니다. 한편으로는 국익과 교황의 권위를 대변하는 세풀베다의 주장 속에 도사린 허구성을 밝혀내야 하지만, 다른 한편으로는 자신의 주장이 결코 로마 가톨릭 교회의 교리에 위배되지 않는다는 점 또한 입증해야 했습니다.

세풀베다는 이른바 라스카사스의 주장 속에 도사리고 있는 어떤 이단 내지 반역의 혐의를 부각시키고자 하였습니다. 가령 그는 토마스 아퀴나스의 다음과 같은 말을 인용합니다. "목적을 위해서 행하는 모든 권능은 아울러 목적을 위한 수단을 결정한다."[42] 마찬가지로 기독교 사상은 그 자체 절대적인 것이며, 이를 전파하려는 로마 가톨릭 교회의 방법론 역시 이러한 절대성을 추종해야 한다는 것입니다. 이는 아울러 지금까지 교황청이 초지일관 추구한 신앙과 선교의 원칙이기도 하였습니다.[43] 논의가 국익을 위한 것이냐, 아니면 체제 파괴적인 것이냐 하는 물음으로 갈려졌다는 사실이 라스카사스를 곤혹스럽게 만들었습니다.

세풀베다의 이러한 견해에 대해서 라스카사스는 다음과 같이 답변합니다. 즉, "교황은 복음 자체를 알릴 권한을 지닌다"는 세풀베다의 견해는 실제로 용인될 수 있습니다. 왜냐하면 이것은 지금까지의 역사에서 "세계에 대한 교황의 직접적인 권한potestas directa in temporibus"으로 이어져 왔기 때문입니다. 그렇지만 "이교도는 복음의 말씀을 반드시 들어야 한다"는 발언은 라스카사스에 의하면 그 자체 분명한 것은 아니라고 합니다. 라스카사스는 세풀베다를 다음과 같이 비난합니다. 즉, 세풀베다는 주어진 현실적 맥락을 고려하지 않고, 토마스 아퀴나스의 발언을 함부로 끄집어내어 인용한다는 것입니다. 라스카사스는 토마스 아퀴나스에 대한 토마스 카예탄의 주석에 나오는 글을 인용함으로써, "세계에 대한 교황의 간접적인 권한potestas indirecta in temporibus"이라는 자신의 견해를 분명하게 피력합니다.[44] 즉, "기독교인은 이교도에게 강압적으로 설교해도 안 되고, 그들에게 무력으로 세례를 강요해도 안 된다. 선교사는 부모의 허락을 받지 않은 아이들에게 무력으로 세례를 강요해서도 안 된다"라고 말입니다.[45] 예수 그리스도는 사도들에게 복음을 전하라는 고결한 임무를 부여했지만, 복음을 강압적으로 전해도 된다고 가르친 적은 한 번도 없었다는 것입니다. 이와 관련하여 라스카사스는「마태오의 복음서」제10장 14절을 예로 들고 있습니다. 만약 사람들이 사도의 말씀에 귀를 기울이지 않고 그것을 무시하면, 그 집이나 도시를 떠날 때, 신발에 묻은 먼지를 툴툴 털라는 구절 말입니다.

13 인간의 희생을 막기 위한
열한 번째 쟁점: 전쟁은 정당한가?

라스카사스는 인간의 희생을 막기 위한 전쟁을 무조건 나쁘다고 규정하지는 않았습니다. 그러나 "전쟁의 결과"는 라스카사스에 의하면 무고하게 희생된 자들의 죽음보다도 훨씬 더 끔찍하다고 주장하였습니다.

이에 대한 반론으로서 세풀베다는 다음과 같은 두 가지 사항을 내세웁니다. 첫째로 신新에스파냐(멕시코 지역)에서는 매년 2만 명의 이주민들이 인디언과의 마찰로 희생되었다고 합니다. 이를 고려할 때 지난 30년 동안 거의 60만에 해당하는 에스파냐 사람들이 안타깝게도 목숨을 잃었다는 것입니다. 이러한 통계를 고려할 때 영혼의 손실을 막을 수 있는 방도는 세풀베다의 견해에 의하면 오로지 전투적 인디언들에 대한 전쟁밖에 없다고 합니다. 친애하는 J, 세풀베다 역시 인디언들에게 가해진 수많은 학살에 관해서 간접적으로 접한 바 있습니다. 그러나 그는 이를 "문명의 전파 과정에서 나타나는 필요악" 내지 "흥분한 야만인에게 일시적으로 필요한 충격 요법"이라고 이해할 뿐입니다.

둘째로 인디언들은 자신의 신들을 위해서 살아 있는 인간을 제물로 바친다는 것입니다. 이는 비록 무지에서 유래한 것이라고 하지만, 세풀베다에 의하면, 도저히 용서할 수 없다고 합니다. 이와 관련하여 세풀베다는 열한 번째 쟁점에서 라스카사스가 저술한 『에스파냐 출신의 토지 및 노예 소유자들을 대하는 고해 신부를 위한 조언』을 이단 서적으로 매도하고 있습니다. 이 책자는 인디언들의 우상을 호의적으로 평가하고 숭상하고 있는데, 기독교인이 이교도의 우상 숭배를 호의적으로 받아들이는 것은 결코 용납할 수 없는 태도라는 것입니다. 나아가 그는 「마르코의 복음서」 제16장 16절을 예로 들면서,[46] 라스카사스의 태도는 국가에 대한 엄청난 반역이며, 로마 교황청의 교리에 위배되는 위험한 이단적 사고라고 합니다. "야만인들이 자신들의 종교와 우상을 정당하다고 여기며 이를 보호하는 경우가 있습니다. 주교(라스카사스)는 이를 그의 요약문과 『에스파냐 출신의 토지 및 노예 소유자들을 대하는 고해 신부를 위한 조언』에서 분명하게 언급하고 있는데, 이는 여기서 다음의 주장을 말해 줍니다. 즉, 인디언들이 선한 마음과 양심으로 그들의 우상을 찬양하고 숭상한다는 주장 말입니다. 이러한 주장은 우상 숭배의 범죄를 의식적으로 용인해 주는 것이나 다름 없습니다. 이는 우상 숭배보다도 더 커다란 범죄입니다."[47]

라스카사스는 상대방의 견해를 단호한 태도로 견강부

회牽强附會라고 규정합니다. 이와 관련하여 그는 다음과 같은 세 가지 사항을 분명하게 지적합니다. 첫째로 세풀베다 박사는 매년 2만 명의 에스파냐 사람들이 희생되었다고 주장하지만, 이보다 수십 배 많은 수의 인디언들이 해마다 희생되고 있다. 둘째로 이만 명, 혹은 오천 명 내지 백 명 등의 희생자를 운운하는 것은 독재자가 자신의 학살 행위를 정당화하기 위한 구실에 불과하다. 셋째로 세풀베다의 통계 자료는 하나의 사실로 인정하기에는 충분하지 못할 뿐 아니라, 신빙성을 지니지도 못한다. 실제로 에스파냐 사람들이 매년 서인도 제도에서 살해하는 인디언의 수는 그들이 지금까지 백 년 동안 신들에게 바친 인간 제물의 수보다도 더 많다고 합니다. 나아가 라스카사스는 다음과 같이 논평합니다. 즉, 살아 있는 인간을 신의 제물로 바치는 행위가 자연 법칙에 위배되는지의 여부를 밝히는 일은 그 자체 무척 난해한 일이라고 합니다. 유럽 사람들 역시 과거에 인간을 제물로 바친 적이 있었다고 합니다. 이를테면 로마인들은 한니발과의 전쟁에서 신들의 노여움을 달래기 위해서 갈리아 출신의 남녀와 그리스 출신의 남녀를 도살하도록 조처했다는 것입니다.[48] "이탈리아에서 로마인들은 극도의 굶주림과 다른 불행한 상황에 처해 있을 때 다음과 같은 결론을 내렸습니다. 첫 번째로 태어나는 모든 자식을 신의 제물로 바치기로 말입니다. 물론 그들은 이러한 조처를 탐탁하게 여기지는 않았으나, 어쩔 수 없이 그렇게 결정을 내렸습니다. 디오니시오스 할리카르나소스는 이에 관해서 기술한 바 있습니다"(Antiputatum

Romanum I, 38).[49]

    그밖에도 세풀베다는 이른바 정당한 전쟁을 치를 때 무고한 자들이 우연한 "사고에 의해서per accidens" 살해당하는 것을 하나의 죄로 간주하지 않고 있습니다. 이는 라스카사스에 의하면 엄청난 착각이며 잘못이라고 합니다. 왜냐하면 죄 있는 자와 죄 없는 자들을 모조리 섬멸하고 거둔 승리는 궁극적으로 진정한 승리가 아니기 때문입니다. 빈대 한 마리를 잡으려고 초가삼간을 모조리 다 태워야 하나요? 에스파냐 출신의 정복자들은 인디언들의 아이들을 살해하고, 부녀자들을 수없이 능욕하였으며, 농부들을 잔인하게 도륙하였습니다. 따라서 에스파냐 출신의 정복자들이 추악한 전쟁을 일으키는 것은 기독교인들의 수치가 아닐 수 없다는 것입니다. 마지막으로 라스카사스는 다음과 같이 분명하게 경고합니다. 인디언들은 기독교를 아직 알지 못한 채, 옳든 그르든 간에 그들의 고유한 논리와 법칙에 의해서 자신들의 신을 정성껏 모시며 살고 있습니다. 따라서 기독교를 전파하는 자들이 전쟁 군인, 살인자 그리고 폭군인 한에 있어서 인디언들은 예수 그리스도의 신앙을 절대로 고분고분하게 받아들이지는 않을 것이라고 말입니다.

14

열두 번째 쟁점: 교황 알렉산더 6세의 칙서는 무엇을 의도하는가?

마지막으로 두 논쟁자들은 신대륙 발견 직후에 발표된 교황 알렉산더 6세의 칙서 속에 담긴 함의에 관해서 서로 다른 의견을 제시합니다. 라스카사스는 칙서의 함의를 다음과 같이 해석합니다. 즉, 칙서는 야만적인 인디언들에게 복음을 전하고, 그들이 기독교인이 된 다음에 카스티야 왕국에 복종하게 하려는 의도를 지닌다고 말입니다. 이는 이른바 "자신의 이득을 위한 지배 체제의 실천"과도 무관하며, 인디언들을 노예로 삼아서 그들의 권리를 빼앗으려는 일과도 전혀 관계 없다고 합니다. 교황의 칙서는 라스카사스에 의하면 최상의 법적 가치 수행을 위해서 공표되었습니다. 즉, 인디언들에게 믿음을 전하고, 그들로 하여금 좋은 도덕과 문명화된 공동체의 질서에 따르도록 요구하는 게 칙서의 근본적인 함의라는 것입니다.

이에 대해서 세풀베다는 다른 견해를 내세웁니다. 즉,

알렉산더 6세의 칙서는 야만인들을 카스티야 왕국에 복종하게 하는 명징한 목적에서 비롯된 것이며, 그렇게 해야만 그리스도의 복음이 제대로 전파될 수 있다고 합니다. 이를테면 1537년에 발표된 바울 3세의 칙서는 끔찍한 죄를 저지른 군인들에게 향한 것이지만, 알렉산더 6세의 이전 칙서는 이와는 달리 해석되어야 한다는 것입니다. 나아가 그것은 세풀베다의 견해에 의하면 서인도 제도에서 활동하는 설교자를 보호하려는 의도 역시 담고 있다고 합니다. 자고로 기독교를 전파하려는 자가 무기 없이 낯선 곳에서 배회할 수는 없다고 합니다. 이에 대해 세풀베다는 플로리다에서 인디언들에게 무참하게 살해당한 루이스 수사를 예로 들고 있습니다.[50]

라스카사스는 열두 번째 쟁점에 관해서 비교적 많은 부분을 할애하고 있습니다. 첨언하건대 그는 나중에 열두 번째의 반박문을 다시 세밀하게 수정하였습니다. 원본에서는 교황의 발언과 정복자 사이의 관계가 강조되고 있지만, 수정본에서 강조되고 있는 것은 무엇보다도 에스파냐의 제후들과 정복자 사이의 관계입니다. 라스카사스는 오랫동안 다음의 사실을 굳게 믿었습니다. 즉, 에스파냐의 권력 구조가 필요로 하는 것은 인디언들이 신성로마제국의 황제를 세계의 합법적인 지배자로서 자발적으로 인정하는 것이라고 말입니다. 라스카사스는 에스파냐의 왕정 체제가 오로지 복음의 전파와 에스파냐 문화의 전파를 통해서 더욱 공고히 되기를 바라고 있었던 것입니다. 그의 이러한 바람은 가톨릭 정신에 입각한 어떤 우주적 군주국의 실현에 대한 자신의 오랜 갈망과 일맥상통하고 있습니다.

다시 라스카사스의 반론으로 돌아가 봅시다. 라스카사스에 의하면, 세풀베다는 기독교 사상과 복음의 가르침에 위배되는 주장을 강권하고 있습니다. 여기서 라스카사스는 극도의 노여움을 드러내며, 상대방을 비난합니다. 세풀베다는 라스카사스에 의하면 기독교 국가의 근본적인 적敵이나 다를 바 없습니다. 왜냐하면 그는 "잔악한 폭군의 앞잡이, 인류를 말살시키는 배후 조종자 그리고 에스파냐의 정복욕을 대변하는 수장"이기 때문입니다. 이에 대한 논거로서 라스카사스는 세 가지 사항을 내세웁니다. 첫째로 "알렉산더 6세의 칙서는 전쟁을 통해서 인디언들을 복속시키는 것을 의도한다"는 세풀베다의 주장은 틀린 것이라고 합니다. 교황은 평화로운 이민족들로 하여금 기독교를 믿도록 독려하고 있을 뿐입니다. 나아가 카스티야 왕들은 정복자 내지 폭군을 서인도로 보내어, 인디언들을 살육하고 착취하도록 명하지는 않았습니다.[51] 이러한 짓거리는 신과 신의 법칙에 전적으로 위배된다고 합니다. 수많은 문헌들은 라스카사스에 의하면 다음의 사실을 증명하고 있습니다. 즉, 왕들은 정복자들에게 인디언들을 학대하고 노예로 소유하지 말라고 강력하게 요구했다는 사실 말입니다. 인디언들은 평화로운 민족으로서, 평화와 선으로 그들을 계도하면, 그들은 반드시 기독교의 복음을 받아들일 것이라고 합니다. 인디언들은 정복자들의 만행에 대해 전전긍긍하고 있습니다. 이러한 그들에게 기독교의 복음을 받아들이라고 요구하는 것은 말도 되지 않는다고 합니다. 그런데도 세풀베다 박사는 수십 년에 걸쳐 피해당한 인디언들의 수모와 고통을 조금도 헤아리지 않은 채 수미일관 선전포고만 요구하고 있다는 것입니다.

둘째로 신성로마제국의 황제와 에스파냐의 왕들은 정복자들에게 원주민을 학살하고, 금을 빼앗으며, 그들을 노예로 부리라고 명령한 적이 없습니다. 그들이 다만 우상을 숭배한다는 이유로 에스파냐 출신의 사람들이 그들에게서 자유를 빼앗고, 그들을 살해하는 것은 라스카사스에 의하면 엄청난 오류이며 잘못이라고 합니다. 문제는 에스파냐 정복자들이 정복을 위해서 기독교 신앙을 악용했다는 사실입니다. 이와 관련하여 라스카사스는 신앙이란 무엇보다도 자유의지에 의해서 선택되어야 하지, 결코 외부로부터의 강요 내지 명령에 의해서 수용되거나 악용되어서는 안 된다고 주장합니다.

셋째로 라스카사스는 일단 루이스 수사의 명복을 빌면서, 그의 죽음을 불행한 사건으로 규정합니다. 그러나 수사가 살해당하기 전에 에스파냐 출신의 정복자는 플로리다의 수천 마일의 해안을 초토화시켰습니다. 루이스 수사의 복장은 에스파냐 출신의 정복자들과 무척 유사했다고 합니다. 그렇기에 인디언들은 루이스 수사를 정복자와 한통속인 것으로 간주하고, 그들 부모에 대한 원수를 갚았던 것입니다. 나아가 정복자들과 카스티야의 왕은 결코 같은 뜻을 지닌 사람들이 아니라고 합니다. 세풀베다 박사는 바로 이 점을 착각하고 있다고 합니다. 가령 1513년에 플로리다를 발견한 폰세 드 레온은 정식 군인이 아니었다고 주장합니다. 다시 말해서 에스파냐는 라스카사스에 의하면 정복자들의 과업을 위해서 어떠한 자금도 대준 바 없다는 것입니다. 실제로 에스파냐는 1503년에 "무역청Casa de Contración"이라는 기구를 세비야 항구에 설치하여, 신대륙으로 떠나는 배들의 출항 허가만을 관장했을 뿐입니다. 신대륙에서 에스파냐로 돌아오는 화물선의 선주는 자신이 지닌 재화의 20%(킨토 레알)를 세금 명목으로 당국에 헌납해야 했습니다. 이러한 사실은 국가와 에스파냐 출신의 정복자 사이의 사적인 관계를 그대로 말해 줍니다. 라스카사스는 "전쟁으로 황폐해진 땅에서 설교하는 게 무슨 소용이 있는가?"라는 물음으로써 자신의 논평을 끝맺습니다.

15 바야돌리드 논쟁은 어떠한 결과를 낳았는가?

친애하는 J, 하나의 명제는 주어진 현실적 조건 속에서 참이나 거짓으로 판명되기 마련입니다. 만약 논쟁의 당사자에게 어떤 구체적 현실의 조건이 결여되어 있을 때, 구체적으로 참과 거짓을 가리는 일은 처음부터 불가능합니다. 바야돌리드 논쟁의 경우가 그러했습니다. 비록 라스카사스가 개인적 체험에 근거하여 자신의 입장을 고수하려고 했지만, 논쟁은 이론적 차원에서 전개되었을 뿐, 실제 현실에서 증명될 수 없었습니다. 왜냐하면 논쟁하는 두 사람이 전제로 한 구체적 현실이 서로 달랐기 때문입니다. 바야돌리드 논쟁이 하나의 추상적인 물음, 즉 신의 형상으로 창조된 인간에 관한 이론 주변을 맴돈 까닭도 그 때문이었습니다.

바야돌리드 논쟁 이후에도 라스카사스와 세풀베다는 계속하여 상대방의 입장을 집요하게 공격함으로써 승리를 차지하려고 하였습니다. 물론 이후의 역사가들은 라스카사스가 전적으로 승리했다고 결론을 내었지만, 당시에 논쟁을 통해서 승자와 패자가 분명히 가려지지는 않았습니다.[52] 왜냐하면 바야돌리드 논쟁은 서로 다른 문제에 관심을 둔 사람들 사이의 논쟁으로 비쳤기 때문입니다. 정치가들의 관점에서 고찰할 때, 세풀베다가 "이득을 추구하는 매"였다면, 라스카사스는 "평화를 추구하는 비둘기"였습니다. (여기서 돈과 정의 사이의 대립은 극명하게 드러납니다. 이러한 대립은 역사적으로 언제나 우파와 좌파 사이의 관건으로 작용하였습니다.) 당시 신성로마제국의 정치가들은 라스카사스의 견해를 "타당하지만, 경제적으로 이득이 없다"고 단정했습니다. 그렇기에 당국은 바야돌리드 논쟁에 대해 공식적으로 논평하는 것이 시기상으로 그리고 정책적으로 결코 적절하지 않다고 판단했던 것입니다.

그렇지만 세풀베다 책의 출판을 전제로 한다면, 바야돌리드 논쟁의 승리자는 결국 라스카사스였던 것으로 판명되었습니다. 왜냐하면 에스파냐의 종교 재판소는 『인디언들에 대항하는 정당한 전쟁의 이유에 관하여』에 대해 판매 금지 조치를 내렸고, 실제로 이 책들을 수거하여 불태워 버렸기 때문입니다. 그렇지만 당시의 역사적 상황을 고찰할 때 라스카사스는 신대륙을 정복하기 위해 시도하는 에스파냐 사람들의 전쟁 및 이윤 추구의 욕구를 완전히 꺾지 못했습니다. 왜냐하면 서인도 제도에 살고 있는 원주민들에 대한 불법적 행위는 논쟁이 끝난 이후에도 계속 이어졌기 때문입니다. 세풀베다는 바야돌리드 논쟁을 통해서 아무것도 얻지 못했습니다. 그는 1542년에 라스카사스의 노력으로 시행된 인디언 권익을 위한 "인도 제국에 관한 새로운 법Las Nuevas Leyes de las Indias"을 무효화시키려고 온갖 노력을 다했지만, 이는 수포로 돌아가고 말았습니다.[52] 보호 법령은 시간이 흐름에 따라 에스파냐 출신의 이주민들이 지니던 원주민에 대한 독점권을 서서히 꺾는 데 기여했던 것입니다.

1556년에 이르러 필립 2세는 "엔코미엔다 제도 속에는, 비록 경미하기는 하지만, 죄악들이 도사리고 있다"고 논평함으로써, 정책적인 잘못을 공개적으로 인정합니다. 이렇게 시인하게 된 데에는 이후에 추진하게 될 어떤 구체적 정책이 도사리고 있었습니다. 당시 신성로마제국은 프로테스탄트들의 종교 개혁 운동과 터키의 침공 위협으로 인하여 몰락의 위기에 처해 있었습니다. 황제로서는 어떻게 해서든 간에 다른 방식을 통해서 서인도 제도로부터 경제적 수입을 조달하고 싶었습니다. 그리하여 다음과 같은 주장이 제기되었습니다. 즉, 원주민 역시 문명의 혜택을 입었으므로 자발적으로 제국을 지원해야 한다는 것이었습니다. 1573년 에스파냐 출신의 정복자들이 페루의 잉카 문명을 완전히 무너뜨린 뒤에, 에스파냐는 더 이상 정복할 대상을 찾지 못했습니다. 이때를 기점으로 하여 에스파냐 사람들은 정복의 방식을 바꾸지 않으면 안 되었습니다. "무자비한 살인과 강탈"은 주위 정황을 고려하여 이른바 "부드러운 약탈"로 변모되었습니다. 이는 무자비한 폭력을 사용해서 재화를 강탈하는 게 아니라 합법적이고 유화적인 방책을 동원하여, 인디언들에게 값싼 임금을 주면서 노동하게 하는 것이었습니다. 부드러운 약탈 정책에 의하면, 에스파냐 사람과 인디언들은 제각기 동등한 민족이며, 모두 신성로마제국을 위해 봉사해야 한다는 것이었습니다. 이는 주지하다시피 먼 훗날 태동하게 되는, 이른바 신식민주의 방식이었습니다. 신식민주의는 정치적 주권의 문제가 아니라, 경제적 종속 구조를 강화시킴으로써 가능하기 시작했습니다.

인디언들에게 기독교가 서서히 전파되기 시작하자, 에스파냐 사람들과 인디언들 사이에는 평화 공존이라는 계약이 암묵적으로 형성되었습니다. 에스파냐 사람들 역시 인디언들을 세분화하여 고찰하기 시작하였습니다. 다시 말해서 인디언들이라고 하더라도 모두 동일한 야만적 특성을 지니고 있지 않다는 것입니다. 이러한 입장은 나중에 예수회 수도사이자 라틴어권 문화 연구가인 호세 드 아코스타에 의해서 정당한 견해로 판명됩니다. 아코스타는 자신의 글을 통해서 야만인에 관한 아리스토텔레스의 이론은 서인도 제도에 그대로 적용될 수 없다는 것을 분명히 밝혔습니다. 왜냐하면 인디언 종족들은 전체적으로 보편화될 수 없을 정도로 다양한 문화를 지니고 있기 때문이라는 것입니다. 가령 유목 생활을 영위하는 인디언들과는 달리, 멕시코의 아스텍 문명, 유카탄 반도의 마야 문명 그리고 안데스 산맥의 잉카 문명을 건설한 인디언들은 나름대로 높은 문화적 유산을 남겼기 때문입니다. 어쨌든 아코스타의 견해는 "라스카사스의 견해가 타당하다"는 점에서 출발한 셈입니다. 결국 신성로마제국은 인디언과 에스파냐인들 사이의 정신적, 물질적 협력 관계를 강조한 아코스타의 입장을 하나의 정책으로 수용하게 됩니다.[54]

16 바야돌리드 논쟁은 어떠한 역사적 의미를 지니고 있는가?

친애하는 J, 우리는 지금까지 바야돌리드 논쟁과 그 결과에 관해서 살펴보았습니다. 마지막으로 한 가지 물음이 남아 있습니다. 바야돌리드 논쟁의 역사적 의미는 어떻게 요약할 수 있을까요? 이와 관련하여 시대적 상황과 선교 신학의 문제점들은 과연 무엇일까요? 이러한 물음들은 현대의 다인종 사회에서 살고 있는 우리에게 무척 중요한 질문들이라고 생각됩니다. 바야돌리드 논쟁 가운데 초미의 관심사로 떠오른 쟁점은 무엇보다도 선교 차원에서의 교황의 역할에 관한 일련의 질문들이었습니다. 그것들은 다름 아니라 르네상스 시대까지 이어져 온 교황의 이른바 신앙 및 법에 관한 권한과 관계되는 물음이기도 합니다. 그렇기에 이러한 물음은 뜨거운 감자와 같았습니다. 왜냐하면 그것은 당시 교황의 권한과 황제의 권한을 둘러싼, 이른바 권력 헤게모니를 건드리는 사안을 포괄하고 있었기 때문입니다. 가령 다섯 번째 쟁점인 "교황은 어느 범위까지 이교도를 처벌할 수 있는가?"를 생각해 보십시오. 이러한 질문은 오늘날 학문적으로 제기되는 역사 연구의 물음으로서 무해한 것이지만, 당시에는 권력 헤게모니와 직결되고 있었습니다. 이러한 까닭에, 라스카사스와 세풀베다 모두 이러한 사항을 직접적으로 논평하기를 꺼려했습니다. 대신에 두 사람은 조심스럽게 "토마스 아퀴나스가 무신론자에 대한 선교의 문제를 어떻게 다루었는가?" 하는 물음만을 집중적으로 다루었습니다. 다시 말해, 논쟁은 어쩔 수 없이 무엇보다도 문헌학적 차원에서 전개될 수밖에 없었던 것입니다. 이때 세풀베다는 주로 토마스 아퀴나스의 문헌에 커다란 비중을 두었습니다. 이와는 달리 라스카사스는 토마스 아퀴나스의 문헌과 그의 문헌에 대한 토마스 카예탄의 주해서를 아울러 원용했습니다.

토마스 아퀴나스에 의하면, "은총은 자연을 완성하지, 파괴하지 않는다Gratia perficit, non destruit naturarum"고 합니다. 마찬가지로 "은총의 질서는 자연의 질서를 완성하지, 파기하지는 않는다Ordo gratiae perficit, non disolvit ordinem naturae"고 합니다. 이러한 발언은 비록 주어진 체제를 옹호하고 있지만, 사람들로 하여금 파괴의 행위보다는 은총의 질서를 따르도록 유도하고 있습니다. 나아가 그러한 발언은 선교의 방식에 대해 하나의 해결책을 암시하기도 합니다. 가령 카예탄은 무신론자를 대할 때 어느 정도 유연한 자세가 무엇보다도 필요하다고 권고하였습니다. 왜냐하면 신의 지혜는 인위적인 조종 내지는 인간의 중재 작업을 필요로 하지 않기 때문입니다. 그것은 어떤 마지막으로부터 다른 마지막으로 자체적으로 이어지고, 모든 것을 고결하게 질서 잡는다고 합니다. 은총의 질서야말로 궁극적으로 신의 질서라는 것입니다.[55] 카예탄은 토마스 아퀴나스에 대한 주석 작업을 통해서 이른바 지금까지 내려온 "신정주의Theokratie"에 입각한 신학적 논리를 완전히 파괴시킨 바 있습니다. 라스카사스는 바로 이 점을 중시하면서, 논쟁 당시 유연한 방식의 선교와 신의 궁극적인 질서를 강조했던 것입니다.

그런데 신정주의 비판에 관한 학문적 시도는 당시 도미니크 수도회에 속했던 학자들의 공통된 견해로 자리를 잡고 있었습니다. 중세에는 하인리히 세구지오 이래로 "세계에 대한 교황의 직접적인 권한"이 강화되어 왔는데, 말하자면 카예탄이 교황의 이러한 권한을 완전히 해체해 버렸던 것입니다. 살라망카 대학의 신학자들은 도미니크 수도회에 속했던 프란시스코 드 비토리아의 제자들로 구성되어 있었습니다. 이들은 대체로 라스카사스와 카예탄의 입장을 지지하면서, 무엇보다도 "세계에 대한 교황의 간접적인 권한"을 강조했습니다. 다시 말해서 교황은 그리스도의 복음 전파를 위해서 새롭게 발견된 땅에서 일할 기독교 선교사들을 임명할 수는 있지만, 그들에게 인디언들의 "부수적 사항들을 지배하는 데 대한ad dominum rerum particularium" 권한, 즉 통치에 관한 법적 권한 내지 정치적 임무를 부여할 수는 없다는 것입니다. 이에 대한 이유는 토마스 아퀴나스에 의해서 이미 자세하게 해명된 바 있습니다.[56]

서인도 제도에 살고 있는 이교도의 고유한 자연적 지배권은 (이미 카예탄이 주장한 바 있듯이) 결코 무력으로 파기될 수는 없다고 합니다. 왜냐하면 자연적 지배에 대한 은총의 질서에 따라 이미 부수적으로 주어져 있기 때문이라고 합니다. 라스카사스는 카예탄의 바로 이러한 견해를 긍정적으로 받아들이면서, 논쟁 대상자의 견해를 조목조목 비판해 나갔습니다. 바야돌리드 논쟁이 진행될 당시는 바야흐로 중세 말기의 혼란이 여전히 진행되고 있었습니다. 로마 교황청은, 수많은 이단자들을 잡아서 불태워 죽이는 등, 비일비재하던 종교 재판관들의 이단자 처단 및 마녀 사냥에 대해 수수방관하는 태도를 취하고 있었습니다. 성직자들은 부패할 대로 부패했고, 인민들은 도탄 속에서 신음하고 있었습니다. 친애하는 J, 마르틴 루터와 같은 종교 개혁자들이 속출하기 시작한 것도 아시다시피 종교 개혁자들이 신학적 이단의 교리를 표방한 게 아니라 부패한 현실과 인민들의 신음을 반영했기 때문입니다. 이러한 와중에서 라스카사스는 공개적으로 교황의 권한을 오로지 믿음의 차원으로만 축소시키려고 노력하였습니다. 어쩌면 이러한 노력은 지배 계층에 의해 체제 파괴를 염두에 둔, 몹시 위험한 이단적 사고로 매도될 뻔했습니다. 이러한 위기 속에서 죽음을 무릅쓰고 아슬아슬한 사상적 줄타기를 시도한 사람이 바로 라스카사스였습니다. 라스카사스에게 중요한 것은 한편으로는 인디언들의 인권과 생존을 도모하고, 그리스도교를 전파하고, 사회적 정의를 실현하는 일이었습니다. 그렇지만 그는 다른 한편으로는 다음의 사항을 은근히 갈구하고 있었습니다. 즉, 교황 세력을 약화시킴으로써 정의로운 가톨릭 군주국이 실현되는 것을 말입니다.

주

1. 필자는 교회사와 중세사의 전공자가 아니다. 다만 바야돌리드 논쟁의 내용을 충실히 재구성함으로써, 라스카사스와 세풀베다 사이의 논쟁이 객관적으로 공정하게 평가되기를 바랄 뿐이다.

2. 세풀베다의 책은 여러 번 수정을 거쳐서, 다른 언어로 간행된 바 있다. 맨 처음의 것은 *Democrates primus o Dialogis de convenientia militaris disciplinae cum christiana regione* (1535)인데, 이 책은 1545년에 다음과 같은 제목으로 에스파냐어로 집필되었다. *Demócrates segundo o de las justas causas de la guerra contra los Indios*. 이 책은 두 사람의 대화로 이루어져 있다. 즉, 저자의 대변인에 해당하는 데모크라테스는 에스파냐 출신의 정복자인 에르난 코르테스와 정복과 기독교 전파에 관해서 서로 대화를 나누고 있다. 세풀베다는 자신의 라틴어 판을 1550년에 개작하였다.

3. Angel Losada (hrsg.), Epistolario de Juan Ginés de Sepúlveda, Madrid 1966, 212f. 243, auch in: Mariano Delgado (hrsg.), Bartolomé de Las Casas, *Werkauswahl*, Bd. 1 *Missionstheologische Schriften*, Paderborn 1994, S. 23.

4. 세풀베다는 자신의 책을 직접 에라스무스에게 송부함으로써 논쟁의 불씨를 당겼다. 1532년 8월 16일에 집필된 에라스무스의 편지는 세풀베다가 정치적으로 어떠한 성향의 인물인지 잘 말해 주고 있다. "당신의 로마 판을 받기 전에 나는 이미 파리에서 간행된 당신의 같은 문헌을 구해 읽었습니다. 나는 당신의 학식과 재능 그리고 놀라운 문체에 찬탄을 금할 길 없소. 그렇지만 당신이 당신의 재능을 이따위 하찮은 일에 바치고 있다는 사실을 알았을 때 당신에게 실망감을 느꼈

습니다. 당신의 그리스도 신앙과 놀라운 재능을 이따위 지엽적인 논쟁에 남용한다는 사실은 참으로 유감스럽소." Losada, Epistolario, 32, zitiert nach Mariano Delgado: Bartolome de Las Casas, *Missionstheologische Schriften*, Bd. 1, Paderborn 1995, S. 373.

5. 장 클로드 카리에르의 『바야돌리드 논쟁』은 그 자체 역사적 사실과는 들어맞지 않는 허구적 소설에 불과하다. 라스카사스와 세풀베다는 상호 개방적인 자유 토론을 벌이지 않았다. 장 클로드 카리에르: 『바야돌리드 논쟁』, 이세욱 옮김, 샘터 2005.

6. 이에 대해 세풀베다는 「구약성서」를 예로 들고 있다. Vgl. Deuteronomium 9-12; Lev. 18-20.

7. Siehe Decretum Gratiani: C. 23. Q. 5 (Corpus Iuris Canonici, Decretum Magistri Gratiani, Graz 1959, 939), in: Cyprian, Ad Fortunarum, PL/684f.

8. Siehe Mariano Gelgado, a. a. O., S. 395.

9. 이 단어는 "명령," "요구," "통고"의 의미를 지닌다. 여기서 교황은 신대륙을 장악하는 권한을 카스티야 왕들에게 부여한다는 것을 분명히 하였다. 에스파냐 출신의 정복자는 인디언들을 학살하고 탄압하는 것을 정당화하기 위해서 사전에 그들에게 문서를 읽어 주었다. 전혀 영문을 알 수 없던 인디언들은 "불을 내뿜는 커다란 막대기"(총)가 작동되었을 때, 그제야 비로소 사태를 파악하고 도주하였다. 인디언들은 에스파냐 사람의 시신을 물에 담그고 오래 관찰하였다. 이러한 관찰은 천사가 과연 죽는지, 아니면 다시 살아날 수 있는지를 파악하기 위함이었다.

10. 이를테면 성 그레고리우스의 주해에는 다음과 같은 구절이 기술되어 있다. "(대체로 구약성서의) 기적들은 참으로 놀랄 만하다. 그렇지만 그것들은 우리의 행동을 위한 범례로 연결될 수는 없다

Miracula (et maxime veteris testamenti) sunt admiranda, non in exemplum nostrae actionis trahenda" Decretum Gratiani: C.2, q. 7, C. 41. 라스카사스는 세 번째 쟁점에서 다시 이 문제를 고려하는데, 그의 견해는 수미일관 고대의 예가 "감탄할 만하지만, 모방의 대상은 아니다admirari, sed non imitari"라는 근본적 입장에 근거하고 있다.

11. Thomas v. Aqin: STh II-II. q. 40, a. 2 ad 3.
12. Siehe Mariano Delgado, a. a. O., S. 375.
13. 라스카사스는 유럽에 나타난 수많은 이단 종파를 고려할 뿐 아니라, 유대교와 이슬람 종교를 신봉하는 이교도들을 아울러 고려하고 있다. 왜냐하면 중동 지방에 살고 있는 유대인들과 이슬람교도들은 기독교를 배신했다는 점에서 이단자이자 이교도들이다. 이들에 대한 라스카사스의 태도는 단호할 정도로 비판적이다. 가령 1516년에 라스카사스는 「마태오의 복음서」 제13장 24절에 나오는 밀과 잡초의 비유를 예로 들면서, 두 개의 종교를 가장 끔찍한 이단으로 규정하였다. 이러한 입장은 토마스 카예탄Thomas Cajetan(1469-1534)의 도미니크 수도원의 정통 사상을 계승한 것이다.
14. 그렇지만 라스카사스는 신성로마제국 밖에 있는 이교도들을 무조건 적으로 규정해서는 안 된다고 주장한다. 가령 "전지전능하고 영원한 신이여, 당신의 손아래 모든 권력과 모든 국가의 법이 있습니다. 은총으로 로마제국을 내려다보세요. 거친 힘을 믿는 민족들은 오로지 당신의 권능에 의해서 제어될 것입니다Omnipotens sempiterne Deus, in cuius manu sunt omnium potestates et omnium iura regnorum, respice ad christianum benignus imperium ut gentes paganorum quae in sua feritate confidunt, dexterae tuae potentiae comprimantur"(Anselm Scott: *Das Messbuch der heiligen Kirche. Mit liturgischen Erklärungen und kurzen Lebensbeschreibungen der Heiligen*, Freiburg 1941, S. 328.)

라는 기도문을 생각해 보라. 이것은 라스카사스에 의하면 오로지 기독교를 적의 믿음으로 규정하는 전투적인 이단자들에 대항하기 위함이지, 이교도 전체에 대해 적용할 수는 없다.

15. Siehe Augustin, Codex 1.1.1. Corpus Iuris Civilis. Volumen primum, Dubrin-Zürich 1968, S. 47. auch in: Mariano Delgado, a. a. O., S. 397.

16. Siehe Mariano Delgado, a. a. O., S. 399.

17. 게나디우스(1405-1473): 원래 이름은 게오르기오스 스콜라리오스였다. 콘스탄티노플의 대주교. 당시에 콘스탄티노플은 터키의 지배하에 있었다.

18. 이를 위해서 라스카사스는 두 권의 문헌을 인용하고 있다. Bischof Viktor: *Historia ecclesiastica* II [PL 58/201-20], Paulus Diconus: *De gestis Langbardorum*, 1, 17 [PL 95/454f].

19. 토마스 아퀴나스는 (적어도 이론적으로는) 지배자의 신학을 공고히 하려고 애쓰지 않았다. 오히려 그는 지배자의 물질에 대한 "탐욕codisia"과 "명예욕ambición"이 그들을 폭군으로 거듭나게 한다고 지적하였다. Thomas de Aquin: De regno I, 7.

20. Siehe Thomas de Aquin: STh II-II, q 10, a 11.

21. 당시 살라망카 대학의 신학자 도밍고 드 소토는 "인디언들의 용서받을 수 있는 무지"를 거론한 바 있다. 소토에 의하면, 표현된 믿음은 필수적이지만, 자연적 이성을 따르는 "함축적 신앙" 역시 용인될 수 있다. Vgl. Teofilo Urdanez, La necesidad de la fe explícita para salvarse según los teólogus de la Escuela de Salamanca, in: ciencia Thomista, 59 (1940), 398-414.

22. 「고린토인들에게 보낸 첫째 편지」 5장 12절: "교회 밖에 있는 사람들을 심판하는 것은 내가 할 일이 아닙니다. 여러분이 심판할 사

람들은 교회 안에 있는 사람들이 아닙니까?"

23. 몇몇 기독교인들의 무력 투쟁 욕구를 비판하기 위하여 이슬람 종교를 끄집어내는 라스카사스의 태도는 오늘날의 시각으로 고찰할 때 분명히 오해의 여지가 있을지 모른다. 특히 이슬람 종교는 오늘날 수많은 종파로 나누어졌으므로, 우리는 이슬람 종교를 통틀어 전투적이라고 매도할 수는 없을 것이다.

24. 「마태오의 복음서」 제10장 16절, 「루카의 복음서」 제10장 3절을 참고하라.

25. 「히브리인들에게 보낸 편지」 제2장 8절: "만물을 그에게 복종시켰다는 것은 그의 지배하에 있지 않은 것은 하나도 없다는 뜻입니다."

26. 세풀베다는 이를 설명하기 위하여 아리스토텔레스의 문헌을 인용한다. Aristoteles, *De Anima* II, 5: 417b. (Lekt. 11, n. 366).

27. Vgl. Ernst Bloch: *Zwischenwelten in der Philosophiegeschichte*, Frankfurt a. M. 1985, S. 96f.

28. 특히 세풀베다의 경우, 서인도 제도와 원주민의 문화에 관한 정보들은 다만 유럽에서 간행된 몇 권의 책에 의존하고 있었다. 그렇기에 두 사람의 논쟁은 구체적인 현실적 조건에 관한 내용에 집중하지 않고, 신학적 이론 내지 추상적 교리 주변을 맴돌 수밖에 없었다.

29. 라스카사스는 "과거의 역사적 사실 및 여기서 파생되는 진리는 다른 역사적 맥락 속에 무조건 대입될 수 없다"라는 아빌라의 주교, 토스타투스의 견해를 재수용하고 있다. 토스타투스는 알폰소 드 마드리갈Alfonso de Madrigal(1400-1455)로서 신명기 주해로 오랜 시간에 걸쳐 영향을 끼쳤다. 라스카사스는 토스타투스의 논거로써 다음과 같이 주장한다. 즉, 고대 이스라엘의 침략 전쟁을 신대륙에 적용하는 것 자체가 잘못된 것이라고 말이다.

30. Siehe. Dekretalium collectiones: Decretales: 3, 34, 8 (Corpus Iuris Canonici, Graz 1959, S. 593f.). auch in: Mariano Delgado, a. a. O., S. 405.

31. Siehe Aristoteles: *Politik* III, 14.

32. 여기서 문제가 되는 것은 세 번째 사항이다. Siehe Aristoteles: *Nikom. Ethik* VII, 1 (1145 a). "신적인 인간이 드물게 나타나듯이, 짐승처럼 거친 인간 역시 드물게 출현한다. 이러한 야수적 본성은 야만인들에게서 가장 자주 출현한다. 개개인은 질병과 불구 등으로 인하여 야만인으로 변할 수 있다." Aristoteles, *Politik* I, 2, 8.

33. 나아가 오비에도는 같은 책에서 인디언들의 고통이 지속되는 다른 이유를 지적하기도 했다. 그것은 기독교 종파의 수사들이 제각기 다른 입장을 내세우기 때문에 인디언들에 대한 에스파냐 당국의 정책이 혼선을 빚고 있다는 것이었다. 가령 프란체스코 종파의 구걸 수사들은 때로는 인디언의 편을, 때로는 에스파냐 이주민의 편을 들고 있다는 것이다. 에스파냐의 종파들이 제반 문제에 대해서 동일한 견해를 표방하는 것이 오비에도의 견해에 의하면 선교 사업 및 식민지 정책에 유리할 것이라고 한다.

34. "인디언들은 훌륭한 판단력과 날카로운 정신뿐 아니라 타당한 견해를 지니고 있습니다. 그들은 모든 도덕적 지식과 사변적 이론에 대해서도 배우려는 자세를 취합니다. 그들은 공동체를 이끄는 데 있어서 이성적인 태도를 취합니다. 인디언들은 타당한 법칙들을 상당히 많이 소유하고 있으며, 신앙과 기독교 종교에 있어서 유익한 점을 받아들였으며, 악덕을 수정하고, 선한 도덕을 준수하려고 합니다. 그들은 교단 사람들로부터 올바른 삶의 변화에 관해서 자세히 수용한 바 있습니다"(Sieh Mariano Delgado, a. a. O., S. 406).

35. Lewis Hanke: *All Mankind is One*. a. a. O., P. 28.

36. 라스카사스의 이러한 발언은 나중에야 비로소 사실로 입증되었다. 신에스파냐(멕시코)에 거주하던 프란체스코 수도회의 수도사, 베르나르디노 드 사하군Bernardino de Sahagún(1499-1590)은 실제로 아스텍 인디언들에게 라틴어, 종교, 자연과학 그리고 음악을 가르쳤고, 스스로 아스텍 언어를 습득하였다. 그는 1524년에 아스텍 부족의 기독교 개종 작업에 직접 참여하기도 했다. 사하군은 1540년에 신에스파냐 지역의 모든 사물에 관한 백과사전을 두 개의 언어(에스파냐어와 나후아틀어)로 집필하기 시작하였다. 사하군의 백과사전은 1569년에 총 12권으로 완성되었는데, 1829년에서 1832년 사이에 비로소 영국에서 간행되었다. 이 책은 『신에스파냐의 사물과 인간에 관한 일반 역사Historia general de las cosas de Nueva España』라는 제목을 지니고 있다. 만약 라스카사스가 논쟁 당시에 사하군에 의해서 수집된 인류학적 자료를 살펴볼 수 있었더라면, 그는 자신의 견해를 더욱더 구체적으로 피력할 수 있었을 것이다.

37. 논쟁이 끝난 뒤에 라스카사스는 "인디언들은 아리스토텔레스의 의미에서 야만인이 아니다"라는 자신의 견해를 입증하기 위해서 70세의 나이에도 불구하고, 「인디언 문화사에 관한 요약된 변론 Apologétia historia sumaria」을 집필하였다. 이에 관해서는 이 책 보론의 자료(267-85쪽)를 참고하라.

38. Patrologia Latina. Ed. J. P. Migne, 217 Bde., Paris 1841-1864. P. 323.

39. Siehe Mariano Delgado, a. a. O., S. 382.

40. 아우구스티누스는 도나티스 종파의 문제에 관해 여러 번 고심했는데, 이는 그의 편지에서 분명히 드러난다. 그는 정통 기독교 국가를 보호하기 위하여 다음과 같이 주장하였다. 교회를 공격하는 공격적이고 선동적인 이단자들을 강압적으로 다루고, 평화를 사랑하는 자

들에게 관용을 베풀라고 말이다. 그렇지만 이는 아우구스티누스의 보편적 사상일 뿐, 그의 정치관이라고 말할 수는 없다. 아우구스티누스의 정치관은 "전투적 교회ecclesia militans"와 직결된 보다 작은 개념으로 이해될 수 있다. 이에 의하면 로마 가톨릭 교회의 이교도, 이단자 그리고 유대인들에 대한 강압적 행위는 정당하다고 한다. 아우구스티누스의 사상과 정치관의 차이에 관해서는 다음의 문헌을 참고하라. Joseph Razinger: *Die Einheit der Nationen. Eine Vision der Kirchenväter*, Salzburg-München 1971, S. 106.

41. Siehe St. Gregor: Registrum I, ep. 34: Corpus Christianorum seu nova Patrum collectio series Latina, Turnhout-Paris, 1953, S. 140/142; Pseudo Dionysos: Ad Demophilum: PG 3/1095.

42. Thomas Aquin: STh II-II, q. 40, a. 2, ad 3 um.

43. 설교 듣기를 강요하는 행위가 과거 유대인들에게 행해진 것은 사실이다. 그러나 설교 듣기를 강요하는 문제는 엄밀히 말하자면 선교에 관한 토론의 중요한 논제는 아니었다. 살라망카 대학의 신학자들은 오로지 설교의 권한에 관해서 문제 삼았을 뿐, 설교 듣기를 강요하는 문제에 대해 고심하지는 않았다. 따라서 열 번째 쟁점은 당시의 신학자들에게는 불필요한 논의였다. 왜냐하면 그들은 처음부터 "신앙의 행위는 자유 의지에서 비롯한다credere voluntatis est"는 사항에 대해 이미 합의하고 있었기 때문이다.

44. 토마스 카예탄(Thomas Cajetan, 1465-1534): 원래 이름은 야콥 드 피오였는데, 토마스 아퀴나스를 흠모하여 이름을 바꾼 도미니크 수도회의 수도사이다. 카예탄은 마르틴 루터가 이틀간 심문 당했을 때 그를 취조한 것으로 유명하다. 그의 토마스 아퀴나스 주해서는 1639년에 리옹에서 다섯 권으로 간행되었다.

45. Vgl. Thomas Aquin: STh II-II, q. 10, a. 12.

46. 「마르코의 복음서」 제16장 16절: "믿고 세례를 받는 사람은 구원을 받겠지만, 믿지 않는 사람은 단죄를 받을 것이다."

47. Siehe Mariano Delgado, a. a. O., S. 385.

48. 라스카사스는 우상 숭배를 이유로 전쟁을 치르지 않은 갈리아인에 관한 범례로 마르쿠스 툴리우스 키케로의 말을 인용하고 있다. Marcus Tullius Cicero, Sämtliche Reden, Bd. 1 Eingeleitet, übersetzt und erläutert von Manfred Fuhrmann, München-Zürich 1985, 2. Aufl., S. 252.

49. Siehe Mariano Delgado: a. a. O., S. 415.

50. 라스카사스가 1547년에 완전히 에스파냐로 이주했을 때, 그는 베리파츠 출신의 도미니크 수도사를 대동했다. 그들 가운데에는 루이스 칸세어Luis Cáncer(?-1549)가 있었다. 그는 라스카사스 방식의 평화로운 선교 사업을 당국에 요청했고, 1547년 12월 7일에 선교의 허가를 얻게 된다. 라스카사스는 직접 루이스 수사를 만나서, "플로리다는 위험하니, 선교의 계획을 늦추라"고 권고했으나, 루이스 수사는 막무가내였다. 그는 3명의 동행자와 함께 플로리다의 템파베이 해안에 당도하였다. 1549년 6월 26일 그는 인디언들에게 붙잡혀서 살해당했다.

51. 실제로 에스파냐 출신의 정복자들은 카스티야 왕국에 속한 군인도 아니었고, 관리도 아니었다. 그들 대부분이 퇴역 군인 내지 실업자들로 구성되어 있었다는 점에서 다만 에스파냐의 국적을 지니고 있었을 뿐, 카스티야 왕국의 명령을 수행하는 자들은 결코 아니었다.

52. 가령 라스카사스는 선교의 방법에 관한 논의에서 세풀베다의 입장을 완전히 꺾지 못했다. 결과론이지만, 만약 그가 "모든 인간이 선한 의지를 지니면 익명의 기독교인으로서 구원 받을 수 있다"라는 카를 라너Karl Rahner의 입장이라든가, "기독교를 접하지 않은 자가 진정한 이성을 빌려 양심의 의지로 무언가를 실천하면, 영원한 구원에

도달할 수 있다"라는 제2차 바티칸 공회의 선언문을 접할 수 있었더라면, 자신의 논리를 더욱더 훌륭하게 피력할 수 있었을 것이다. Karl Rahner, Das Christentum und die nichtchristlichen Religionen, in ders., *Schriften zur Teologie*, Bd. 5, Zürich 1962, S. 136-58.

53. 주경철:「유럽의 고민, "인디오는 노예인가, 인간인가?", 22. 바야돌리드 논쟁」, in:『한겨레』 2008년 3월 1일 참고.

54. Vgl. José de Acosta, *De procuranda*, Bd. 1. (148-56).

55. 외경,「지혜서」제8장 1절을 참고하라. "지혜는 세상 끝에서 끝까지 힘차게 펼쳐지며, 모든 것을 훌륭하게 다스린다."

56. 이러한 견해는 1539년 살라망카 대학의 프란시스코 드 비토리아에 의해서 제기되었다. 가령 비토리아는 동 대학에서 "인도에 관한 강연"을 강의했는데, 이때 지금까지 내려온 전통적인 제반 교회법을 개정해야 한다고 역설하였다. 그러나 카를 5세는 그해에 그에게 편지를 보내어, 더 이상 정치적 테마를 논하지 말라고 경고하였다.

보론

인도 제국의 황폐화와
인구 섬멸에 관한 짤막한 보고서[1]

바르톨로메 드 라스카사스

1. 히스파니올라

히스파니올라는 (이미 앞에서 언급하였던 바와 같이) 기독교인들에게 정복당한 최초의 섬이다. 이곳은 불행한 인디언들이 학살당하고 교살당했던 첫 번째 장소이며, 맨 처음으로 황폐화되고 인구가 섬멸당한 지역이기도 하다. 기독교인들은 우선 인디언들로부터 아내와 아이를 빼앗기 시작했다. 이는 그들을 마음대로 다루고, 부려먹기 위함이었다. 뒤이어 그들은 인디언들이 힘들게 노력하여 얻은 모든 식량을 순식간에 다 먹어치웠다. 인디언들이 호의로 건네준 음식은 그들의 배를 채우기에는 충분하지 못했던 것이다. 인디언들은 누구든 간에 자신의 재산이 허용하는 대로 에스파냐 사람들에게 숙식을 제공하였다. 허나 그것들은 얼마 가지 않아 바닥이 나고 만다. 왜냐하면 인디언들은 필요한 최소한의 물품 이상을 조달할 수 없었기 때문이다. 그것은 3세대 분, 한 가족 당 열 명으로 계산할 수 있는 음식이었으며, 인디언들이 한 달 동안 살아갈 수 있는 분량이었다. 이것을 에스파냐인 한 사람이 단 하루 동안에 먹고 마셨던 것이다. 그 외에도 기독교인들은 여러 가지 잔인한 행위, 이를테면 억압, 무력 등을 행사하였다.

바로 그 순간 인디언들은 이따위 부류의 인간들이 하늘에서 내려온 천사일 수는 없다고 의심하게 된다. 몇몇 인디언들은 식량을 숨기고, 또 어떤 사람들은 아내와 아이들을 숨기기도 하였다. 게다가 더러는 에스파냐 사람들을 피하려고 산속으로 도망치기도 하였다. 이처럼 기독교인들과의 접촉은 위험하고 견뎌내기 어려웠다. 기독교인들은 인디언들의 뺨을 때리고, 주먹질을 하며, 막대기로 사정없이 내리치곤 하였다. 드디어 그들은 촌락의 원주민 족장에게도 끔찍한 폭력을 가하였다. 기독교인들의 억제하지 못하는 뻔뻔스러움과 광폭함의 증거들 가운데 다음과 같은 예를 하나 들까 한다. 즉, 어느 에스파냐 사령관은 이곳 전체 섬을 통치하고 있는 가장 높은 왕의 아내를 빼앗아, 그미를 강간해 버렸다.[2]

인디언들은 점차 기독교인들을 그들의 나라에서 몰아낼 수 있는 수단을 강구하기 시작하였다. 이윽고 원주민들은 무기를 거머쥔다. 그러나 원주민들의 힘은 미약했다. 조금만 공격을 가해도 부상당했다. 그들은 체질적으로 저항할 만큼 강건하지 못했을 뿐더러, 자신들을 방어할 능력조차

갖추지 못했다. 그렇기에 그들과의 전쟁은 어린 아이와 권투 시합을 벌이는 장난과 다름이 없었다. 이때 말과 칼과 창으로 무장한 에스파냐 사람들은 소름이 끼칠 정도의 도살과 살육을 자행하였다.[3] 그들은 인디언 부락으로 밀고 들어가, 어린이, 노인, 임산부, 분만한 여자 등을 가리지 않고 그들의 몸을 찢고, 토막 살인극을 저질렀다. 이는 마치 우리에 갇힌 한 무리의 양들을 습격하는 것이나 같았다. 에스파냐 사람들은 누가 한 칼로 한 사람을 동강낼 수 있는가, 창으로 단번에 머리를 쪼갤 수 있는가, 혹은 몸에서 내장을 뜯어낼 수 있는가 서로 내기를 벌이기도 했다. 그들은 신생아들을 그 엄마 품에서 빼앗아 사지를 찢어 버리고, 아이들의 머리통을 집어서 암벽에다 던졌다. 다른 에스파냐 사람들은 원주민의 어깨를 묶어 거리에서 질질 끌고 다니면서 웃고 농담까지 하였다. 드디어 원주민을 물속으로 던지며 말했다. "허우적거려봐, 작은 악마야!" 또 다른 자들은 어머니와 아이를 동시에 칼로 찌른 다음, 발로 걷어차 버렸다.[4]

또한 그들은 발이 거의 땅에 닿을 정도의 높이로 열세 개의 교수대를 만들었다. 잔혹한 기독교인들은 구세주와 열두 명의 사도들의 명예를 찬미하며, 각 교수대마다 열세 명의 인디언들의 목을 매달았다. 그러고는 나무와 장작을 지펴서 그들을 산 채로 불 태워 죽여 버렸다. 다른 인디언들도 마른 짚으로 둘둘 묶인 채 형틀에 매달린 사람들 곁에서 화염 속에 묻혔다. 원주민들 가운데에는 목숨만은 살려달라고 애원하는 자들도 있었다. 에스파냐 사람들은 이들의 양손을 잘라 묶어서 질질 끌고 갔다. 이때 그들은 말했다. "이 편지를 가지고 가서, 산으로 도망간 사람들에게 새로운 소식을 알려줘!" 높은 지위에 있던 인디언들의 경우 대개 다음과 같은 방법으로 살육하였다. 나무 막대기들로 받침대를 만들어 그 위에다 이 가련한 사람들을 꽁꽁 묶었다. 그러고는 그 밑에서 계속 불을 지폈다. 불길이 솟아오르자, 인디언 추장은 점점 절망적으로 비명을 터뜨리며, 이루 말할 수 없는 고통 속에서 정신을 잃고 유명을 달리하였다.

나는 신분 높은 인디언들 가운데에서 네다섯 명이 그러한 받침대 위에서 불타 죽는 모습을 직접 바라보았다. 비교적 신분이 낮은 사람들이 동일한 두세 개의 받침대에서 화형당하는 모습을 분명히 바라보았다. 불타 죽은 사람들은 엄청난 고통의 외침을 터뜨리고 있었는데, 이는 다만 사령관을 성가시게 하고, 잠을 설치게 할 뿐이었다. 그러자 그는 귀찮다는 듯이 이들을 깡그리 교살시키라고 형리에게 명령하였다. 형리는 원주민들을 불태운 사형 집행인보다 더욱 잔인하였다. 나는 그의 이름을 알고 있다. 세비야에 살고 있는 그의 친척들도 내가 잘 아는 사람들이다. 형리는 그들을 교살시키지 않고, 아무런 비명도 지를 수 없도록 몽둥이를 그들의 입 속으로 집어넣기까지 하였다. 그러고는 자신이 원하는 만큼 원주민들을 편안하게 굽기 위해 불을 붙였던 것이다. 지금까지 묘사한 수많은 끔찍한 사건들은 내 눈으로 직접 본 것들이다.

도망친 인디언들은 이 잔인하고, 혹독하며, 맹수와 같은 인간들로부터 빠져 나오기 위해 모두 산속으로 숨거나 험준한 바위 위로 기어올라갔다. 살인자들, 인디언의 원수들은 사냥개를 훈련시키려고 개들을 산중턱에 풀어놓았다. 이 짐승들은 찾아낸 모든 인디언들을 (우리의 하느님이 원하시는 것보다도) 더 짧은 시간 내에 조각조각 토막 내었다. 실제로 사냥개들은 인디언들을 마치 난폭한 돼지들을 노획하듯 잡아서 인육을 찢어 먹었다. 소름끼치는 살육 작업을 펼쳤던 동물이 바로 그 사냥개들이었던 것이다. 이는 단지 몇 번 정도 일어난 일이었다. 그러나 인디언들은 정당하고도 신성하게 저항하다가, 몇몇 기독교인들을 때려죽이기도 했다. 그러자 기독교인들은 "기독교인 한 사람이 인디언들에 의해 살해되면, 그 대가는 백 명의 인디언들의 목숨이다"라는 법칙을 만들어 내어 수많은 인디언들을 도륙하였다.

2. 진주 해안, 파리아 그리고 트리니다드

파리아 해안에서 베네수엘라 만까지는 이백 마일에 이른다.[5] 이곳이 가장 심하게 폐허로 변한 곳이다. 에스파냐 출신의 정복자들은 원주민들을 발견하는 대로 산 채로 잡아 노예로 팔아 버렸다. 진주 해안의 주민들은 이국의 손님들을 친절하게, 마치 자신의 친자식처럼 집안으로 맞아들였다. 그러고는 그들이 가지고 있는 모든 것을 아낌없이 건네주었으며, 최대한 정성을 다해서 시중을 들었다. 그럼에도 에스파냐 인들은 인디언들에게 어떠한 신의도 보여 주지 않았다. 이 지방의 주민들이 1510년부터 오늘날까지 에스파냐 사람들에 의해 당한 부당한 행위, 모욕, 학대 등을 일일이 기술하기란 무척 어렵다. 이곳에서 너무나 끔찍한 일들이 비일비재하게 발생했기 때문이다. 끔찍한 사건 가운데에서 다만 두세 가지 정도를 발췌하여 언급하고자 한다. 몇 가지만 이야기하더라도, 우리는 이외의 다른 수많은 잔악한 만행을 쉽게 추측하리라 믿는다. 인간으로서는 도저히 상상할 수 없는 짓거리들을 말이다.

트리니다드 섬은 이탈리아의 시칠리아 섬보다 크고 풍요로우며, 육지와 접해 있는 파리아 지역에 속한다. 섬의 주민들은 너무나 후덕하고 선량한 사람들이었다. 1516년에 어떤 에스파냐 인이 약탈을 목적으로 이곳에 침투하였다.[6] 그와 동행한 사람은 육칠십 명의 노회한 부랑자들이었다. 이들은 거짓말로 그저 이 섬에 함께 살고 싶어 왔다고 말했다. 그러자 인디언들은 이들을 마치 친형제처럼 반겨 주었다. 인디언 왕과 신하들은 정성스럽고도 애정 어린 마음으로 이들을 보살펴 주었다. 먹을 음식도 아주 풍부하게 매일 갖다 주었다. 먹고 남은 음식만으로도 많은 사람들의 배를 채울 수 있을 정도였다. 손님에게 필요한 물건을 풍부하게 건네주고, 자신의 것을 아낌없이 주는 것이 이곳 원주민들의 보편적인 관습이었다. 인디언들은 커다란 통나무집을 만들기 시작했다. 손님들이 편안하게 잠잘 수 있도록 하기 위함이었다. 인디언들이 그들에게서 바란 것이 있다면, 그것은 다만 손님으로서 그들의 선물을 흔쾌히 받아 주는 일이었다.

몇 명의 인디언들이 밤낮으로 일하였다. 그들에게는 거주 가옥이 있었지만, 필요한 부분만 짚으로 가려져 있었다. 집안에 몇 명이 머무는지, 바깥에서는 전혀 알 수 없을 정도였다. 그러나 에스파냐 인들은 신속한 건축 작업을 구실로, 노예로 부려먹을 많은 인디언들을 집안에 가두어 두었다. 혹시 도망자가 생길까봐, 무장한 남자들이 밖에서 망을 보고 있었다. 그들은 손에 칼을 들고, 조금이라도 움직이면 죽이겠다고 거의 벌거벗은 인디언들을 위협하였다. 실제로 도망친 인디언들이 에스파냐 인들에게 붙잡혀 단칼에 살해당하기도 하였다. 그래도 도망친 인디언들 가운데 몇몇은 부상당했고, 몇몇은 온전하게 도주할 수 있었다. 이들은 다른 원주민들과 함께 집으로 돌아가지 않고, 어디론가로 도망쳤다. 활과 화살을 거머쥔 채 그들은 다른 외딴 집으로 피신하였다. 신축 건물에 갇혀 있던 인디언들은 도합 백 명에서 이백 명 정도 되었다. 에스파냐 인들은 신축 건물에 불을 질러 갇혀 있던 자들을 산 채로 불태워 죽였다. 그 후 백팔십 명 내지 이백 명에 달하는 약탈자들은 배로 돌아가 닻을 올리고는 산후안 섬으로 항해했다.[7] 에스파냐 인들은 이 섬에서 체포한 수많은 인디언들의 절반을 노예로 팔아 넘겼다. 나머지 절반은 히스파니올라 섬의 해안가에 모여 새로운 주인을 기다리고 있었다. 당시에 나는 히스파니올라에 체류하고 있었다. 선장에게 악랄하고 잔악한 짓거리를 그만두라고 항의하였다. 그러나 선장은 나에게 간섭하지 말라고 대꾸하였다. 그전에 나를 이곳으로 파견한 고위 관리는 내게 어떻게 충고했던가? 그는 오히려 반항하는 인디언을 적으로 여기라고 나에게 훈계하였다. 고위 관리의 다른 말에 의하면, 그는 인디언들이 호의를 베풀어 트리니다드 섬에서 가장 열렬한 환대를 받았다는 것이다. 이곳에서 마치 친부모와 같이 대하는 사람들을 만났다고 했다. 고위 관리의 말은 자신의 이름에 먹칠을 한 셈이며, 자신의 범행을 감추려는 의도에서 나온 것이었다. 그러나 암묵적으로 에스파냐 인들은 트리니다드 섬에서 수많은 범죄를 저지르고 있었다. 그들은 비열하게도 인디언들이 가장 안전하다고 믿고 있을 때 그곳을 급습하였다. 그리하여 인디언들은 노예로 붙잡혀 인신 매매 시장으로 끌려갔다. 여기서 에스파냐 사람들은 과연 어떠한 권리로 인디언들을 잔인한 방법으로 노예로 만드는 것이냐고 자문하며, 참담한 마음으로 반성해야 마땅할 것이다.[8]

우리 수도회의 성직자들, 도미니크 수도원의 수도사들은 인디언들에게 복음을 전파하고, 기독교 신앙을 불어넣어 주려고 결심하였다. 왜냐하면 인디언의 영혼들은 — 모든 사람들이 그러하듯이 — 축복받을 수 있는 빛과 정신적인 원조를 아직 얻지 못했기 때문이다. 도미니크 수도회의 결정에 따라 경건하고 순박한 신부 한 명이 수도사 한 사람과 함께 트리니다드 섬으로 떠났다. 신부는 이 지역을 답사하고, 주민들과 상의하여, 필요한 경우에 어딘가에 수도원을 세울 계획을 품고 있었다.[9] 수사들이 그곳에 도착했을 때, 인디언 주민들은 언제나 그러하듯이, 마치 하늘에서 내려온 손님처럼 이들을 환영했다. 수사들은 당시로서는 인디언의 언어를 이해하지 못했다. 그래서 말보다는 손짓 발짓으로 의사소통을 해야 했다. 그럼에도 원주민들은 친절하고도 주의 깊게 그리고 즐거운 마음으로 성직자들의 마음을 받아들였다.

성직자들을 태운 배가 다시 출범하였을 때, 다른 배 한 척이 섬에 도착하였다. 에스파냐 선원들은 이곳에서도 악마적 습관에 따라 잔인하게 행동하였다. 인디언의 왕이 비밀리에 체포되었다. 이는 성직자들에게 금시초문이었다. 추장의 이름은 돈 알론소였다. 성직자 혹은 다른 에스파냐 인들이 추장에게 지어준 에스파냐 식 이름이었다. 인디언들은 기독교적인 이름을 좋아하였고, 처음부터 각자 그걸 원했다. 세례 결정을 내리기도 전에, 그들은 새 이름에 대해 자부심을 가지고 있었다. 에스파냐 인들은 축제에 초대한다는 구실로 돈 알론소와 그의 부인 그리고 다른 몇몇 인디언들을 승선하도록 유인하였다. 그리하여 도합 열여섯 명의 원주민들이 배 위에 올랐다. 위에서 언급한 성직자들이 그들 나라에 머물고 있었으므로, "설마 왕과 그의 부인이 나쁜 짓을 당하랴," 하고 생각했다. 그렇지 않았다면, 인디언들은 으레 에스파냐 인들을 믿지 않았을 것이다. 열여섯 명의 인디언들이 승선하자마자, 배가 출범하여 히스파니올라로 향했다. 그곳에서 왕이든 부인이든 원주민이든 구분 없이 노예로 매매되었다. 왕과 왕비가 속임수에 의해 끌려갔다는 사실이 퍼졌을 때, 많은 수의 인디언들이 수사들을 찾아가, 그들을 죽이려고 하였다. 에스파냐 사람들의 잔악하고 교활한 짓을 다시금 접하게 되었을 때, 수사들은 너무나 놀랐다. 노예사냥을 막기 위해서라도, 차라리 목숨을 내놓고 싶은 심정이었다. 무엇보다도 안타까운 것은 이곳의 영혼들이 신의 말씀을 듣고 받아들일 기회를 잃게 되었던 것이다. 수사들은 일단 주민들을 진정시키려고 무진 애를 썼다. 먼저 출항하는 배를 타고 히스파니올라로 가서, 왕을 다시 만나게 해주겠다고 인디언들에게 굳게 약속하였다. 이윽고 배 한 척이 도착하였다. 수사들은 약속을 지킬 수 있을 것 같았다. 그리고 약속을 지켜야만 양심의 가책을 덜 받을 것 같았다. 그들은 히스파니올라로 가서 그곳에 거주하는 성직자에게 도움을 청하였다. 그러나 고위 관리들은 딴 생각을 품고 있었다. 그들 역시 부당하고 교활한 방법으로 끌려간 인디언들에 대해 군침을 흘렸기 때문이다.

약속에 의하면, 트리니다드의 인디언들은 사 개월 내에 왕, 돈 알론소와 그 밖의 15명의 인디언들과 재회해야 했다. 그러나 사 개월이 지나도, 팔 개월이 지나도, 새로운 소식을 접할 수 없었다. 인디언들은 성직자들을 죽이기로 결심한다. 성직자들은 이곳으로 오기 전에 기독교의 전파에 그들의 목숨을 바치기로 작심하지 않았던가? 끝내 인디언들은 두 사람의 성직자를 살해하게 된다. 비록 두 사람은 죄 없이 피를 흘렸지만, 인디언들의 입장에서 본다면, 이는 정당한 복수인 셈이었다. 그들로서는 성직자들이 사악한 행위를 조장했다고 생각하지 않을 수 없었던 것이다. 또한 시간이 이미 지났는데도 성직자들이 약속을 지키지 않았기 때문이다. 그밖에도 성직자들이 에스파냐 출신의 독재자, 살인자, 그리고 약탈자들과 다를 바 없다는 사실은 이미 알려져 있었다. 오늘날까지도 성직자들의 선한 마음을 이해하는 인디언들은 무척 드물다. 저 천국에서 축복받을 성직자들은 이러한 부당한 대우에 고통당한 셈이다. 아무런 죄 없이 죽었기 때문에 그들은 — 성스러운 기독교에 의하면 — 참된 순교자로 간주된다. 두 사람은 지금쯤 즐거움으로 가득 찬 천국에서 살면서, 그곳의 어느 구역을 통치하고 있으리라. 어쨌든 두 사람의 성직자는 신의 뜻에 의해 트리니다드를 방문하였다. 이곳에서 복음을 전파하고, 모든 영혼들을 축복하며, 온갖 괴로움을 한 몸에 안았다. 처음부터 그들은 십자가에 못 박히신 그리스도를 위하여 스스로 죽음을 감내할 거룩한 목적을 지니고 있었던 것이다.

다시금 두 명의 도미니크 수도원의 수도사와 한 명의 프란체스코 수도원의 수도사가 인디언에 의해 살해되는 사건이 발생했다. 다른 기독교인들이 너무나 잔혹하고 끔찍스럽게 인디언들을 해쳤기 때문이다. 나 역시 그곳에 머물고 있었다. 신은 그야말로 기적적으로 나를 죽음으로부터 구해주셨다.[10] 지극히 무섭고 기괴한 사건들에 관해 이야기할 게 너무나 많다. 허나 모조리 기술하려면, 이와 관련 있는 다른 문제들도 거론해야 할 것이다. 그러니 다른 기회로 미루기로 한다. 신의 심판이 도래하는 날, 이 사건들은 분명히 밝혀질 것이다. 신은 반드시 복수를 요구하리라. 인도에서 발생한, 스스로 기독교인들이라고 자처하는 자들의 무섭고도 잔학한 행위에 대하여.

　라 코데라 지방에는 멋진 계곡이 있었다. 이 지역의 왕은 히고로토라고 불렸다. 그게 원래 이름인지, 혹은 모든 귀족들이 그렇게 불렸는지에 관해서는 알 수 없다. 히고로토는 선량한 사람이었고, 그의 신하들도 무척 어질고 선했다. 이곳을 찾는 에스파냐 사람들은 모두 숙식 등을 제공받았다. 히고로토는 억압과 폭력에 못 이겨 이곳으로 도주해 온, 아사 직전의 기독교인들을 구해 주었다. 에스파냐 인들이 이곳에 정착하는 동안에도 그는 도망자들을 계속 도와주었으며, 기독교인들의 식민 지역이었던 진주 섬에서 안전하게 지낼 수 있도록 거처까지 마련해 주었다.[11] 히고로토는 아무도 몰래 도주해 온 에스파냐 인들을 죽일 수도 있었지만, 그렇게 하지 않았다. 모든 기독교인들은 히고로토의 집을 '피난처'라고 불렀다.
　안정을 되찾게 되자, 야만적인 한 에스파냐 인은 부하들과 함께 경솔한 계획을 세웠다. 그들은 배를 타고 이곳에 도착하였는데, 히고로토는 승선하여 배를 살펴보았다. 그런 후에는 선원들을 신뢰하곤 했다. 야만적인 에스파냐 인은 그곳의 많은 원주민들을 초대하였다. 많은 남자, 여자 그리고 아이들이 배에 올라탔을 때, 그는 닻을 올려, 즉시 산후안으로 향하였다. 산후안에서 그는 이들 모두를 노예로 팔아 버렸다. 나 역시 그 당시에 산후안에 머물고 있었기 때문에,

바로 그자를 직접 만난 적이 있으며, 그의 악행에 관해 상세히 들은 바 있다. 야만적 에스파냐 인이 떠난 후 라 코데라에는 한 사람의 원주민도 남지 않았다. 이런 일이 벌어지자, 그곳의 해안에서 약탈을 일삼던 에스파냐 출신의 도둑들은 무척 화를 냈다. 도둑조차도 야만적인 그 에스파냐 인의 행동을 저주할 정도였다. 그자로 인하여 편안하게 지냈던 도둑들의 은신처 내지 숙소는 그야말로 완전히 황폐화되었기 때문이다.

여기서도 나는 많은 지역들에서 자행된, 또한 오늘날도 자행되고 있는 수많은 범행들을 생략하려고 한다. 수많은 인디언들이 살던 해안 도시에서 이백만 명 이상이 약탈당한 후, 히스파니올라와 산후안 섬으로 송치되었다. 이 섬에서 인디언들은 모두 목숨을 잃었다. 광산으로 끌려가거나 혹은 다른 힘든 일로 인해 죽었다. 우리가 위에서 언급한 것처럼, 이들 가운데에는 일찍이 히스파니올라 섬에 있었던 주민들은 포함되어 있지 않다. 거대하고 풍요로운 나라가 완전히 폐허가 되고 인구가 섬멸되었다는 사실을 알게 되면, 가슴이 찢어지는 참담함을 느낄 것이다.

에스파냐 사람들은 노예 가운데 삼분의 일을 바다에 던지지 않고는 도저히 항해할 수 없었다. 왜냐하면 한꺼번에 너무 많은 인디언들을 실었기 때문이다. 이는 누구나 알고 있는 진리이다. 에스파냐 사람들은 일시에 부를 획득하기 위하여, 한꺼번에 수많은 노예들을 이송하려고 했기 때문이다. 그렇기에 그들은 음식과 음료수에 대해 몹시 인색하게 굴었다. 이는 인디언 사냥꾼, "아르마도레스"들이 돈을 아끼기 위함이었다.[12] 약탈에 눈이 어두운 에스파냐 인들에게도 음식과 음료수가 부족하기는 마찬가지였다. 불쌍한 인디언들은 굶주림과 갈증으로 죽어 갔다. 차라리 바다에 빠져 죽는 게 더 나았을지도 모른다. 어느 에스파냐 인이 나에게 들려준 말이 있는데, 이는 그야말로 진실이다. 언젠가 인디언들이 노예로 자주 운송되었던 항로를 지나친 적이 있다고 했다. 그의 배는 루카이 섬으로부터 약 육칠십 마일 떨어져 있는 히스파니올라 섬까지 나침반과 지도 없이 항해했다고 한다. 그때 에스파냐 사람들이 바다로 집어 던져 익사한 인디언들의 시체가 근처의 바다를 가득 덮고 있었다는 것이다.

   에스파냐 사람들이 불행한 인디언들을 육지에 내려놓았을 때, 우리는 벌거벗고 굶주린 노예들을 자주 목격할 수 있었다. 만약 일말의 양심을 지닌 자라면, 처참한 인디언들의 모습에 심장의 피가 거꾸로 솟구치는 것을 느낄 것이다. 아이들과 노인들, 그리고 남자들과 여자들은 굶주림으로 인하여 힘없이 바닥에 쓰러져 목숨을 잃었다. 에스파냐 사람들은 이들을 마치 양떼들처럼 갈라놓았다. 아버지와 아들, 남편과 아내는 강제로 헤어져야 했다. 노예들은 열 명에서 스무 명까지 그룹으로 나누어졌다. 이때 에스파냐 인들은 제비를 뽑았다. 이렇게 하여 "아르마도레스"들은 자신의 몫을 차지하였다. 돈을 모으려고 그들은 몇 척의 배를 함대로 무장한 뒤, 죄 없는 사람들을 습격하여 유괴하거나 체포하는 파렴치범들이었다. 운이 나빠 노인들이나 병자들의 그룹을 얻게 되면, 그들의 입에서는 불평이 터져 나왔다. "왜 재수 없게 불량품만 걸리지? 그들의 무덤이라도 파주란 말인가? 하필이면 나에게 병자들이 굴러오다니. 그들의 병이나 고쳐주라고?" 여기서 우리는 인디언들에 대한 처참한 대우를 분명히 엿볼 수 있다. 에스파냐 출신의 정복자들은 신의 법칙과 예언이 일컫는 이웃 사랑이라는 계명을 과연 얼마나 제대로 준수하고 있는가?[13] 에스파냐 인들이 진주를 채취하던 인디언들에게 가한 강압적인 폭력은 아마도 지상에서 가장 잔인하고 가장 저주받을 만한 짓임에 틀림없으리라. 16세기에 이러한 강제 노동과 비교할 수 있는 가장 끔찍하고도 절망적인 지옥과 같은 생활은 존재하지 않을 테니까. 물론 광산에서 금을 캐는 작업도 무엇과도 비교할 수 없을 만큼 힘들고, 고통스러웠지만 말이다.

에스파냐 인들은 인디언들을 바다 깊숙이 던져 넣었다. 이른 아침부터 저녁 해질 때까지 원주민들은 약 4브라자에서 5브라자의 깊은 물속으로 잠수해야 했다.[14] 인디언들은 하루 종일 숨 한 번 제대로 쉬지도 못한 채 물속에서 이리저리 헤엄치며 다녀야 하였다. 오로지 진주조개를 캐라는 명령 때문이었다. 그물 바구니가 조개로 가득 차면, 인디언들은 그제야 잠깐 밖으로 나와 자신의 호흡을 가다듬을 수 있었다. 진주 해안 주변에는 에스파냐 출신의 사람이 작은 배를 타고 다녔다. 그의 임무는 바로 사형 집행인의 그것과 다름이 없었다. 오랫동안 물위에서 쉬고 있는 인디언들을 발견할 경우, 그는 이들을 주먹으로 내리치거나, 다시 물속으로 집어 던지거나, 머리카락을 끌어 당겨서 바다 깊숙이 처 넣었다. 인디언들은 쉬지 말고 진주를 캐야 한다는 것이었다.

    인디언들의 음식은 카자비 빵, 약간의 옥수수 빵, 진주가 숨어 있는 조개류가 전부였다.[15] (밀로 만든) 빵이라고는 구경할 수도 없었다. 조개류와 옥수수는 보존하기 힘들었을 뿐 아니라, 구워 먹는 일 자체가 매우 어려웠다. 게다가 양도 항상 충분하지 않았다. 인디언들은 밤에 땅바닥에서 잠을 잤다. 때로는, 도망갈 수 없도록, 대부분의 사람들이 창고에 갇히기도 하였다. 일하는 도중에 인디언들은 물속에서 다시 솟아오르지 못할 때가 더러 있었다. 상어나 백상아리에게 물려 죽었기 때문이다. 특히 백상아리는 대식가이기 때문에, 어른 한 사람 정도는 거뜬히 한 번에 집어삼킬 수가 있다.

    에스파냐 사람들은 이러한 방식으로 진주를 얻어서 이득을 보고 있다. 그들은 신과 이웃에 대한 사랑을 주장하는 신의 명령을 과연 얼마나 잘 따르고 있는가! 탐욕으로 인하여 이웃의 몸과 영혼을 얼마나 위험 속으로 빠뜨리고 있는가! 대부분의 인디언들은 기독교 신앙을 알지 못한 채 죽어갔다. 거의 모두가 오랫동안 지속되는 끔찍스러운 삶을 도저히 견뎌낼 수 없었기 때문이다. 숨 한 번 제대로 쉬지도 못하고 물속에서 일해야만 하는 사람들이 오랫동안 생명을 부지한다는 것은 그야말로 불가능한 일이었다. 물속에서 생활하는 그들의 몸은 끊임없이 오한에 떨어야 하였고, 가슴은

숨을 제대로 쉬지 못해 항상 압박감을 느껴야 하였다. 그로 인하여 피를 토하거나 설사가 잦아 결국에는 목숨을 잃고 마는 것이었다.

원래는 검었던 머리카락 색깔도 바다여우의 털 색깔처럼 새빨간 색으로 변하였다. 등에는 검은 반점들이 생겨났다. 간략하게 말하면, 그들은 시간이 흐름에 따라서 인간의 형상을 한 괴물처럼 보이거나, 인간과는 전혀 다른 기괴한 형상을 지니게 되었다. 에스파냐 인들은 고통스러운 노동과 지옥 같은 고문으로써 루카이 섬의 모든 원주민들을 이런 식으로 죽였다. 그러고는 채취한 진주들을 모두 팔아 넘겼다. 정부가 잔악한 진주 채취를 금지시키려고 온갖 수단을 동원하였지만, 모두 허사였다. 이밖에도 에스파냐 사람들은 다른 섬들의 수많은 사람들을 이 같은 방법으로 몰살시켰다.

주

1. 이 글은 라스카사스가 1542년에 신성로마제국 황제와의 알현을 기다리면서 쓴 보고서의 일부이다. 역자는 히스파니올라와 진주 해안의 내목만을 발췌하였다. 그 밖의 지역에서 발생한 끔찍한 내용은 본문의 것과 거의 대동소이하기 때문에 지면 관계상 생략하기로 한다.
출전: Bartolomé de Las Casas: *Brevisma Relacion de La Destruccion*

de Las Indias, Madrid 2005.

2. 그 사령관은 프란시스코 롤단Francisco Roldán(1462-1502)으로 밝혀졌다. 인디언 왕의 이름은 "구아리오넥스"였다.

3. 원래 개와 말(馬)은 신대륙에 서식하는 동물들이 아니었다. 15세기 초에 에스파냐 사람들이 신대륙으로 말들을 이송하였다. 인디언들은 난생 처음 대하는 기이한 네발짐승인 개와 말을 바라보며 극도의 두려움을 느낄 수밖에 없었다.

4. 라스카사스의 이러한 이야기는 히스파니올라에서 활동하던 에스파냐 정복자 후안 가르케스의 체험담과 일치하고 있다. 가르케스는 프란시스코 롤단의 부하로 수많은 학살극에 가담했는데, 나중에 자신의 죄악을 후회하고, 히스파니올라에 있는 도미니크 수도회의 수사가 되었다. 라스카사스는 자신의 저서 『인도의 역사』에서 가르케스라는 인물을 언급한 바 있다.

5. 파리아는 베네수엘라 북동쪽에 있는 반도이다. 베네수엘라 만은 오늘날 "라고 데 마라카이보"라고 불린다. 진주 해안은 카라카스와 파리아 반도 사이의 해변을 지칭하는 옛 이름이다.

6. 그의 이름은 나중에 후안 보노 드 케요로 밝혀졌다. 그는 1512년에 폰세 드 레온이 주도한 플로리다 정벌에 참가한 바 있다.

7. 오늘날에는 푸에르토리코의 수도 이름이다.

8. 당시의 법에 의하면 오로지 전쟁 포로만 노예로 삼을 수 있었다. 따라서 원주민을 무작정 잡아서 노예로 만드는 짓은 범법 행위와 다를 바 없었다.

9. 신부가 대동한 사람들은 평신도 수사들, 프란시스코 드 코르도바와 후안 가르케스 등이었다. 여기서 말하는 후안 가르케스는 앞에서 언급한 바 있는 에스파냐 정복자와 동명이인이다.

10. 1520년 두 명의 도미니크 수도회 수도사가 산타페 드 치리비치

에서 살해되었고, 1522년에 쿠마나에서 프란체스코 수도원의 수사가 살해되었다. 라스카사스는 쿠마나에서 그가 살해당하는 모습을 직접 체험했다.

11. 진주 섬은 에스파냐어로 이슬라 데 마르가리타로 불린다.

12. 아르마도레스는 에스파냐 어로 '선주船主'를 뜻하는데, 당시에는 노예를 운송하는 일을 담당하는 에스파냐 인들을 그렇게 칭하였다.

13. 여기서 라스카사스는 「마태오의 복음서」 제22장 37절에서 40절을 염두에 둔 듯하다. "예수께서 대답하셨다. 네 모든 마음과 모든 목숨과 모든 정성을 다해서 하나님을 사랑하여라."

14. 여기서 "1브라자braza"는 약 1.67미터에 해당된다.

15. "카자비 빵"은 아이티와 쿠바에서 생산되는 마니호크로 만든 빵을 가리킨다.

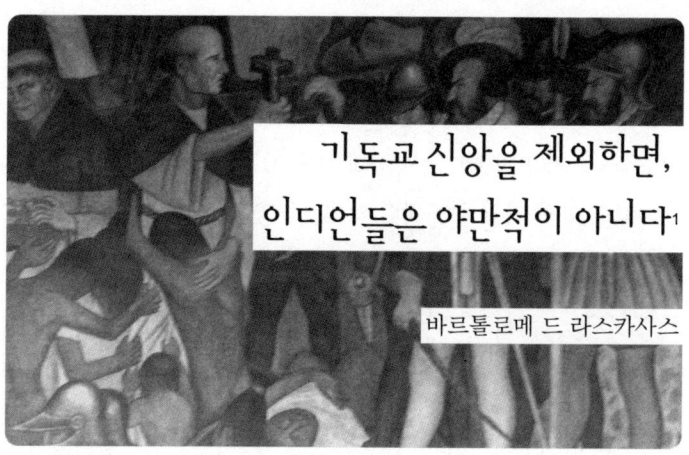

기독교 신앙을 제외하면, 인디언들은 야만적이 아니다[1]

바르톨로메 드 라스카사스

16세기에는 '인디언들은 자연적으로 야만인이며 노예이다'라는 견해가 널리 퍼져 있었다. 라스카사스는 이 견해에 대한 반박의 글을 자신의 문헌, 「인디언 문화사에 관한 요약된 변론 Apologétia historia sumaria」의 부록으로 수록하였다. 후안 지네스 드 세풀베다는 바야돌리드 논쟁 당시에 야만인에 관한 아리스토텔레스의 견해를 언급했는데, 그의 야만인 개념은 라스카사스에게는 다소 불분명한 것이었다. 나아가 인디언들을 야만인의 유형에 편입시킨다는 것 자체가 온당치 않다고 생각했다.

원래 아리스토텔레스는 야만인을 세 가지 유형으로 설명했다. 첫째로 야만인이란 이성과 자연 법칙에 위배된 행동을 하는 모든 인간들이라고 한다. 이들은 가장 나쁜 삶의 방식을 발전시킨 인간들로서 문명화된 사람들 가운데에서도 나타날 수 있다(『정치학』 I, 2). 둘째로 야만인이란 낯선 언어를 사용하고, 문헌학적 교육을 받지 못했으며, 우리에게 낯선 문화에 예속된 인간형을 가리킨다고 한다. 셋째로 야만인이란 보다 협소한 의미에서 오로지 괴물과 유사하게 보이고, 어떠한 정치적 지배 체제 없이 마치 거친 동물처럼 살아가는 인간을 가리킨다.[2] 그런데 세 번째 유형은 제반 인간들 사이에서 무척 드물게 출현한다(Kap. 265). 아리스토텔레스는 『정치학』 I, 제2장 8절에서 세 번째 그룹을 다룬 반면에, 『정치학』 III, 제14장에서는 오로지 두 번째 그룹만 언급하고 있다. 그는 특히 후자를 고려하면서 다음의 사항을 강조한다. 많은 야만인들은 실질적인 국가, 자연적인 왕 그리고 제후뿐 아니라 모든 정치적 지배 체제를 갖추고 있다고 말이다.

인디언들은 일견 두 번째 유형에 속하는 것처럼 보인다. 그런데 인디언의 입장에서 이러한 두 번째 기준을 고려한다면, 서양인들 역시 그들에게 야만인들일 수 있다. 왜냐하면 인디언의 입장에서 고찰할 때 서양의 문화와 서양의 언어 자체가 낯설기 때문이다. 라스카사스는 순수한 신학적 차원에서 야만인의 네 번째 유형을 과감하게 설정한다. 즉, 야만인은 다른 종교를 믿는 자 내지 기독교를 믿지 않는 자라고 한다. 그렇지만 이러한 유형은 라스카사스에 의하면 액면 그대로 인디언들에게 적용될 수 없다고 한다. 왜냐하면 인디언들은 복음의 말씀을 지금까지 한 번도 듣지 못했기 때문이다. 그들은 기독교를 적극적으로, 의식적으로 거부하지 않았다(Kap. 267). 그들이 기독교 신앙에 대해서 일단 거부감을 취하는 것은 본능적이다. 인디언들은 지금까지 기독교 신앙을 접할 기회가 없었으므로, 기독교 신앙에 무지하다(Kap. 266). 설령 인디언들이 협소한 의미에 있어서 괴물과 같은 야만인이라고 가정하더라도 — 세풀베다가 아리스토텔레스를 내세우면서 주장한 바처럼 — 그들을 짐승 사냥하듯 쫓고 전쟁을 치르는 일 등은 결코 공명정대하지 못하다. 자고로 아리스토텔레스가 『정치학』 제3장에서 분명하게 밝히고 있듯이, 굴복당한 자들의 의지와 정반대되는 지배 체제는 난폭하고, 무력을 휘두른다는 점에서 오래 지속되지 않는다. 아리스토텔레스는 『니코마코스 윤리학』 제8장 12절에서 폭군의 지배에 관해서 다음과 같이 멋지게 언급하고 있다. 즉, 폭군의 지배는 모든 정치적 지배체제 가운데 가장 사악한 것이며, 인간이라면 누구나 이를 결코 허용해서는 안 된다.

이러한 견해에 대해서 라스카사스는 자신의 다음과 같은 입장을 분명히 밝힌다. 즉, 만약 인디언 부족을 자연스럽게 다스리던 족장들이 에스파냐의 지배를 자발적으로 수용한다면, 오로지 이 경우에 한해서 에스파냐는 서인도 제도를 지배할 수 있는 합법적인 길을 마련할 수 있다고 말이다. 에스파냐 사람들은 오로지 인디언들을 보조하고 돕는 방식으로 자신의 권력을 행사해야 마땅하다. 다시 말해서 에스파냐 사람들은 인디언들이 지금까지 고수한 지배 체제를 존중해 주고, 인디언 사회 내의 세부적 사항에 대해서 시시콜콜 간섭해서도 안 된다는 것이다.

이른바 '자연적 노예'가 존재한다는 명제는 라스카사스의 견해에 의하면(살라망카 학파들의 모든 대표자들도 그렇게 생각하고 있는데), 이론적으로는 가능하지만 실제로는 지금까지 증명된 바 없었다고 한다. '살라망카 학파는 자연적 노예에 관한 이론을 논리적으로 그리고 도덕적으로 내세울 수 있었다. 그렇지만 그들은 그들이 서술하려는 피조물의 존재를 부인할 수밖에 없었다.'³ 여기서 눈에 띄는 것은 다음의 사항이다. 즉, 라스카사스는 자신의 입장을 분명히 피력하기 위해서 아리스토텔레스의 텍스트를 내용과는 약간 어긋나게 읽었다는 것 말이다. 그렇지만 그의 이러한 '창조적 해석'은 보편적 인류학의 토대로 이해되는 '인간의 정치적 특성' 이라는 의미에서 이해될 수 있다. 그러한 한에 있어서 라스카사스와 아리스토텔레스의 견해 차이는 그리 큰 것이 아닐 것이다. 16세기 말에 호세 아코스타는 야만인에 대한 보다 세밀한 견해를 내세우게 된다. 아코스타에 의하면, 아메리카에서 수렵 생활을 영위하는 대부분의 인디언들은 아스텍 부족과는 달리 '자연적 노예'로 간주될 수 있으며, 문명화와 기독교의 도움으로 그들의 고유한 관습을 축소해서 살아가야 한다"는 것이다.

1.

Kap. 264: (…) 야만인의 첫 번째 유형은 다음의 사항을 내용으로 하고 있다. 즉, 사람들은 낯설고, 거칠며, 질서에 위배되는 무엇, 이성, 법, 좋은 도덕, 인간애 등이 달리 변한 무엇, 어떤 헝클리고 성급하며, 의미 없거나 기괴하며 비이성적인 무엇 등에 대해서 야만이라는 단어를 사용한다. 가령 몇몇 인간들은 도저히 참을 수 없는 어떤 열정에 사로잡히곤 한다. 그렇게 되면 그들은 이른바 인간적 본성으로서 평상시에 소유해야 하는 규칙이라든가 이성의 질서 그리고 온화함 등을 완전히 포기해 버린다. 그렇게 되면 그들은 어느 정도 거침과 흥분, 그리고 완강함과 잔인함을 드러내면서, 비인간적이고 광포한 짓을 저지를 수밖에 없다. 이러한 짓거리는 황야에서 울부짖고 적을 마구 물어뜯는 맹수들의 잔인한 행동 이상으로 발전할 수 있다.[4] 그렇기에 야만인의 특성은 일견 인간의 본성에 은밀하게 내재해 있는 것처럼 보인다. 왜냐하면 "야만적"이라는 단어는 인간적 본성이라든가 건전한 상식으로부터 완전히 벗어난, 어떤 낯선, 척도 없는 그리고 새로운 무엇을 의미하기 때문이다. 이에 관해서 철학자는 다음과 같이 말한다(Politica I, 2: 1253a). 이성과 법칙을 따르는 자가 가장 훌륭하고 가장 좋은 생명체인 것과 마찬가지로, 법과 이성적 판단력으로부터 등을 돌리고 이에 순응하지 않은 자는 가장 나쁘고, 무례하며, 끔찍하고, 사악하며, 가장 거친 생명체라고 한다.[5] 인간들 가운데에는 어떤 고루한 견해로 무장한 채 자신의 감정에 극도로 달아오른 낯선 자들이 존재한다. 가령 한 민족이 서로 다른 두 계파로 나뉘어, 자신의 견해를 정당화하기 위해서 얼굴을 붉히고 노여움을 드러내면서 비이성적인 태도로 서로 싸우는 경우를 생각해 보라. 이들을 바라보고 있노라면, 그들이 마치 자신의 오성을 어디론가 내팽개치고, 자청해서 바보 내지 어리석은 자로 변신한 것처럼 보인다. (…)

2.

야만인의 두 번째 유형은 보다 좁은 의미에서 다음과 같이 이해될 수 있다. 야만인들은 글을 알지도, 읽을 줄도 모른다는 것이다. 가령 야만인들에게는 문헌이 발견되지 않는다. 이에 비하면 유럽인들은 그들의 말을 라틴어로 옮겨 쓸 수 있다. 결국 야만인들에게는 실질적인 지식이라든가 문헌의 연구가 결핍된 셈이다. 이는 "부차적 무엇secundum quid"에 해당한다. 글을 모른다는 사실은 엄밀하게 따지면 삶에서 부차적일 뿐이다. 글을 모르는 사람이라도 영리할 수 있고, 도덕적일 수 있으며, 잔악하지 않으며, 거칠지도 않고, 낯선 특성을 지닐 수 있다. 예컨대 명망 높은 영국인 학자 베다Beda는 자신의 라틴어 문헌을 당시에 사용되던 구어체 영어로 자유롭게 옮겨 썼다. 이는 오로지 "영국인들은 글을 알지 못한다"는 험담이 퍼지는 것을 막기 위함이었다.[6] 그리스의 역사학자, 스트라본Strabon의 설명에 의하면, 고대 그리스인들은 다른 민족들이 그리스어를 제대로 구사하지 못하고 거칠거나 문법에 맞지 않게 사용하기 때문에 그들을 야만인이라고 명명했다고 한다.[7] 이러한 야만인 개념은 로마 시대에도 통용되었다. (…) 토마스 아퀴나스 역시 보에티우스의 책 『철학의 위안에 관하여De consolatione philosopibiae』의 주해서에서 비이성적이고, 거칠며, 난폭한 인간을 야만인이라고 규정한 바 있다.[8]

상기한 내용을 고려한다면 우리는 다음과 같이 말할 수 있다. 만약 우리가 서인도 제도의 원주민들을 야만인이라고 규정한다면, 그들 역시 우리를 야만인이라고 규정할 것이다. 그들 역시 우리의 언어를 이해하지 못하지 않는가? 우리 가운데 많은 사람들, 가령 평신도, 수사 그리고 성직자 등이 서인도 제도에 사는 원주민에게 어떤 커다란 오해를 안겨줄 것이다. 인디언들은 우리가 이해하지도 알아듣지도 못하는 언어를 사용하고, 다른 유형의 도덕을 준수한다. 직업이 무엇이든, 계층이 어떠하든 간에 유럽인들은 서인도 제도로 와서 원래 살던 인디언들의 공동체 그리고 그들의 질서를 무너뜨리고, 잔인한 방식으로 그들의 삶을 파괴하고, 수많은 자들의 목숨을 빼앗았다. 만약 인디언들이 지금 어떠한 상태에서 살아가는지 직접 바라볼 수 있다면, 유럽 사람들은 다음의 사항을 분명히 깨닫게 될 것이다. 인디언들의 질서를 무너뜨리고, 삶의 근거를 완전히 빼앗고, 그들을 살육하는 일이 근본적으로 야만적이며, 국가의 질서를 마구잡이로 새롭게 만드는 처사가 야만인의 행동이라는 사실 말이다. (…)

3.

Kap. 265: 만약 우리가 야만인의 개념을 고유의 의미대로 가장 협소하게 파악한다면, 야만인의 세 번째 유형은 말하자면 다음과 같은 사람이다. 즉, 원래의 기이하고 거친 특성 그리고 사악한 도덕, 혹은 사악하고 파렴치한 성향 등으로 인하여 다른 사람들에게 난폭하고 조야한 태도를 취하는 자들은 야만인에 해당한다. 그들은 타인에 대해 금을 긋고, 이성의 법칙을 따르는 게 아니라 어리석은 자 내지 바보처럼 행동하기를 서슴지 않는다. 그들은 어떠한 법칙도 지니지 않고, 어떠한 법도 준수하지 않는다. 야만인들은 인민의 안녕을 걱정하지도 않고, 다른 사람들과 우정을 쌓지도, 교제를 원하지도 않는다. 그렇기 때문에 그들은 어떤 고유한 공간, 공동체 혹은 하나의 도시를 결성하는 법이 없다. 왜냐하면 그들은 어떤 공동체를 형성하여, 거기서 살려고 하지 않기 때문이다. 그들은 어떠한 군주도, 어떠한 법, 즉 특별한 권한이라든가 국가의 질서를 감내하지 못한다. 통상적으로 야만인들은 인간의 삶에 필요한 어떠한 관계도 맺으려고 하지 않는다. 그들은 가령 물건을 매매하고 교환하는 일, 거주지를 세놓거나 땅을 타인에게 소작으로 넘기는 일, 타인을 위해서 봉사하는 제반 사회적 행위들을 아예 무시한다. 한 사회에서 어떤 시민이 다른 시민과 교제할 수밖에 없는 경우를 생각해 보라. 사람들이 누구에게 무언가를 부과하거나 빌려주는 행위는 통상적인 계약이라든가 "인민의 법iure gentium"에 해당하는 무엇이다. 이러한 것들은 "법전Digesta"이라든가 "법학 개론Institutiones" 그리고 법학자들에 의해 다루어진다. 어쨌든 야만인들은 대부분의 경우 황야에 뿔뿔이 흩어져서 살아가고, 다른 사람들과 전혀 교제하지도 않으며, 오로지 자신의 아내들을 지닌 채 홀로 살아간다. 이러한 성향은 많은 동물들의 삶의 방식에서, 가령 원숭이, 긴꼬리원숭이에게서 발견되며, 함께 무리를 지어서 살지 않는 동물들 중에서도 발견된다. (…)

아리스토텔레스는 다음과 같이 말한다. 즉, 노예근성은 몇몇 인간에게 하나의 본성으로서 처음부터 주어져 있다고 말이다. 이는 스스로 지배당하기에 적당한 특성이다. 자연은 몇몇 인간들에게 오로지 남에게 봉사할 뿐 스스로 지배할 수 없는 속성을 부여하였다. 마찬가지로 몇몇 인간은 다른 사람을 지배하고 통솔하는 능력을 부여받았는데, 이들은 아리스토텔레스에 의하면 결코 타인에게 복종할 수 없는 속성을 지니고 있다. 그렇지만 명령의 능력과 영특함을 지닌 자라고 해서 모두 명령의 능력을 지니지 않은 타인을 지배하는 군주가 되는 것은 아니다. 오히려 우리는 아리스토텔레스의 주장을 다음과 같이 이해해야 한다. 즉, 자연은 몇몇 인간에게 지배하는 특성을 부여하였고, 다른 사람들에게 지배당하는 특성을 부여하였다고 말이다. 따라서 인간의 지배 혹은 피지배의 속성은 오로지 각자의 자발적인 능력의 차원에서 이해될 뿐, 실제 현실의 상태라는 어떤 결정주의의 차원에서 파악되는 것은 결코 아니다.[9] 그렇지 않다면 왕은 얼마든지 왕국의 영리한 신하들의 노예로 전락하기 십상일 테니까 말이다. 물론 왕들이 어떤 의미에서 평의회 혹은 원로원 회의의 결정에 따라 마치 노예처럼 고분고분하게 따르는 경우가 비일비재한 것은 사실이다. 그렇지만 이 경우 왕으로 하여금 전체 회의에서 결정된 바를 수용하여 집행하라고 강요하는 것은 바로 자연적 이성이다. (…)

4.

위에서 언급한 사항에서 분명한 차이점이 파생되어 나올 수 있다. 이러한 차이점은 야만인의 마지막 두 가지 유형에 대한 아리스토텔레스의 해명에서 나타난다. 앞에서 이미 살펴본 바대로 아리스토텔레스는 『정치학』 제1권에서 야만인에 관해 언급하였다. 이에 의하면, 야만인은 고유의 의미에 있어서 어리석고 영특하지 못한 자를 가리킨다. 야만인들에게는 처음부터 이성이 상당 부분 결핍되어 있어서, 자연적으로 주어진 방식으로 스스로를 다스릴 능력이 없다. 그게 아니라면 사악한 도덕으로 인하여 스스로 잔인하고 사악한 일에 몰두함으로써 원래 충분히 지니고 있었던 이성을 파괴하고, 이를 흐릿하게 만든 자들이 바로 야만인들이다. 그래서 그들은 왕이나 법도 무시하고, 통치라든가 복종 역시 받아들이지 않는다. 야만인들은 아리스토텔레스에 의하면 안전한 방식으로 삶을 영위하지 않고, 무리 지어서 다니지도 않는다고 한다. 바로 이러한 까닭에 그들에게는 자연적이고 합법적인 지배 체제가 존재하지 않는다. 자연적이고 합법적인 지배 체제를 갖춘 자들은 아리스토텔레스에 의하면 그리스인들이라고 한다. 그리스인들은 이성적이고, 야만인들보다 훨씬 영특하다. 그래서 그들은 선한 마음으로 야만인들을 선하게 다스릴 수 있다. 야만인들은 다른 인간을 공격하거나 포획하는 등 타인을 해롭게 하기 때문에, 그리스인들은 야만인들이 불법을 저지르거나 해악을 끼치지 않도록 그들을 다스리고 제어해야 한다.

그렇지만 아리스토텔레스는 『정치학』 제3장에서 앞의 내용과는 전혀 다르게 야만인들을 설명한다.[10] 여기서 그는 다음과 같이 확신에 찬 듯이 말한다. 야만인들도 왕국, 소도시, 혹은 대도시를 이루며, 실제로 나름대로의 공동체를 소유하고 있다. 야만인들의 이러한 공동체에는 이성, 질서, 정의로움, 법칙들, 특히 법과 도덕 등이 존재한다. 아리스토텔레스의 다음과 같은 발언은 자신의 입장 속에 도사리고 있는 모순점을 분명히 드러내고 있다. "그밖에 다른 유형의 왕국은 — 몇몇 야만 민족에게서 드러나듯이 — 왕국의 체제를 형성하고 있다." 이로써 우리는 다음과 같은 잠정적인 결론을 내릴 수 있다. 즉, 모든 야만인들에게 이성이 결여된 것은 아니며, 야만인 모두가 자연적으로 노예들은 아니다. 그렇기에 우리는 그들이 다만 야만스럽다는 이유로 마구잡이로 무력을 동원하여 그들을 복속시켜서는 안 된다. 왜냐하면 그들은 스스로 왕국을 지닌 자유로운 인간들이기 때문이다.

5.

Kap. 266: 지금까지 우리는 아리스토텔레스가 설명한 야만인들의 세 가지 유형을 살펴보았다. 이를 바탕으로 야만인의 네 번째 유형은 다음과 같이 요약할 수 있다.[11] 즉, 야만인들은 진정한 종교인 기독교 신앙을 지니지 않은 모든 자들이라고 말이다. 다시 말해서 모든 무신론자들은 여기에 해당된다. 야만인들 가운데에는 영특한 지도자 내지 국가의 수반이 존재할 수도 있다. 그 이유는 다음과 같다. 기독교를 신봉하는 민족을 제외하면, 거의 대부분의 민족들은 매우 큰 잘못을 수없이 저지르고, 이로 인해 괴로워한다. 기독교를 믿지 않는 민족들은 그들의 법, 도덕, 생활 방식 그리고 정부의 형태에 있어서 야만적인 거친 특성을 보여 주고 있다. 만약 교회로 들어와서 우리의 성스러운 가톨릭의 믿음을 받아들인다면, 이러한 민족들은 그들의 삶의 방식과 국가의 질서를 향상시키고 정화시키며, 긍정적으로 변화시킬 수 있을 것이다. 왜냐하면 가톨릭 신앙만이 때 묻지 않은 법칙이기 때문이다. 가톨릭 신앙은 인간의 영혼을 잘못된 모든 도덕의 찌꺼기로부터 순화시킬 수 있다. 이는 오로지 가톨릭 신앙의 때 묻지 않은 법칙이 우상과 미신에서 비롯한 제식을 추방시킴으로써 가능하다. 이러한 내용은 「지혜서」 제14장 1절에서 11절에 그대로 기술되어 있다.[12] 자고로 모든 인간적 행위에는 어떤 방향과 질서가 존재하는 법이다. 그것은 오로지 성령의 은총에서 비롯하는데, 성령의 은총은 모든 모순적 내용을 신앙에 의해서 바로잡고 정화시키며, 잘못된 것이라든가 질서에 위배되는 것들을 허용하지 않는다. (…)

이 세상에는 앞에서 언급한 야만인들과는 다른, 완강한 자세로 무신론을 표방하는 야만인도 존재한다. 이는 야만인의 네 번째 유형 가운데 두 번째 그룹에 해당한다. 이들의 입장은 앞에서 언급한 네 번째 유형의 첫 번째 그룹의 입장과는 다르다. 첫 번째 그룹이 기독교에 적대적이지 않은 무신론자 내지 이교도라면, 여기서 말하는 두 번째 그룹은 기독교 신앙을 적대적인 것으로 간주한다는 점에서, 로마 가톨릭 교회에 도전하고 적대적 태도를 취하는 무신론자 혹은 이교도들이다. 가령 그들은 기독교의 복음을 청취한 뒤에 이를 받아들이기를 거부하며, 복음의 설교에 대해서 비판적이고도 반항적인 태도를 취한다. 이들은 자신이 누구에게 대립적인 태도를 취하는지를 잘 알고 있다. 이러한 유형의 야만인들은 기독교 신앙과 그리스도의 이름에 대한 강한 혐오감을 노골적으로 표명한다. 그들은 절대로 기독교를 수용하려 하지 않을 뿐 아니라, 기독교인들을 박해하고 탄압하는 일에 누구보다 앞장선다. 이러한 야만인들은 그들의 세력을 확장하고 강화시키기 위하여, 기독교를 깡그리 파괴하려고 의도하기도 한다. 한마디로, 이들의 비신앙적 태도와 그들이 서슴지 않고 저지르는 죄악은 그야말로 완전하고도 고유한 의미에서 야만인의 토대나 다를 바 없다.[13]

6.

에필로그: 지금까지 우리는 야만인에 관한 유형 및 여기서 나타나는 모순점들을 세부적으로 구명해 보았다. 요약하자면 야만인은 네 가지 유형으로 나누어진다. 이것들 가운데 세 가지(첫 번째, 두 번째 그리고 네 번째) 유형은 부차적 특성을 드러내고 있다. 그것들은 어떤 결핍 혹은 어떤 특정한 사항의 결핍에 의해서 조건화되어 있다. 가령 몇몇 민족들은 그들 나름대로의 도덕을 지니고 이로 인해서 고통 받으며 살고 있다. 이들은 우리의 성스러운 신앙인 가톨릭을 믿지 않는 자들이다. 여기서 이들이 얼마나 이성적이고 영리한가 하는 물음은 별반 중요하지 않다. (…) 오로지 세 번째 유형의 그룹에 속하는 사람들만이 고유하고도 협소한 의미에서 야만인들이다. 왜냐하면 이들은 이성으로부터 등을 돌리고, 이성의 규칙에 따라 살아가기를 포기한 자들이다. 그게 아니라면 세 번째 유형의 그룹에 속하는 사람들은 오성이 결여되어 있거나 사악하고 부패한 도덕이 과잉되어 있기 때문에 도저히 이성의 법칙에 따라 살아갈 수 없는 사람들이다. 만약 철학자가 야만인에 관해 언급한다면, 그들은 앞에서 언급한 대로 바로 이러한 사람들이 아닐 수 없다 (Politica I, 1: 1252b).

앞에서 약술한 내용을 토대로 우리는 인디언 민족 전체가 야만인 가운데 어떠한 유형인지 쉽사리 간파할 수 있을 것이다. 만약 야만인에 관한 부정적 언급을 고려한다면, 우리는 다음과 같이 말할 수 있다. 즉, 서인도에 살고 있는 민족들은 첫 번째 유형에 해당하지 않는다. 왜냐하면 그들은 전적으로 우연히 서양인들에게 발견되었을 뿐이며, 자연적으로 노예로 주어진 존재가 아니기 때문이다. (여기서 우리는 자연적인 무엇이라든가, 대부분의 경우 자연에 의해 주어진 어떤 무엇에 관해서 언급하고 있다.) 생각해 보라. 만약 그들이 인류 전체와 비교할 때 아주 기괴한 존재라고 가정하더라도, 인디언이라는 민족 전체가 자연으로부터 그런 식의 오류 속으로 빠져들 수는 없는 법이다. 무릇 자연이 대부분의 인간에게 거대한 방식으로 오류를 범하는 법은 없다. 어떻게 한 민족의 모든 구성원들이 광분하거나, 바보스럽게 행동하거나, 어떤 열정에 눈이 멀 수 있단 말인가? 그럼에도 불구하고 만약 이들이 부도덕한 행동을 저지르거나 일삼는다면, 이들은 우연에 의해서 그러한 오류 속으로 떨어진 것일 수 있을 것이다. 서인도 제도에 사는 인디언들은 세 번째 유형의 야만인에 속하지도 않는다. 그들은 나름대로의 왕국, 왕, 국가 질서, 그리고 잘 다스려지고 질서 잡힌 그들의 공동체를 소유하고 있다. 인디언들은 고유한 방식으로 모든 사항을 판결하고 결정한다. 이로써 그들은 아무런 이유 없이 타인을 해치지도 않는다. 오히려 그들은 공동체 내에서 타인을 돕는 데 앞장을 설 정도로 헌신적이다. 그밖에 서인도 제도에 살고 있는 인디언들은 네 번째 유형의 두 번째 그룹에도 속하지 않는다. 왜냐하면 그들은 가톨릭교회에 어떠한 해악도 끼치지 않았고, 피해를 가하지도 않았다. 그들은 이 세상에 가톨릭교회가 존재하는지 한 번도 체험한 바 없다. 우리가 서인도 제도에 들어갔을 때 그들은 가톨릭교회에 대해서 아무것도 알지 못했고, 기독교인이 어떠한 인간인지조차 전혀 모르고 있었다. (…)

따라서 우리는 인디언들이 네 번째 유형의 첫 번째 그룹에 속한다고 결론을 내릴 수 있다. 나아가 인디언들은 다음과 같은 세 가지 특성을 전제 조건으로 인정하는 한에서 야만인의 두 번째 유형에 속한다고 말할 수 있다. 첫째로 그들에게는 과거의 영국 사람들과 마찬가지로 글 내지 문어체가 결핍되어 있다. 둘째로 인디언들은 천성적으로 매우 겸허한 사람들이다. 그들은 극진한 마음으로 그들의 왕을 충성스럽게 모신다. 그렇기에 인디언 공동체는 놀라울 정도로 훌륭하게 영위되고 있다.[14] 셋째로 인디언들은 우리의 언어를 전혀 말하지도 이해하지도 못한다. 그렇지만 이는 무조건 그들만 탓할 사항은 아니다. 왜냐하면 우리 역시 그들의 언어를 모르므로 인디언의 입장에서 고찰할 때 유럽인들 역시 야만인에 해당할 수밖에 없기 때문이다.

주

1. 바야돌리드 논쟁이 끝난 뒤에 라스카사스는 "인디언들은 아리

스토텔레스의 의미에서 야만인이 아니다"라는 자신의 견해를 입증하기 위해서 70세의 나이에도 불구하고, 「인디언 문화사에 관한 요약된 변론Apologétia historia sumaria」을 집필하였다. 라스카사스의 이 글은 이 문헌의 부록을 발췌하여 번역한 것이다. 출전: Mariano Delgado (hrsg.), Bartolomé de Las Casas: *Werkauswahl*, Bd. 2. *Historische und ethnologische Schriften*, Paderborn 1995, S. 495-512.

2. (원주) Aristoteles: *Nikom. Ethik* VII, 1.

3. (원주) Anthony Pagden, La caída del hombre natural. El indio americano y los orígenes de la etnología comparativa. Madrid 1988, 138.

4. 보에티우스는 자신의 저서 『철학의 위안에 관하여』에서 동고트의 왕, 테오데리히(454-526)의 신하들을 야만인이라고 일컬었다(*De consolatione philosophiae* I, Prosa 4: PL 63/ 617f.). 이들은 잔악한 마음으로 재물을 탐하고 백성들을 착취하는 야만인이라는 것이다. Siehe Boethius, *Trost der Philosophie*, Stuttgart 1992, S. 48.

5. 구약성서(외경) 「마카베오」 하권 제15장 2절에 기술된 바 있듯이, 몇몇 유대인은 유다스 마카베오를 공격하려는 폭군에게 다음과 같이 말한다. "잔악한 일을 저지르지 마시오. 제발 야만인처럼 행동하지 마시오." 고대 그리스·로마 사람들은 야만인을 "비인간적인 인간"이라는 의미로 활용했다.

6. (원주) Beda Venerabilis, *Historia ecclesiastica*, PL 95/23-290. (역주) 베다 베네라빌리스(673-735): 영국의 베네딕트 수도회의 수도사, 신학자, 역사가. 그의 역사서는 카이사르의 영국 침입으로부터 731년까지의 역사를 서술하고 있다. 베다는 자연과학, 교부 신학자 연구 그리고 서정시 영역에서 놀라운 업적을 남겼다.

7. (원주) Strabon, *Geographica* XIV, 2: 8. (역주) 스트라본(BC. 63-

AD. 23): 고대 그리스의 역사가, 지리학자. 그의 이름은 "엿보는 자 (Στραβων)"에서 파생된 것이다. 그는 이곳저곳을 떠돌아다니다가 『역사적 해명 Ιστορικα Υπομνηατα(Hypomnēmata)』이라는 책을 집필하였다. 스트라본의 견해에 의하면, 다른 나라의 입장에서 고찰할 때 야만인이 아닌 자는 한 명도 없다. 「고린도 전서」 제14장 11절에서 사도 바울은 다음과 같이 말한다. "만약 내가 말뜻을 제대로 이해하지 못하면, 나는 그에게 야만인[이방인]이며, 그 또한 나에게 이방인일 것입니다."

8. 라스카사스는 여기서 착각하고 있다. 보에티우스의 주해서를 집필한 사람은 토마스 아퀴나스가 아니라, 윌리엄 휘틀리Wilhelm Wheatley(?-1317)였다.

9. 여기서 라스카사스는 무엇보다도 인간의 양심을 중시하고 있다. 이는 라스카사스가 아리스토텔레스의 세분화된 지배 이론을 새롭게 해석하는 데 필요한 하나의 척도에 다를 바 없다.

10. (원주) Siehe Aristoteles, *Politica* III, 14, 1285a. (역주) 이러한 모순 때문에 아리스토텔레스 연구가들은 『정치학』 제1권이 아리스토텔레스에 의해서 기술된 것이 아니라고 조심스럽게 주장하기도 한다.

11. 앞의 세 가지 유형이 아리스토텔레스에게서 차용된 것이라면, 네 번째 유형은 라스카사스에 의해서 처음으로 제기되고 있다.

12. 구약성서(외경) 「지혜서」 제14장 1절부터 3절까지만 소개하기로 한다. "혹은 어떤 자는 배를 타고 파도치는 바다를 건너려 하면서 자기가 탈 배보다도 더 약한 나뭇조각에 대고 빈다. 배란, 이득을 추구하는 욕심이 생각해 내고 조선공의 지혜가 만들어 낸 것이다. 그러나 그 배를 조종하는 것은 아버지이신 주님의 섭리이다. 주님은 바다에 길을 트시고 파도를 헤쳐서 안전한 항로를 마련해 주셨다."

13. 바로 이러한 까닭에 몇몇 성자들은 다음과 같이 말했다. "야만

인들은 로마제국 밖에 있는 자들이며, 대부분 적들이다Barbari sunt, qui extra Romanum Imperium sunt, et maxime hostes." Accursius Institutionum, post Accursi Commentarios, Venedig 1605, col. 4. 그렇지만 이 말은 라스카사스에 의하면 오로지 기독교 적대자들에게 적용되어야 마땅하지, 결코 평화로운 이민족에게 적용되어서는 곤란하다.

14. 이 대목에서 라스카사스는 신대륙 발견 이전 시대에 인디언들은 나름대로 훌륭하게 살았음을 지적하고 있다. 그렇기에 기독교 복음의 전파 사업 역시도 이러한 맥락을 고려하여 인디언들의 세계를 존중하는 과정에서 이행되어야 한다는 것이다. 마지막으로 라스카사스는 신대륙에 기독교를 전파할 수 있게 해준 콜럼버스에게 감사의 말을 잊지 않고 있다.

누가 흑인 노예를 신대륙으로 불러들였는가?[1]

바르톨로메 드 라스카사스

역사가들은 흑인 노예와 라스카사스를 다룰 때 서로 대립되는 견해들을 제기하고 있다. 이를테면 계몽주의 시대의 역사가 코르네유 드 포는 자신의 역사서에서 흑인 노예를 신대륙으로 들여오게 한 장본인으로서 라스카사스를 지목했다.[2] 그의 주장에 의하면, 라스카사스는 과거의 기독교 휴머니스트로서 인디언의 인간적 품위를 발견하고 이를 열정적으로 변호하였다. 그렇지만 이러한 권익 옹호는 흑인의 품위를 파괴하는 반대급부로 이루어진 것이다. 즉, 흑인 노예들은 그의 발언 때문에 결국 신대륙으로 끌려오게 되었다고 한다.

이와는 달리 라스카사스를 옹호하는 역사가들도 있다. 가령 이사키오 페레스 페르난데스는 다음과 같이 주장한다.[3] 즉, 라스카사스는 카를 5세를 알현하는 자리에서 아메리카 인디언들의 연약한 신체적 구조를 설명하면서, 순간적으로 '연약한 인디언들을 강제 노동에 부리느니, 차라리 강건한 흑인이 거기에 적합하다'고 발언했는데, 나중에 이를 뼈저리게 후회했다는 것이다. 당시의 사람들은 흑인들을 노예로 부리는 것을 거의 당연지사로 생각했다. 그런데도 라스카사스는 당시에는 어느 누구도 생각하지 못한 내용을 자신의 역사서에 기술하였다. 이를 테면 그의 『인도의 역사』에는 다음과 같은 구절이 발견된다. '흑인의 인권 역시 인디언의 인권과 다를 바 없다.' '정복과 노예사냥을 위한 전쟁은 참으로 파렴치하고, 부당하며, 난폭하기 이를 데 없다.' 이는 역사가 페르난데스에 의하면 당시에 어느 누구도 생각하지 못한, 과히 시대를 뛰어넘는 인간관이 아닐 수 없다고 한다. 라스카사스는 노여워하면서 자신의 역사서에서 포르투갈 사람들이 서부 아프리카에서 행한 끔찍하고 잔악한 흑인 사냥을 기술하고 있다. 물론 흑인 노예에 관한 라스카사스의 언급은 — 인디언들에 관한 언급에 비해서 — 어느 정도 학문적 추상성에서 벗어나지 못하고 있다. 그렇기에 라스카사스는 자신과 같은 시대에 살았던 사람들의 마음속에 커다란 경각심을 불어넣지 못했다. 게다가 라스카사스는 흑인의 인권 문제보다는 인디언의 인권 문제를 더욱더 시급한 과제로 간주했으므로, 흑인에 관한 문제를 다룰 겨를이 없었다. 그렇지만 우리는 다음의 관점에서 라스카사스의 태도를 약간 비난할 수 있을지 모른다. 즉, 라스카사스는 당시에 카를 5세의 플랑드르 출신 책사의 마음을 꿰뚫어보지 못했다는 점에서 말이다. 즉, 카를 5세의 책사는 인디언들의 인권에 대해서는 그다지 관심을 기울이지 않았고, 오로지 신대륙으로부터 얻어낼 신성로마제국을 위한 막대한 수입 조달에 혈안이 되어 있었다.

히스파니올라에 머물던 몇몇 에스파냐 사람들은 라스카사스 수사가 무엇을 의도하는지 잘 알고 있었다. 만약 이들이 인디언들을 포기하지 않을 경우에는 황제의 권한을 대행하는 도미니크 수도회의 수사가 불법적으로 인디언을 소유한 죄를 사면해 주지 않으리라는 것은 자명했던 것이다. 이때 에스파냐 사람들은 라스카사스를 찾아가서 다음과 같이 말했다. 만약 라스카사스가 카스티야 왕국에 있는 흑인 노예들 가운데 약 12명 정도를 합법적으로 데리고 오게 할 수 있다면, 그들은 인디언들을 자유롭게 해주겠다는 것이었다. 이때 라스카사스는 다음과 같이 대답하였다. 카스티야 왕국은 히스파니올라에서 살고 있는 에스파냐 사람들에게 은총을 부여하여 그들로 하여금 에스파냐에 있는 흑인 노예 12명 정도를 데리고 오도록 허락할 것이라고 말이다. 그렇게 되면 흑인 노예들은 새로운 땅에서 자신의 밥벌이를 하고, 대신에 인디언들은 방면되리라고 생각했다. 황제를 알현했을 때 라스카사스는 별 생각 없이 당국이 흑인 노예를 서인도 제도에 보낼 수 있는 어떤 허가를 내려야 한다고 조언했다. 이때 그는 다음의 사실을 전혀 고려하지 않았다. 즉, 포르투갈 사람들이 서부 아프리카에서 마치 사냥하듯이 흑인들을 잡아서 노예로 만드는 짓거리가 얼마나 비인간적인가 하는 점을 말이다. 나중에야 그는, 만약 자신이 황실에 이러한 조언을 하지 않았더라면, 아프리카에 살던 흑인들이 그렇게 끔찍할 정도로 부당한 방법으로 붙잡혀 노예가 되지는 않았을지 모른다고 두고두고 후회했다. 왜냐하면 흑인의 권

리는 인디언의 그것과 다를 바 없기 때문이다. (…)

　　라스카사스는 에스파냐 사람들이 인디언들을 노예로 부리지 않고 서인도 제도에서 살도록 하기 위해서 충고와 조언을 아끼지 않았다. 그런데 여기서 어떤 놀라운 결과가 초래되었다. 흑인 노예를 활용해야 한다는 라스카사스의 조언은 토르토사의 추기경이었던 총리 하드리안의 마음에 쏙 들었다.[4] 왜냐하면 플랑드르 사람들은 라스카사스로부터 얻은 모든 정보들을 모조리 전해 주었기 때문이다. 그들은 모두 라스카사스의 제안을 대대적으로 환영했다. 누군가 라스카사스에게 다음과 같이 물었다. 히스파니올라 섬에 보내야 하는 흑인 노예의 수는 수사의 견해에 의하면 얼마가 되어야 하는가? 이때 그는 잘 모르겠다고 대답했다. 황실은 세비야에 있는 해양 담당 관리들에게 교서를 보내어, 그들로 하여금 서인도 제도에서 필요로 하는 흑인 노예의 수가 얼마나 되어야 하는지 문의하였다. 해양 담당 관리들은 히스파니올라, 산후안(푸에르토리코), 쿠바 그리고 자메이카라는 네 개의 섬을 염두에 둘 때 현재 4천 명의 흑인 노예 정도면 충분하다고 대답하였다.[5] 황실의 어느 관리는 이러한 대답을 듣자마자, 바로 자신의 측근인 브레사 총독에게 이 사실을 전하면서, 황제께서 은총을 베푸실 수 있도록 하루 빨리 흑인 노예 이송을 위한 허가를 신청해야 한다고 말했다.[6] 사실 브레사 총독은 플랑드르의 상당히 높은 계급 출신의 기사였는데, 이미 라스카사스 수사와의 면담 시에 황제와 함께 참석한 바 있었다. 브레사 총독은 실제로 이에 대한 허가를 신청하였고, 황제는 아무런 거리낌 없이 이를 허락해 주었다. 뒤이어 제네바 출신의 은행가들은 25,000두카텐의 유럽 금화를 지불하면서, 총독에게 부여된 허가권을 구매하였다.[7] 여기에는 하나의 조건이 있었다. 그것은 황제가 향후 8년 동안 흑인 노예에 관한 어떠한 새로운 면허권도 발부하지 않는다는 게 바로 그 조건이었다.

이러한 면허권은 이후에 서인도 제도에 이주하여 살아가던 에스파냐 인들의 안녕을 위협할 정도로 부정적인 영향을 끼쳤다. 그 이유는 다음과 같다. 흑인 문제에 관한 라스카사스의 조언은 처음에는 에스파냐 인들의 공동의 복지 내지 안녕을 위해서 전달된 것이었다. 당시에 서인도 제도의 모든 사람들은 궁핍함을 면치 못한 채 힘들게 일하고 있었다. 그래서 사람들은 흑인 노예의 유입이야말로 아무런 대가 없이 황실로부터 은총을 받는 일이라고 믿고 있었던 것이다. 그러나 흑인을 서인도 제도로 유입할 수 있는 면허권을 따낸 사람들은 제네바의 상인들이었다. 이들은 수많은 금화 혹은 에스파냐 화폐를 받고 흑인 노예를 대대적으로 팔기 시작했던 것이다. [당시에 이들이 벌어들인 수입은 소문에 의하면 28만 혹은 30만 두카텐(금화)이나 되었다고 한다.][8] 그러니 흑인 노예를 구매한 이주민으로서는 노예 값을 챙기기 위해서라도 그들을 심하게 부려먹을 수밖에 없었다. 인디언들 역시 심하게 혹사당해야 했다. 왜냐하면 이주민들은 흑인 노예를 사들이기 위해서 어떠한 방식으로든 간에 막대한 재화를 충당하려 했기 때문이다. 결국 인디언 노예들은 놀랍게도 그들의 복지와 자유를 마련하기 위한 제도 때문에 더욱더 힘들게 일해야 했다. 인내의 한계에 이르러 인디언들이 에스파냐 이주민들에게 대항하기 시작했을 때, 그들은 무참하게 살해당하곤 하였다.

1518년 가을에 라스카사스는 황제를 알현하고, 다음과 같이 말했다.[9] "폐하께서 흑인 노예 이송 면허를 허가하셨는데, 브레사 총독이 그에 대한 면허세로 너무 적은 금액을 받았습니다. 그러니 우선적으로 다음과 같은 조치가 필요합니다. 즉, 면허권에 해당하는 금액, 25,000두카텐을 신속하게 황실의 재정청으로 입금하라고 총독에게 명령하는 게 그 조치입니다. 그 다음에 황실은 흑인 이주를 위한 이성적인 정책을 분명하게 설정해야 할 것입니다. 만일 이미 행동으로 옮겨진 서인도 제도로의 흑인 노예의 이주 정책을 합리적으로 마련하지 않으면, 폐하께서는 나중에 막대한 손실을 입게 될 것입니다. 현재 진행되는 일을 그냥 내버려두다가는, 나중에는 반드시 심각할 정도로 골치 아픈 문제가 발생하게 될 것입니다." 그렇지만 라스카사스의 이러한 제안은 이번에는 수용되지 않았다. 이러한 결과가 나타나게 된 이유는 두 가지로 해석된다. 첫째로 라스카사스는 당시로서는 이러한 제안을 하게 된 배경을 속속들이 설명할 수 없었으며, 둘째로 황제는 흑인 노예에 대한 이성적인 정책을 마련하는 일보다는 당장 현찰을 필요로 했기 때문이다. (…)

당시에 히스파니올라 섬에는 기껏해야 열 명 혹은 열두 명의 흑인들이 거주하고 있었다. 이들은 황실 소속이었다. 에스파냐 사람들은 강 하류 지역에 요새를 건설하기 위해서 강건한 흑인들을 이곳에 데리고 왔던 것이다. 그런데 노예를 사들여도 좋다는 황실의 허가가 내려지자마자, 약 3만 명의 흑인들이 히스파니올라 섬으로 이송되었다. 그리하여 단기간에 서인도 제도로 강제 이송된 흑인 노예들은 추측컨대 약 십만 명에 이르게 되었다. 그런데 문제는 흑인 노예들이 이주해 왔는데도 불구하고, 인디언들이 노예 상태로부터 벗어나 자유의 몸이 되지 못했다는 사실이다. 라스카사스 수사는 이 문제를 계속 상부에 보고하여 시정하게 할 수 없었다. 황제는 1518년 겨울부터 언제나 출타 중이었고, 위원회의 임원들은 매일 새롭게 교체되곤 하였다. 위원회 사람들 가운데 불과 몇 명만이 흑인 노예와 인디언 문제를 숙지하고 있었다. 그들조차도 이미 언급한 바 있듯이 서인도 제도를 둘러싼 문제로부터 등을 돌리려 하였다.[10]

당시 에스파냐 인들은 설탕 제조 공장을 계속 증축해야 했다. 그렇기에 흑인 노예들의 강건한 체력은 공장 일에 필수적이었다. 방앗간 하나를 가동하려면, 대략 80명의 노동자를 필요로 했다. 아무리 규모가 작은 공장이라고 하더라도 최소한 30명 내지 40명의 노동자들이 동원되어야 했다.

공장을 운영하는 데 있어서 충분한 인원을 가동해야만, 사업자는 황실에 조세를 납부하고도 남은 이익을 챙길 수 있었다. 그렇기에 아프리카에서는 서서히 다음과 같은 사건이 발생하게 된다. 즉, 포르투갈 사람들은 가령 서부 아프리카의 기니에서 흑인들을 생포하여, 이들을 노예 선에 태워 신대륙으로 데리고 오기 시작했던 것이다. 그들은 에스파냐 출신의 이주민들이 힘센 노동자들을 필요로 한다는 사실을 감지하였다. 그리하여 서부 아프리카에서 대대적인 노예사냥이 발생하게 된다. 노예사냥에는 끔찍하고도 무례한 방법이 수없이 동원되었다. 붙잡힌 흑인 노예들은 비싼 가격으로 이주민들에게 팔려 나갔다. 서부 아프리카의 흑인들 역시 이방인들이 자신을 포획하여 어디론가 데리고 간다는 것을 알아차리게 된다. 그래서 흑인들은 부족끼리도 서로 피터지게 싸우는 일이 발생한다. 다시 말해, 그들은 부족과 부족 사이에 편을 가르고, 상호 전투를 벌이기 시작했던 것이다. 전투를 승리로 장식한 흑인들은 패배한 흑인 포로들을 훔치거나 강탈하여, 포르투갈 사람들에게 노예로 팔아넘기곤 하였다. 상기한 내용을 고려할 때, 우리는 모든 죄악에 대한 공범이나 다를 바 없다. 적어도 아무런 죄의식을 느끼지 않고 흑인 노예를 사고판다면 말이다. 설령 우리가 노예사냥을 위해 저지른 수많은 죄들을 속속들이 알지 못한다 하더라도, 죄악의 책임이 우리에게서 절대로 비켜 나갈 수 없을 것이다.

흑인 노예의 매매를 허가한 명목으로 받은 돈 그리고 노예 상인들이 황제에게 바친 세금 등은 당시에 어디에 쓰였는가? 황제는 이 돈으로 마드리드와 톨레도에 궁성을 짓게 했다. 마드리드와 톨레도의 궁성은 바로 그 더러운 재화로 축조된 것이다.[11]

히스파니올라 섬에 이주한 에스파냐 사람들은 설탕 제조 공장이 건설되기 전에 다음과 같이 굳게 믿었다. 즉, 흑인은 교수형을 당하지 않는 한 결코 죽지 않으리라고 말이다. 왜냐하면 그들은 이전에 병에 걸려 죽는 흑인들을 한 번도 본 적이 없었기 때문이었다. 실제로 신대륙에 도착한 흑인들은 서인도 제도를 살기 좋은 곳이라고 여겼다. 자유롭게 살게 해주면, 그들은 마치 오렌지 나무처럼 새로운 땅에 잘 적응할 것 같았다. 왜냐하면 이곳의 기후는 고향인 서부 아프리카의 기니에 비해 무척 온화했기 때문이다. 그러나 흑인들은 이른 아침부터 저녁 늦게까지 공장에서 엄청나게 힘든 노동에 시달려야 했다. 목이 말라도 그들은 쉽사리 물을 얻을 수 없었다. 사탕수수 즙액과 흙 사이에서 흘러나오는 물은 더럽고 비위생적이었다. 이 물을 마신 수많은 흑인들은 원인 모를 병에 걸려, 한 명씩 죽어 갔다. 어떤 날에는 수많은 자들이 한꺼번에 목숨을 잃는 경우도 있었다. 이때부터 흑인들은 노예 상태에서 벗어나기 위해서 가능한 방법을 동원하여 도주하려고 마음먹는다. 그들은 서로 힘을 합쳐서 에스파냐 이주민들에게 대항하기 시작하였다. 마침내 기회를 엿보던 흑인 노예들이 이주민들을 사로잡아서 끔찍한 고통을 가한 뒤 살해하는 일도 발생하였다. 이제 작은 히스파니올라는 어느 누구에게도 안전한 섬이 아니다. 죽음과 살인에 대한 불안과 두려움 ― 이것이 또 다른 근심거리로 히스파니올라에 찾아든 셈이다.

주

1. 이 글은 라스카사스의 『인도의 역사』 제3장 102절에 해당하는 글이다. 이 글을 읽으면 우리는 다음의 사항을 유추할 수 있다. 즉, 인디언 노예를 구하기 위해 노력하던 라스카사스는 결국 말실수를 하게 된다. 즉, "차라리 흑인이 강제 노동에 적당하다"는 게 그것이다. 라스카사스의 이 "말"은 결국 "씨"가 되어, 수많은 흑인들이 서아프리카에서 노획되어, 노예선을 타는 첫 번째 계기로 작용했다. 출전: Mariano Delgado (hrsg.), Bartolomé de Las Casas: *Werkauswahl*, Bd. 2. *Historische und ethnologische Schriften*, Paderborn 1995, S. 277-9.

2. (원주) Siehe Corneille de Pauw: *Recherches philosophiques sur les Américains, ou Mémoires intéressants pour servir à l'histoire de l'espèce humaine*. 2 Bde. Berlin 1768-1769.

3. 이사키오 페레스 페르난데스Isacio Péres Fernánddez(1922-2001): 라스카사스 연구가. 에스파냐의 산토 토마스 대학교 교수로 일했다.

4. (원주) 하드리아누스 6세(1459-1523): 교황이 되기 전에는 카를 5세의 책사로 일함. 1517년부터 에스파냐의 모든 정치를 담당하였다. 그는 1522년부터 1523년 사이에 교황으로 재임했는데, 라스카사스에

게 커다란 동정심을 가지고 있었다.

5. 라스카사스는 당시에 "소수의 흑인 노예를 동원하면, 에스파냐 사람들과 인디언들에게 상당한 도움이 될 것이다"라고 단순하게 생각하였다. 왜냐하면 당시 사람들은 흑인들이 열대 지방에서 육체적인 노동을 행하기에 적당하다고 생각했기 때문이다. 라스카사스는 다음과 같은 일이 벌어지리라고는 추호도 생각하지 못했다. 즉, 사람들이 흑인 노예들을 상아 해안에서 강제로 납치하여, 대대적으로 서인도 제도로 보내는 사건 말이다.

6. (원주) 브레사 총독은 로랑 드 구브노Laurent de Gouvenot를 가리킨다.

7. 이들은 센투리오네 형제들이었다(멜히오르, 카스파르, 마르틴, 에스테반, 루이스). 이들은 세비야에 정주하면서 노예 매매를 행하고 있었다. 이들은 1518년에 면허를 신청하였으며, 같은 해 9월에 이미 면허권을 구매하였다.

8. 두카텐: 1284년 베네치아에서 만들어져 유럽 전역에 유통된 금화이다. 이 금화는 신성로마제국의 화폐로서 1857년까지 오랫동안 사용되었다.

9. (원주) 날짜는 정확히 알 수 없으나 1518년 9월말 혹은 10월 초로 추측된다.

10. 여기서 우리는 흑인 노예의 이송에 관한 근본적 책임이 세 가지로 분할되어 있음을 유의해야 한다. 첫째로 라스카사스는 1522년 도미니크 수도회에 들어간 이후로 정치 일선에서 물러서 있었다. 이 시기에 그는 학문 연구에 전념함으로써, 법과 실천 문제를 연결시키려 했다. 둘째로 카를 5세는 1520년 5월 25일에 에스파냐를 떠나야 했다. 왜냐하면 신성로마제국의 다른 지역들이 종교적 분열로 인하여 위기에 처해 있어 이를 해결해야 했기 때문이다. 따라서 라스카사스

가 당시에 구원사적으로 가장 중요한 과업으로 생각했던 신대륙에서의 (식민주의의 착취가 아니라) 평화로운 복음 전파와 식민 정책은 지엽적인 문제로 변모되어 있었다. 셋째로 "황실위원회Kronrat"는 나중에 "인도위원회"로 개명되는데, 오로지 무관심한 태도로 일관함으로써 인디언들의 권한과 그들에게 자유를 부여하는 문제에 관해서 발뺌했을 뿐이다. 라스카사스는 여기서 언급된 인디언의 권한을 다음과 같이 이해하고 있었다. 즉, 인디언들은 토마스 카예탄이 지적한 바대로 무신론자의 세 번째 범주에 속하는 사람들로서 교황에 의해서 그리고 기독교 국가의 왕에 의해서 직접적으로 정치적 영향을 받을 필요가 없는 자들이라는 것이다.

11. 여기서 우리는 라스카사스의 놀라운 비판을 읽을 수 있다. 마드리드와 톨레도의 궁성은 더러운 돈으로 축조된 것이다. 다시 말해서 에스파냐 권력을 상징하는 궁성들은 인디언과 흑인 노예의 피와 땀의 대가로 이루어진 것이다.

바르톨로메 라스카사스의 연보

1. 유년 시절 그리고 에스파냐에서의 청년 시대(1474-1502)

1474 세비야에서 태어남.

1492 에스파냐는 그라나다를 정복한다. 그라나다 왕국의 마지막 무어 족 왕인 아부 압둘라(1481-1492)는 항복하기 전에 스스로 아프리카로 후퇴하였지만, 그는 몰래 그라나다의 대 성문을 열 수 있는 열쇠를 가지고 떠났다. 에스파냐에서 유대인에 대한 탄압이 대대적으로 일어난다. 수많은 유대인들이 추방되어 폴란드 등지로 이주한다. 크리스토프 콜럼버스(1451?-1506)가 신대륙을 발견한다.

1493 라스카사스는 세비야에서 콜럼버스가 데리고 온 인디언을 처음으로 바라본다. 콜럼버스의 제2차 서인도 여행. 라스카사스의 아버지와 그의 삼촌 한 명이 함께 항해에 나선다. 교황 알렉산더 6세는 중세의 신권주의의 자세를 고수하면서, 자신이 세계에서 신 다음의 두 번째 지배자임을 천명한다. 이때 교황은 신대륙의 원주민에게 기독교를 전하고, 기독교 사상을 널리 퍼지게 하는 임무를 에스파냐와 포르투갈의 왕에게 부여한다.

1494 에스파냐와 포르투갈은 알렉산더 6세(1430?-1503)가 세계를 분할할 수 있도록 하기 위하여, 토르데시야스에서 상호 조약을 체결한다. 이것이 이른바 토르데시야스 조약이다. 이에 따라 포르투갈은 브라질·아시아·동인도 제도로, 에스파냐는 필리핀과 아메리카 대륙으로 진출하게 된다.

1496 이사벨라 여왕(1451-1504)은 공공연하게 인디언들의 노예화를 거부한다.

1499 라스카사스의 아버지는 히스파니올라에서 몇몇 인디언들을 데리고 귀국한다.

1500 에스파냐 여왕은 에스파냐에 체류하고 있는 인디언 노예들을 본토로 되돌려 보내기로 결정한다. 카를 5세가 합스부르크 황제로 등극한다.

1501 라스카사스의 아버지는 에스파냐에 머물던 인디언들과 함께 프란시스코 보바디야 총독의 배를 타고 다시금 히스파니올라로 항해한다.

2. 금 채취자, 정복자, 토지 및 노예 소유자(1502-06)

1502 라스카사스의 첫 번째 히스파니올라 여행. 그는 니콜라스 드 오반도Nicolás de Ovando(1451-1511) 총독의 배를 타고 처음으로 신대륙으로 향한다. (당시에 출항한 선박은 모두 32척이었고, 거기에는 2,500명의 금 채취자들이 타고 있었다.)

1503 -05 무장한 탐험가들이 신대륙으로 떠난다. 그들은 처음에는 정복자였지만, 나중에는 "토지 및 노예 소유자encommenderos"로

1504 이사벨라 여왕 사망.

1506 콜럼버스 사망. 라스카사스, 첫 번째 에스파냐 여행.

3. 세계의 수도사, 인디언의 변호인(1507-22)

1507 로마에서 사제 서품식을 거행하다. 두 번째 히스파니올라 여행.

1507 라스카사스 역시 토지 및 노예 소유자가 된다.
-12

1510 에스파냐의 도미니크 수도회의 구걸 수사들이 페드로 드 코르도바Pedro de Cordoba(1482-1525)의 지휘 하에 맨 처음으로 히스파니올라 땅을 밟게 된다. 라스카사스는 만령절에 코르도바를 처음으로 만난다.

1511 도미니크 수도회의 수도사, 안토니오 몬테시노Antonio Montesino (1480-1545)는 도미니크 수도회의 이름으로 산토도밍고에서 네 번째 성탄 강림절의 미사를 집전한다. 이때 그가 행한 설교는 세계 역사상 인디언 억압에 대항하는 첫 번째 말이었다. "말해 보라. 너희는 무슨 권리로써, 무슨 법으로써 인디언들을 잔악하고 끔찍한 노예 상태에 빠뜨리는가? 그들은 인간이 아닌가? 그들은 이성을 지닌 영혼이 아니란 말인가? 너희는 이웃인 그들을 마치 너희 자신처럼 사랑할 것을 신 앞에 맹세하지 않았는가? 만약 그러한 잔악한 행동을 계속한다면, 너희는 무어인과 터키인들처럼 구원받지 못하게 될 것이다."

안토니오 몬테시노는 통역사를 대동하여, 인디언들로 하여금 자신의 강연을 듣도록 배려한다. 추측컨대 라스카사스는 이 자리에 없었으며, 나중에 이 소식을 풍문으로 접했다고 한다.

1512 도미니크 수도사, 후안 가르케스는 과거에 토지 및 노예 소유 자로서 저지른 자신의 죄의 사면을 거부한다. 그는 디에고 벨라스케즈Diego Velazquez(1465-1524)와 판필로 드 나르바에즈 Pánfilo de Narváez(1470-1528)가 이끄는 쿠바 정복 전쟁에 참가한다. 그는 카오나오에서 인디언에 대한 끔찍한 학살의 증인이 된다. 히스파니올라에 거주하는 도미니크 수도사들의 외침에 대한 답변으로서 부르고스에서 법령이 제정된다. 부르고스 법에는 인디언들의 노동 시간의 단축이 언급되어 있다.

1513 라스카사스는 쿠바 총독으로부터 농토를 받아, 노예를 거느리며 산다. 에스파냐의 바야돌리드에서 "리케리미엔토(정복자 선언문)"가 채택된다. 이것은 교황 알렉산더 6세의 칙서인데, "신대륙에 대한 모든 권한을 에스파냐 왕에게 넘겨준다"는 것을 골자로 하고 있다.

1514 라스카사스는 5월 27일 강림절과 8월 15일 그리스도 승천일 사이에 무언가를 깊이 고뇌한다. 차제에는 반드시 진리와 정의를 위한 메시아적인 길을 택하리라고 결심한다. 이는 라스카사스의 첫 번째 '개심改心'으로 부를 수 있다.

1515 히스파니올라에서 라스카사스는 페드로 드 코르도바 앞에서 한 가지 사항을 반드시 지키기로 맹세한다. 즉, 에스파냐 사람과 인디언들의 만남이 정당한 원칙과 양측의 안녕을 위해서 이루어져야 한다는 게 그것이다. 라스카사스는 안토니오 몬테

시노와 함께 두 번째 에스파냐 여행을 감행한다. 여행의 목적은 신대륙에 거주하는 에스파냐 인들이 부르고스와 바야돌리드의 법령을 준수하지 않고, 인디언들에 대한 살육을 거침없이 자행하는 처사에 대해 항의하기 위함이었다.

1516 라스카사스는 플라센시아에서 페르디난드 황제를 만난다. 페르디난드는 그해에 사망한다. 라스카사스는 히메네스 드 시스네로Jiménez de Cisnero(1436-1517)를 알현한다. 당시에 히메네스와 하드리안 우트레히트Adrian von Utrecht(1459-1523)는 카를 5세(1500-1558)를 대신하여 섭정을 행사하고 있었다. 라스카사스는 두 사람과 오랜 대화를 나눈다. 히메네스는 라스카사스에게 "인디언의 권익 보호를 위한 국제적 변호인 Procurador y defensor universal de los Indios"이라는 직위를 부여한다. 나아가 그는 세 명의 히에로니무스 수도사와 함께 라스카사스를 히스파니올라 섬으로 파견하여, 에스파냐 사람들의 법 준수를 관장하게 한다. 세 번째 히스파니올라 여행.

1517 라스카사스는 1월 2일 세 명의 수도사들과 함께 산토도밍고에 도착한다. 히에로니무스 수도사들은 인디언들에게 호의를 베풀지 않고, 에스파냐 사람들의 편에 선다. 그 후 라스카사스는 6월 3일에 세 번째 에스파냐 여행을 감행한다. 이는 오로지 세 명의 수도사들을 직책에서 물러나게 하기 위함이었다. 이때 히메네스 드 시스네로는 임종 직전에 있었다. 그러자 라스카사스는 직접 신성로마제국의 황제 후보자, 카를을 만나기로 결심한다. 라스카사스는 바야돌리드에 있는 성 그레고리오 수도원에서 토마스 카예탄의 혁명적 사상을 처음으로 접한다.

카예탄의 혁명적 사상은 기독교권에서 한 번도 살지 못한 이 교도에 관한 유보적 입장에 근거한 것이었다. 황제 후보자, 카를은 플랑드르 출신의 책사와 함께 에스파냐에 당도한다. 라스카사스는 그의 책사를 만나서 신뢰감을 쌓아 나간다.

1518 계속 바야돌리드에 체류함. 그곳에서 라스카사스는 규칙적으로 교회법에 관한 강의를 들으면서, 신학 공부에 몰입한다. 라스카사스는 카를 5세의 책사를 만나기 위해서 사라고사로 여행한다.

1519 다시 카를 황제를 만나기 위해서 바르셀로나로 여행한다. 이 시기에 카를은 신성로마제국의 황제 카를 5세로 임명된다. 사악한 정복자 에르난 코르테스는 멕시코 정복에 착수한다. 라스카사스는 카를 황제를 알현한다. 그는 서인도 제도에서의 모든 참상을 황제에게 전한다. 이 자리에서 그는 쿠마나(베네수엘라)에 기독교를 평화롭게 전파할 계획을 알린다. 또한 인디언들을 노동력으로 활용하는 것보다는 흑인 노예를 활용하는 게 더 낫다고 말한다. 이는 오로지 체력이 약한 인디언들을 구제하기 위한 방편이었으나, 라스카사스는 이후에 자신의 발언을 두고두고 후회한다.

1520 황제를 따라 라 코루냐로 여행한다. 여기서 라스카사스는 황제 직속의 협정서Capitulación로 영토를 할양받았는데, 그곳에서 자신의 구체적 계획을 수행하려고 결심한다. 뒤이어 그는 200명의 농부와 50명의 상인을 데리고 히스파니올라로 여행한다(네 번째 히스파니올라 여행). 50명의 상인들은 나중에 기사 수업을 받고, 쿠마나 지역을 보호할 전사로 일하게 될 예정

이었다. 그렇게 해야만 자신이 평화롭게 선교 사업을 수행할 수 있으리라고 믿었다.

1521 쿠마나의 실험은 학살 사건으로 인하여 실패로 돌아간다. 5월 4일에 친구이자 동지인 페드로 드 코르도바가 사망한다.

4. 도미니크 수도회의 수도사(1522-43)

1522 라스카사스는 산토도밍고에서 도미니크 수도회에 들어간다 (이는 두 번째 개심으로 이해될 수 있다). 수도회의 규정에 따라 조용히 수도사 수업을 받는다.

1522 히스파니올라의 수도사. 1527년까지 이따금 프리오르 드 라
-31 플라타Prior de la Plata에서 일곱 수사로 일한다. 일요일에는 인디언들의 영혼을 달래 주는 일에 몰두한다. 1527년부터 라스카사스는 『인도의 역사 *Historia de las Indias*』를 집필하기 시작한다. 선교 신학의 주요 문헌 「기독교에 대한 유일한 유형으로서의 모든 민족의 요청에 관하여 De unico vocationis modo omnium gentium ad veram religionem」를 집필한다.

1531 1월 20일에 라스카사스는 『인도의 조언을 위한 편지 *Carta al Consejo de Indias*』를 집필한다. 이 편지에서 라스카사스는 다음과 같은 시대적 분위기를 기술하고 있다. 즉, 서인도 제도에 살고 있는 에스파냐 사람들은 마치 자신들이 "세계의 11시," 즉 종말의 상황에서 살고 있다고 착각한다는 것이다. 이러한 종말론적인 유혹에 대해 라스카사스는 단호한 어조로 다음과 같이 말한다. 즉, 신에 대한 사랑을 인간에 대한 사랑과 일치시

켜야 한다. 바로 이것이야말로 종말론적인 참된 신앙이라는 것이다. 따라서 에스파냐 사람들이 이른바 성스러운 목적을 지녔다고 하더라도, 이를 위해서 끔찍하고 잔인한 수단을 사용해서는 안 된다고 한다. 이로써 그는 공적인 활동으로부터 물러나게 된다.

1533 프란시스코 피차로Francisco Pizarro(1476-1541)가 페루를 정복한다.

1534 12월에 라스카사스는 파나마를 거쳐 페루로 여행한다.

1535 2월에 파나마에서 페루로 선교 여행을 떠난다. 적도 근처에서 바람이 불지 않아 배가 움직이지 않음. 5일 후에 선박은 페루로의 항해를 포기하고, 니카라과의 그라나다에 입항한다. 니카라과의 그라나다에 체류함.

1536 니카라과의 레온, 과테말라의 산티아고, 멕시코시티를 거쳐 다시 과테말라의 산티아고로 향한다.

1537 라스카사스는 5월에 이른바 "전쟁 지역Tierra de guerra"의 평화로운 선교를 위하여 임시 총독 케사르 알론소 말도나도 피달과 비밀 협정을 맺는다. 이 협정이 비밀에 부쳐진 것은 에스파냐 정복자들과 에스파냐의 토지 및 노예 소유자들이 계획을 방해하지 않게 하기 위함이었다. 그러나 이들은 1540년 5월 29일부터 선교를 방해하기 시작한다. 교황 바울 3세는 톨레도 대주교에게 보낸 칙령에서 인디언을 노예로 소유한 에스파냐인들이 성당에 다니지 못하도록 해야 한다고 못 박는다. 6월 2일 바울 3세는 칙령Sublimis Deus을 발표하여 인디언의 인권과 인간의 존엄성을 강조한다. 이때 교황은 기독교 선교에 있어

서 평화로운 복음 전파에 대해 유일한 합법성을 부여한다. 1537년 9월부터 과테말라의 "(마야 문명에서 파생된) 끼체 족의 지역Quiché-Land"에 평화로운 선교 사업이 추진된다.

1538 교황, 바울 3세는 카를 5세의 강권으로 1537년의 칙령의 무효화를 선언한다.

1539 라스카사스는 과테말라, 멕시코, 온두라스 등지에 머문다. 프란시스코 드 비토리아는 살라망카 대학에서 자신의 유명한 「인디언에 관한 강연」을 행한다. 여기서 그는 지금까지 전통적으로 내려오던 법 규정을 새로운 시각에서 재구성하고 있다. 플랑드르 지역에 머물던 카를 5세는 즉시 살라망카 대학 총장에게 편지를 보내어, 비토리아로 하여금 자신의 강연에서 더 이상 정치적 테마를 다루지 말도록 엄중히 경고한다.

1540 라스카사스는 온두라스에서 네 번째 에스파냐 여행을 단행한다. 과연 라스카사스가 비토리아를 만났는지는 알려지지 않고 있다. 그렇지만 그는 에스파냐에 도착한 직후에 비토리아에 관한 소식을 접한다. 황제는 비토리아의 입에 재갈을 물린 셈이었지만, 인디언에 관한 도덕적 토론을 막을 수는 없었다. 비토리아의 두 제자인 멜히오르 카노와 바르톨로메 카란차 드 미란다는 1540년 바야돌리드의 성 그레고리오 수도원에서 인디언에 관한 비토리아의 강연을 이어간다. 라스카사스가 에스파냐에 온 목적은 당국으로 하여금 구걸 수사들의 과테말라에서의 평화로운 선교 활동을 돕게 하기 위함이었다. 그래서 처음에는 세비야, 마드리드 그리고 탈라베라 등지에서 끓어오르는 민주적 열기로부터 거리감을 취한다.

1541 12월에 황제 카를 5세는 다시 에스파냐에 당도한다.

1542 라스카사스는 4월에 바야돌리드에서 카를 5세와 만나서, 몇몇 서적을 건네준다. 그 가운데에는 『스무 가지의 해결 방법에 관한 회고록*Memorial de veinte remedios*』, 『황제 카를 5세를 대리하여*Representación al emperador Carlos V*』가 있었다. 문헌들을 건네주면서, 라스카사스는 새로운 법령이 제정되기를 바란다. 카를 5세는 5월에 서인도 제도 문제를 논의하기 위하여 특별 위원회를 구성하라고 명령한다. 라스카사스는 황제를 따라, 바르셀로나, 발렌시아 그리고 마드리드로 향한다. 바르셀로나에서 새로운 법령이 종결된다. 바로 이 해에 라스카사스는 『인도 제국의 황폐화와 인구 섬멸에 관한 짤막한 보고서*Brevísma ralación de la destruición de las Indias*』를 집필한다.

5. 치아파 관구의 주교(1543-50)

1543 라스카사스는 황제를 따라 바야돌리드로 여행한다. 3월에 카를 5세는 교황에게 다음과 같이 청원한다. 즉, 라스카사스가 서인도에서 가장 많이 착취당하는 가난한 치아파 지역의 주교로 임명되어야 한다는 것이다. 라스카사스는 4월까지 다음의 문헌을 집필한다. 「황제에 대한 바르톨로메 드 라스카사스 신부와 로드리고 드 라드라다 신부의 회고록*Memorial de Fray Bartolomé de Las Casas y Fray Rodrigo de Ladrada al Rey*」. 라스카사스는 10월에 주교직을 서품 받음. 이때 그는 황제가 라스카사스의 입장으로부터 은근히 거리를 두려고 하는 저의를 간파

한다.

1544 1월부터 3월까지 에스파냐의 바야돌리드에 머문다. 라스카사스는 3월에 세비야에서 주교 서품식을 거행한다. 이후 여행을 준비하면서, 서인도를 위한 조언을 담은 일련의 편지를 집필한다. 다섯 번째 신대륙 여행을 시도한다. 이번에는 산토도밍고와 유카탄 반도를 거쳐서 치아파로 여행한다.

1545 3월에 치아파로 향하는 여행 중에 여러 편지를 집필한다. 라스카사스는 3월 29일에 치아파에 도착한다. 부활절 예배에서 인디언들의 권익을 위한 설교를 행하며, 새로운 법을 강조한다. 이 자리에서 라스카사스는 에스파냐 출신의 토지 및 노예 소유자들을 신랄하게 비판한다. 12월까지 치아파와 전쟁 지역인 과테말라를 왕래한다. 이 지역에서 기독교를 믿는 인디언들이 그를 영접한다. 그 후 라스카사스는 온두라스로 가서, 그곳을 다스리는 에스파냐 총독에게 황제의 새로운 법을 전하며, 이를 준수할 것을 요구한다. 온두라스의 에스파냐 정복자들은 라스카사스의 요구 사항을 거부한다.

1546 라스카사스는 연초에 멕시코로 가서 주교 회의에 참석한다. 멕시코를 거쳐 베라크루스로 향한다. 그는 더 이상 자신의 교구인 치아파로 돌아갈 수 없게 된 것이다. 프란시스코 드 비토리아가 사망함.

1547 라스카사스는 베라크루스에서 리스본으로 향한다. 이는 에스파냐로 향하는 다섯 번째이자 마지막 여행이 된다. 아란다로 가서 황제에게 신대륙에서 새로운 법을 시행하는 일이 궁극적으로 실패로 돌아갔음을 알린다. 아란다 데 두에로에서 라스

카사스는 치아파에서의 모든 과업을 보고한다. 이때 후안 지네스 드 세풀베다의 책에 관한 정보를 입수한다. 세풀베다는 인디언의 권익보다는 정복자의 일을 옹호하였다. 아란다에서 개최된 황실 회의는 세풀베다의 책의 간행 여부를 검토하라고 지시를 내린다. 결국 알카라와 살라망카의 대학들이 이 작업을 위임받게 된다. 라스카사스는 이 책의 거짓된 내용을 알리면서, 세풀베다의 책의 출판이 금지되어야 한다고 주장한다. 결국 세풀베다의 책은 출판 금지 처분을 받게 된다. 황태자 필립 2세는 라스카사스가 "전쟁 국가"에서 행한 선교 사업에 놀라움을 표시하면서, 이 지역을 "진정한 평화의 땅Tierra de la vera paz"으로 명명한다.

1548 라스카사스는 알카라에서 열린 황실의 심의위원회에서 세풀베다의 책의 출판 금지 이유를 해명한다. 이 작업은 여름까지 살라망카 대학에서 이어진다. 6월 26일에 도미니크 수도회의 수도사 루이스 칸세어가 플로리다의 해안에서 인디언에 의해서 살해당한다. 여섯 명의 신학 석사들은 라스카사스의 책을 정통 교리에 충실하다고 판명한다. 두 대학은 세풀베다의 책의 출판 금지를 타당하다고 판결한다. 그렇지만 많은 사람들은 라스카사스를 비난한다. 즉, 라스카사스가 서인도 제도에서 에스파냐 왕권에 대해 문제를 제기한다는 것이다. 세풀베다는 이와 동일한 이유로 라스카사스의 글이 국익에 전적으로 위배되고, 이단적 혐의를 지니고 있다고 주장한다. 그는 라스카사스를 반역 및 이단 혐의로 카스티야 공의회와 종교 재판소에 고소한다. 라스카사스는 카스티야 공의회에서 자신의 책

	은 이단 혐의를 지니지 않았음을 변호한다.
1549	바야돌리드에서 라스카사스는 자신의 책이 이단적 요소를 지니지 않았다고 변호한다. 9월 18일에 도밍고 드 베탄초스의 임종에 참석한다.
1550	카를 5세는 에스파냐 정복자들의 요구 사항을 꺾으려는 칙령을 발표한다. 라스카사스는 치아파 주교직에서 자진해서 물러난다.

6. 치아파 관구의 노 주교, 에스파냐의 인디언 변호인(1550-66)

1550	7월 7일에 카를 5세는 법률가와 신학자로 구성된 위원회를 구성하여 서인도 문제를 심의하게 한다. 그리하여 위원회는 이 문제를 8월 15일 바야돌리드에서 최종적으로 다루기로 한다. 그리하여 9월 15일까지 라스카사스와 세풀베다는 제각기 서로 다른 견해를 표방하면서, 이를 논증하기로 한다. 두 사람 사이의 바야돌리드 논쟁은 이렇게 시작된다. 8월 말에 위원회는 임원인 도밍고 드 소토로 하여금 두 입장에 대한 요약문을 집필하게 한다. 세풀베다는 라스카사스의 기본 입장에 대한 12가지 반대 입장을 내세우면서, 라스카사스에 대한 반박문을 집필한다. 라스카사스는 세풀베다의 답변에 대한 반박문을 집필한다.
1551	바야돌리드 위원회는 4월과 5월에 두 차례 개최됨. 바야돌리드 논쟁의 결과는 1554년에 발표하기로 한다. 여기서 라스카사스의 견해가 채택된다. 즉, 위원회는 에스파냐 정복자들의

제반 행위들이 여러 이유에서 신성로마제국 황제의 양심과 기독교 복음의 목표에 위배된다고 판결을 내린다. 당국은 위원회의 이러한 결정에 침묵으로 응대한다. 라스카사스는 7월 21일에 바야돌리드에 있는 성 그레고리오 수도원에서 여생을 보낸다는 각서에 서명한다.

1552 라스카사스는 세비야에 자주 머문다. 그곳 콜롬비아 도서관에서 그는 자신의 역사서 집필을 위한 자료들을 수집한다. 동시에 자신이 발표한 글들을 모아서 출판한다.

1553 라스카사스는 성 그레고리오 수도원에서 약 5년에 걸쳐 저술 작업에 몰두한다. 가령 그의 역사서 『인도의 역사 Historia de las Indias』 최종본이 이 시기에 탈고된다.

1555 신성로마제국의 황제 카를 5세가 물러남.

1556 필립 2세가 후임 황제가 된다.

1558 필립 2세는 당국의 특별한 출판 허가 없이는 서인도 제도에 관한 어떠한 책도 간행할 수 없다고 공언한다.

1559 종교 재판소는 바야돌리드에서 라스카사스의 친구인 톨레도의 바르톨로메 카란차 드 미란다를 이단 혐의로 체포한다. 그는 필립 2세의 측근이었는데, 누군가가 "바르톨로메 카란차 드 미란다가 교리서에 프로테스탄트의 입장을 피력했다"고 고소했던 것이다. 11월 라스카사스는 종교 재판소에서 친구를 위해 증인석에 오른다. 그러나 바르톨로메 카란차 드 미란다는 약 18년 동안 감옥 생활을 하다가, 결국 무혐의로 풀려난 직후인 1576년에 사망한다. 라스카사스는 『인도의 역사』를 탈고하여, 성 그레고리오 수도원에 유작으로 맡긴다. 이때 그는

자신의 책이 향후 40년 동안 출간되지 말아야 한다는 것을 하나의 요구 조건으로 내건다. 가을에 라스카사스는 황제를 따라 톨레도로 여행한다.

1560 2월에 라스카사스는 톨레도에 머문다. 이때 그는 페루에 살고 있는 에스파냐 출신의 토지 및 노예 소유자들의 증여 및 유산 행위를 완강히 반대한다. 1558년에 도미니크 수도사인 비켄테 팔레티노 드 쿠르졸라는 인디언들을 무력으로 진압해야 한다는 끔찍한 책『불경스러운 서쪽 인디언들에 대항하는 전쟁의 법에 관하여 De iure belli adversus infideles occidentalis Indiae』를 간행한 바 있었다. 라스카사스는 이 책의 출판을 허가하지 말아야 한다고 강력하게 요구한다.

1561 황제를 따라 마드리드로 여행한다. 라스카사스는 마드리드의 수도원, 누에스트라 세뇨라 드 아토카에 정주하여, 죽을 때까지 그곳에 머문다. 11월 10일 바르톨로메 카란차 드 미란다 수도사에 관한 재판에서 재차 증인석에 오른다.

1563 저술 작업에 몰두한다.

1566 7월 18일 마드리드에서 사망함. 마드리드 시민들이 라스카사스의 장례식에 대대적으로 참석한다. 라스카사스는 에스파냐의 황제 앞에서 직언을 서슴지 않은 예언자로 숭상 받는다. 당시 미구엘 드 세르반테스는 19세의 젊은 청년으로서 라스카사스의 장례식에 참석한다. 실제로 라스카사스는 진리와 정의를 위한 무한한 열정을 지닌 지식인으로서, 당시에 전설적인 인물로 존경받았다. 세르반테스는 라스카사스를 하나의 모델로 삼아서, 자신의 소설 속에 "슬픈 모습의 불행한 기사"로 형상

화한다. 실제로 돈키호테는 불법에 대항하고 자신이 그르다고 생각하는 것을 끈덕지게 거부한 인물로 문학사에 남아 있다. 세르반테스는 1590년 5월 21일 43세의 나이에 서인도 담당 관청에 문서를 제출한 바 있다. 여기서 그는 당시에 공석으로 있던 서인도 관청의 네 가지 직책 가운데 하나를 정식으로 요구한다.

참고 문헌

제1차 문헌

- 라스카사스: 『콜럼버스 항해록』, 박광순 역, 범우사 2000.
- Bartolomé de Las Casas: *Brevisma Relacion de La Destruccion de Las Indias*, Madrid 2005.
- Bartolomé de Las Casas: *de Las Antiguas Gentes del Per* (Diferencias) Linkgua 2004.
- Bartolomé de Las Casas: *A Short Account of The Destruction of The Indies*, tr. by Anthony Pagden, London 1992.
- Bartolomé de Las Casas: *Tratados*, 2 Bde., Fondo de Cultura Economia 1998.
- Bartolomé de Las Casas: *Werkauswahl, Bd. 1 Missionstheologische Schriften*, (hrsg.) Mario Delgado, Paderborn 1995.
- Bartolomé de Las Casas: *Werkauswahl, Bd. 2. Historische und ethnologische Schriften*, (hrsg.) Mario Delgado, Paderborn 1995.

- Bartolomé de Las Casas: *Werkauswahl, Bd. 3/1 Sozialethische und staatsrechtliche Schriften* (hrsg.) Mario Delgado, Paderborn 1995.
- Bartolomé de Las Casas: *Werkauswahl, Bd. 3/2 Sozialethische und staatsrechtliche Schriften* (hrsg.) Mario Delgado, Paderborn 1995.

제2차 문헌

- 강상중:『동북아시아의 공동의 집을 향하여』, 뿌리와 이파리 2002.
- 김명섭:『대서양 문명사, 팽창, 침탈, 헤게모니』, 한길사 2001.
- 니일, 스티븐:『기독교 선교사』, 홍치모 외 역, 성광문화사 1999.
- 들루슈, 프레데리크:『새 유럽의 역사』, 윤승준 역, 까치글방 2000.
- 라이트 밀즈, C.:『들어라 양키들아』, 녹두 1985.
- 린드크비스트, 스벤:『야만의 역사』, 김남섭 역, 한겨레신문사 2003.
- 만, 한스:『인디언, 그들은 어디서 왔으며 어떻게 살았을까?』, 전지나 역, 오래된 미래 2005.
- 모어, 토마스:『유토피아』, 주경철 역, 을유문화사 2007.
- 박설호:「라스카사스의 교훈」, in:『창작 21』, 제9집, 2007 여름호, 146-92쪽.
- 박홍규:『돈키호테처럼 미쳐?』, 돋을새김 2007.
- 블로흐, 에른스트:『희망의 원리』, 5권, 박설호 역, 열린책들 2004.
- 설혜심:「근세유럽의 해외 팽창: 유럽이 만들어간 신대륙의 이미지」, in:『서양사론』, 제60집, 1999, 123-37쪽.
- 슈레켄바흐, 파울:『마르틴 루터』, 남정우 역, 예영커뮤니케이션

2003.
- 월러스틴, 이매뉴엘:『근대세계체제』, 나종일 외 역, 2권 까치글방 1999.
- 윤노빈:『신생철학』, 학민사, 증보판 2003.
- 이성형:「영혼의 정복: 신학적 정치적 논쟁의 계보」, in:『국제 지역 연구』8(4), 1999겨울/2000봄 통합호, 109-34쪽.
- 이성형:『콜럼버스가 서쪽으로 간 까닭은?』, 까치글방 2003.
- 이영효:「아메리카 원주민에 대한 스페인의 초기 인식과 태도. 세풀베다와 라스카사스의 논쟁을 중심으로」,『역사학 연구』31집 2007년 10월, 125-60쪽.
- 주경철:「유럽의 고민, "인디오는 노예인가, 인간인가?." 22. 바야돌리드 논쟁」, in: 한겨레신문, 2008년 3월 1일.
- 채수일:『역사의 양심, 양심의 역사』, 다산글방 1997.
- 츠바이크, 슈테판:『에라스무스. 위대한 인문주의자의 승리와 비극』, 정민영 역, 자작나무 1997.
- 크로스비, 앨프리드 W.:『콜럼버스가 바꾼 세계』, 김기윤 역, 지식의 숲 2006.
- 파농, 프란츠:『대지의 저주받은 사람들』, 남경태 역, 그린비 2004.
- 푸엔테스, 카를로스:『물질문명과 자본주의, 라틴 아메리카의 역사』, 서성철 역, 까치글방 1997.
- 헤일리, 알렉스:『말콤 엑스』, 김종철 외 역, 창작과 비평사 1993.
- 홉스봄, 에릭:『제국의 시대』, 김동택 역, 한길사 1998.
- 홍세화:『쎄느강은 좌우를 나누고 한강은 남북을 가른다』, 한겨레신문사 1999.
- Acosta, José de: *Historia natural y moral de las Indias*, Mexico City 1940.

- Baptiste, Victor N.: *Bartolome de Las Casas and Thomas More's Utopia. Connections and Similarities*, Culver City, Ca 1990.
- Blickle, Peter: *Die Revolution von 1525*, München 2004, 4. Aufl.
- Bloch, Ernst: *Thomas Münzer als Theologe der Revolution*, Frankfurt a. M. 1985.
- ders.: *Atheismus im Christentum*, Frankfurt a. M. 1985.
- Bordat, Josef: *Gerechtigkeit und Wohlwollen. Das Völkerrechtskonzept des Bartolomé de Las Casas*. Aachen 2006.
- ders.: "Neue Weltordnung, alter Widerstand. Zur Aktualität des Dominikanerpaters Bartolomé de Las Casas (1474-1566)," In: *Kuckuck. Notizen zur Alltagskultur*. Jg. 20, Nr. 2, Graz 2004, S. 10-5.
- Bourne, Edward G.: *Spain in America 1450-1580*, New York 1904/1962.
- Castro, Daniel: *Another Face of Empire: Bartolomé de Las Casas, Indigenous Rights and Ecclesiastical Imperialism*, Duke 2007.
- Crosby, Alfred E.: *The Columbian Exchange: Biological and Cultural Consequences of 1492*. 30th Anniversary Edition, Westport, CT.: Praeger, 2003.
- Dahms, Bernd: *Bartolomé de las Casas: Indiopolitik im 16. Jahrhundert und ihre Rezeption in lateiamerikanischer Literatur*, München 1993.
- Eggensperger, Thomas: *Der Einfluss des Thomas von Aquin auf das politische Denken des Bartolomé de Las Casas im Traktat "De imperatoria vel regia potestate." Eine theologisch-politische Theorie zwischen Mittelalter und Neuzeit*. Lit, Münster 2001.

- ders. u. a.: *Bartolomé de las Casas. Dominikaner-Bischof-Verteidiger der Indios*. 2.Aufl., Bd.207, Mainz 1992.
- Enzensberger, H. M.: "Der Rückblick auf die Zukunft," in: ders., *Deutschland, Deutschland unter anderem*, Frankfurt a. M. 1971.
- Fernández, Isacio Pérez: *Inventario documentado de los escritos de Fray Bartolomé de Las Casas*, Bayamón 1981.
- Fiechtner, Urs: *Erwachen in der neuen Welt der Geschichte*, Badenbaden 1988.
- Franz, Günter: *Thomas Müntzer: Die Fürstenpredigt*, Stuttgart 1976.
- Friede, Juan u. a.: *Bartolomé de Las Casas in History* Dekalb Northern Illinois University Press 1971.
- Gillen, Charles: *Bartolomé de Las Casas*. Cerf, Paris 1995.
- Gillner, Matthias: *Bartolomé de las Casas und die Eroberung des indianischen Kontinents*. Kohlhammer, Stuttgart 1997.
- Gutierez, G.: *Gott oder das Gold. Der befreiende Weg des Bartolomé de Las Casas*, Freiburg 1990.
- Hanke, Lewis: *Aristotle and the American Indians. A Study in Race Prejudice in the Modern World*. Bloomington-London 1959.
- ders: *All Mankind is One. A Study of the Disputation between Bartolomé de Las Casas and Juan Gines de Sepulveda in 1550 on the religious and intellectual Capacity of the American Indians*, Northern Illinois University Press 1974.
- Humboldt, Alexander: *Ansichten der Natur*, Stuttgart 1985.
- Kahle, Günter: *Bartolomé de Las Casas*, Frankfurt a. M. 1968.
- Kautsky, Karl: *Thomas More und seine Utopie*, Berlin 1889.

- Lange, Claudio: *Kolonialismus. Zeugnis von Bartolomé de Las Casas*. Berlin 1972.
- Lundestad, Geir: *Empire by Integration: The United States and European Integration, 1945-1997*, Oxford University Press 1998.
- Mahn-Lot, Marianne: *Bartolomé de Las Casas et le droit des Indiens*. Payot, Paris 1982.
- Meier, Johannes: *Bartolomé de Las Casas. Der Mann - das Werk - die Wirkung*, Mainz 1992.
- Metz, Johann B.: "Versuch zur geistigen Situation der Zeit," in: *Diagnosen zur Zeit*, Düsseldorf 1994, S. 76-92.
- Müller, Heiner: "Mommsens Block," in: ders., *Werke 1*, Frankfurt a. M. 1998.
- Neumann, Martin: *Las Casas. Die unglaubliche Geschichte von der Entdeckung der neuen Welt*, Freiburg 1990.
- Newson, Linda A.: *The Demographic Collapse of Native Peoples of the Americas 1492-1650*, New York 1993.
- Olschki, L.: "Der Brief des Presbyters Johannes," *Hist. Zeitschrift*, Bd. 144, 1931.
- Orhant, Francis: *Bartolomé de Las Casas*. Éd. Ouvrières, Paris 1991.
- Pidal, Ramón Menéndez: *El padre Las Casas. Su doble personalidad*. Espasa-Calpe, Madrid 1963.
- Rahner, Karl: "Das Christentum und die nichtchristlichen Religionen," in: ders., *Schriften zur Theologie*, Bd. 5, Zürich 1962.
- Remesal, Antono de u.a.: *Bartolomé de Las Casas 1474-1566. In the Pages of Father Antonio de Remesal*, tr. by Felix Jay, New

York 2002.

- Salom, Jaime: *Bonfire at Dawn: An Historical Tableau in Four Acts. Based on the Life an Passion of Fray Bartolomé de Las Casas*, Estreno 1992.
- Sanderin, George: *Witness: Writing of Bartolomé de Las Casas*, Orbis 1992.
- Sartre, Jean Paul: *Colonialism and Neocolonialism*, Routledge 2004.
- Sievernich, Michael: "Missionstheologien nach Las Casas," in: Bartolomé de Las Casas: *Werkauswahl, Bd. 1 Missionstheologische Schriften*, (hrsg.) Mario Delgado, Paderborn 1995, S. 59-85.
- Stopsky, Fred: *Bartolomé de Las Casas. Champion of Indian Rights*, London 1992.
- Stucken, Eduard: *Die weissen Güter. Der Untergang des Aztekenreichs*, Augsburg 1989.
- Thaler, Barbara: *Biopiraterie und Indigener Widerstand. Mit Beispielen aus Mexico*, Frankfurt a. M. 2004.
- Thomas, Günter: *Las Casas. Sein Leben und Werk*, Leipzig 1958.
- Todorov, Tzvetan: *The Conquest of America*, tr. by R. Howard, New York 1987.
- Traboulay, David M.: *Columbus and Las Casas: The Conquest and Christianization of America 1492-1566*, Lanham MD 1994.
- Vitoria, Franz de: *Die Grundsätze des Staats und Völkerrechts*, übersetzt von C. Keller-Senn, Zürich 1947.
- Wessel, Günter: *Von einem, der daheim blieb, die Welt zu entdecken*, Frankfurt a. M. 2004.

- Wolf, Christa: *Die Voraussetzung der Erzählung Kassandra*, Darmstadt 1983.

기타 자료

(1) 역사 소설
- 카리에르, 장 클로드: 『바야돌리드 논쟁』, 이세욱 역, 샘터사 2007.
- Schneider, Reinhold: *Las Casas vor Karl V.* Insel, Leipzig 1938.

(2) 영화
- "Die Rückkehr der weissen Götter"(1982), Regie: Eberhard Itzenplitz, Hauptrolle: Gottfried John
- "La Controverse de Valladolid"(1992), Regie: Jean Daniel Verhaeghe, Hauptrolle: Jean Pierre Marielle

찾아보기

ㄱ

가르케스, 후안(Juan Garcés): 264, 301
갈릴레이, 갈릴레오(Galileo Galilei): 151
감보아, 페드로 사르미엔토 드(Pedro Sarmiento de Gamboa):
강상중: 148, 316
게나디우스(Genadius): 192, 238
게바라, 에르네스토 체(Ernesto Che Guevara): 151
군들링, 야콥 파울 폰(Jakob Paul von Gundling): 127
그레고리우스, 성(St. Gregorius): 72, 192, 212, 236
김경천: 112
김기윤: 99
김남섭: 316
김동택: 317
김명섭: 26, 98, 316
김종철: 97, 317
김지하: 151

ㄴ

나르바에즈, 판필로 드(Pánfilo de Narváez): 33, 55, 302
나종일: 316
남경태: 100, 317
남정우: 93, 316
니일, 스티븐: 316

ㄷ

달마그로, 디에고(Diego Dalmagro): 53, 100
달핑거, 암브로시우스(Ambrosius Dalfinger): 54
들루슈, 프레데리크(Frederic Delouche): 316
디에차, 디에고(Diego Dietscha): 38
디오니시오스, 유사(Pseudo-

323

Dionysios): 212
디오니시오스, 할리카르나소스
(Dionysios Halikarnassos):
218

ㄹ
라너, 카를(Karl Rahner): 243
라드라다, 로드리고 드(Rodrigo de
　Ladrada): 308
라스카사스, 바르톨로메 드
　(Bartolomé de Las Casas): 9-
　321
레닌, 블라디미르 I.(Vladimir I.
　Lenin): 133
로랑 드 구브노(Laurent de
　Gouvenot): 297
로욜라, 이그나티우스(Ignatius
　Royola): 149
롤단, 프란시스코(Francisco Roldán):
　264
루쉰(魯迅): 133
루카: 18, 186
루터, 마르틴(Martin Luther): 8f, 17f,
　21, 81, 90f, 93, 130f, 176, 233,
　242, 316
리영희(李泳禧): 111
린드크비스트, 스벤(Sven Linquist):
　158, 316

ㅁ
마드리갈, 알폰소(Alfonso Madrigal):
　239
마르코(Marcus): 184f, 217, 242
마르크스, 카를(Karl Marx): 160
마카베오, 유다스(Judas Maccabeus):
　283
마태오(Matheus): 215, 237f, 265
마호메트(Mahomet): 163, 194, 197
만, 한스(Hans Mann): 316
만차네도, 베르나르디노 드
　(Bernardino de Manzanedo):
　43f
말콤 엑스(Malcolm X): 32, 97, 317
모세(Mose): 90, 160f
모어, 토마스(Thomas More): 316
몬테수마(Montesuma): 168
몬테시노, 안토니오(Antonio
　Montesino): 68, 96, 301f
무솔리니, 베니토(Benito Mussolini):
　138
무하마드, 일라이자(Elijah
　Muhammad): 32
뮌처, 토마스(Thomas Müntzer): 8,
　17f, 21, 93, 104, 130f, 163
미스트랄, 가브리엘라(Gabriela
　Mistral): 160
미첼리히, 알렉산더(Alexander
　Mitscherlich): 125
밀즈, C. 라이트(C. Wright Mills):
　104, 316

ㅂ

바실리우스(Basilius): 77, 102
바울, 사도(Paulus): 28, 95, 284
바울 3세(Paul III): 175, 221, 306f
박광순: 93, 315,
박설호: 16, 316
박홍규: 316
베다 베네라빌리스(Beda Benelabilis): 283
베탄초스, 도밍고 드(Domingo de Betanzos): 75f, 208, 311
벨라스케즈, 디에고(Diego Velazquez): 301
보니파츠 백작(Graf Bonifaz): 212
보바디야, 프란시스코(Francisco de Bobadilla): 300
보에티우스(Boetius): 272, 283f
브레진스키(Z. K. Brezezinski): 157
브레히트, 베르톨트(Bertolt Brecht): 10, 12, 116f, 151, 165
브리, 테오도루스(Theodorus de Bry): 166f
블로흐, 에른스트(Ernst Bloch): 93f, 131, 133, 135, 238, 316
비어만, 볼프(Wolf Biermann): 152
비토리아, 프란시스코 드(Fr. de Vitoria): 55, 76, 91f, 104ff, 196, 232, 244, 307, 309

35, 37, 97
사하군, 베르나르디노 드(Bernardino de Sahagún): 241
서성철: 317
설혜심: 316
세구지오, 하인리히(Heinrich Segusio): 232
세네카, 루치우스 아나에우스(Lucius Annaeus Seneca): 24
세르반테스, 미구엘 드(Miguel de Cervantes): 149, 313
세풀베다, 후안 지네스 드(Juan Ginés de Sepulveda): 55, 74, 76-85, 92, 101f, 136, 157, 174-231, 235, 243, 267, 310ff, 316
소크라테스(Sokrates): 116f, 197
소토, 도밍고 드(Doming de Soto): 177, 238, 311
솔로몬(Solomon): 79. 102
송두율: 148
슈레켄바흐, 파울(Paul Schreckenbach): 93, 316
스트라본(Strabon): 272, 283
스피노자, 바루흐 드(Baruch de Spinoza): 131
시스네로, 히메네스 드(Jiménez de Cisnero): 39, 43, 97, 102, 303
신타로, 이시하라(石原慎太郎): 114

ㅇ

사르트르, 장 폴(Jean Paul Sartre):
아라곤, 카를로스 드(Carlos de

Aragon): 61f
아리스토텔레스(Aristoteles): 55, 87f,
　　92, 102, 179, 200f, 206, 208,
　　228, 238, 241, 267-78, 284
아우구스투스, 황제(August): 82
아우구스티누스(Augustin): 184,
　　187f, 190f, 193, 210ff, 241f
아코스타, 호세 드(J. de Acosta): 55,
　　92, 99, 209, 228f
아퀴나스, 토마스(Thomas Aquin):
　　78, 97, 179, 184, 194, 201, 206,
　　208, 214f, 231f, 238, 242, 272,
　　284
아타왈파(Atahualpa): 85
안두희: 112
알렉산더 6세(Alexander VI): 184,
　　220ff
알바라도, 페드로 드(Pedro de
　　Alvarado): 55
알부케르케, 로드리고(Rodrigo
　　Albuquerque): 33, 37, 42
알키비아데스(Alkibiades): 117
압둘라, 아부(Abu Abdula): 95, 299
에라스무스(Erasmus von
　　Rotterdam): 176, 235
에크하르트 선사(Meister Eckhart):
　　139
엔첸스베르거, 한스 마그누스(H. M.
　　Enzenberger): 104, 143
엘리저, 이스라엘 벤(Israel Ben
　　Elieser): 160

예수(Jesus): 150, 199ff, 202, 265
오반도, 니콜라스 드(Nicolás de
　　Ovando): 300
오비에도 이 발데스, 곤찰로 페르난데
　　스(Gonzalo Fernández Oviedo
　　y Baldés): 70-4, 101, 207, 209,
　　240
오캄포, 곤찰로 드(Gonzalo de
　　Ocampo): 59
요한 장로(Johann Presbyter): 21, 91
윌러스틴, 이매뉴엘(Immanuel
　　Wellerstein): 316
위컴, 존 A.(John A. Wickham): 36,
　　97, 120
유다스 이사리오트(Judas Ischariot):
　　112
윤노빈: 7, 159, 316
윤승준: 316
윤이상: 148
율리우스, 황제(Julius): 83
이사벨라 여왕(Isabella I): 300f
이성형: 91, 316
이세욱: 236, 322
이승만: 130
이영효: 316
이재무: 12

ㅈ
전봉준(全琫準): 8
전지나: 316
정민영: 317

주경철: 244, 316f
주마라가, 후안 드(Juan de Zumárraga): 68, 101
지멜, 게오르크(Georg Simmel): 7

ㅊ

채수일: 317
츠바이크, 슈테판(Stefan Zweig): 317
츠빙글리(Zwingli): 91

ㅋ

카노, 멜히오르(Melchior Cano): 177, 307
키란차 드 미란다, 바르톨로메 (Bartolomé Carranza de Miranda): 162, 177, 307, 312
카를 5세(Karl V): 27, 39, 43f, 47f, 57f, 66, 75, 173, 175, 177, 244, 288, 297, 300, 303-10
카리에르, 장 클로드(Jean-Claude Carrière): 236, 322
카예탄, 토마스(Thomas Cajetan): 164, 231ff, 237, 242, 298, 303
카우츠키, 카를(Kautsky, Karl): 104
칸세어, 루이스(Luis Cáncer): 83, 105, 221, 223, 243, 310
칼뱅, 장(Johannes Calvin): 8f. 130
케요, 후안 보노 드(Juan Bono de Quejo): 264
코르도바, 프란시스코 드(Francisco de Córdoba): 264

코르도바, 페드로 드(Pedro de Córdoba): 32f, 68, 95, 301f
코르테스, 에르난(Hernán Cortéz): 55, 304
콘스탄티누스, 황제(Konstantin): 190f, 193
콘칠로스, 로페스 드(Lopez de Cunchillos): 38
콘트레라스, 로드리고 드(Rodrigo de Contreras): 63
콜럼버스, 크리스토발(Christobal Columbus): 22f, 26, 29, 72, 80, 93ff, 99, 284, 299, 315. 317
쿠르졸라, 비켄테 팔레티노 드 (Vicente Paletino de Curzola): 313
크로스비, 알프레트 E.(Alfred E. Crosby): 98f, 115, 317
크산티페: 117
키케로, 마르쿠스 툴리우스(Marcus Tullius Cicero): 10, 74, 243
키프리아누스, 성(St. Cyprian): 182f
킹, 마르틴 루터(Matin Luther King): 65, 101

ㅌ

타우루스(Taurus): 190,
타울러, 요하네스(Johannes Tauler): 18
타키투스(Tacitus): 56
토마스, 귄터(Günter Thomas): 97

토스타투스(Tostatus): 239
투르게네프, 이반(Ivan Turgenev): 154f

ㅍ
파농, 프란츠(Frantz Fanon): 58, 87, 100, 154, 156, 317
페레스 페르난데스, 이사키오(Isacio Péres Fernández): 27, 155, 287f, 296
페르디난드 3세(Ferdinand III): 29, 301
페르디난드 5세(Ferdinand V): 38
포, 코르네유 드(Corneille de Pauw): 287
폰세 드 레온, 후안(Juan Fonce de Leon): 95, 224, 264
폰세카, 후안 로드리게즈 드(Juan Rodriges de Fonseca): 38
푸엔테스, 카를로스(Carlos Fuentes): 317
프리드리히 1세(Friedrich I): 93
플라톤(Platon): 18, 93
플루타르코스(Plutarchos): 22
피달, 라몬 메넨데즈(Ramón Menéndez Pidal): 51, 98, 114
피달, 케사르 알론소 말도나도(Cesar Alonso Maldonado Pidal): 306
피오, 알베르토(Alberto Pio): 176
피차로, 프란시스코(Francisco Pizarro): 53, 55, 100, 306
필립 2세(Philip II): 176, 227, 312

ㅎ
하드리안 6세(Adrian von Utrecht): 97, 102, 290, 296
하라, 빅토르(Victor Jara): 152f
하우프트만, 게어하르트(Gerhart Hauptmann): 122
한니발(Hannibal): 218
행크, 루이스(Lewis Hanke): 98, 101
헤일리, 알렉스(Alex Haley): 7, 317
홉스봄, 에릭(Eric John Ernest Hobsbawm): 317
홍세화: 123, 317
홍치모: 316
훔볼트, 알렉산더 폰(Alexander von Humboldt): 21, 23f, 26, 102
휘틀리, 윌리엄(Wilhelm Wheatley): 284
히틀러, 아돌프(Adolf Hitler): 93, 138